江山胜迹

人文风景的建构与传承

商伟 主编
韩笑 副主编

北京大学出版社
PEKING UNIVERSITY PRESS

图书在版编目（CIP）数据

江山胜迹：人文风景的建构与传承 / (美) 商伟主编；韩笑副主编. -- 北京：北京大学出版社，2025. 8. -- ISBN 978-7-301-36254-9

Ⅰ. K901

中国国家版本馆CIP数据核字第2025YY5915号

书　　名	江山胜迹：人文风景的建构与传承 JIANGSHAN SHENGJI：RENWEN FENGJING DE JIANGOU YU CHUANCHENG
著作责任者	商　伟 主编　韩　笑 副主编
责任编辑	徐　迈
标准书号	ISBN 978-7-301-36254-9
出版发行	北京大学出版社
地　　址	北京市海淀区成府路 205 号　100871
网　　址	http://www.pup.cn　新浪微博：@ 北京大学出版社
电子邮箱	编辑部 wsz@pup.cn　总编室 zpup@pup.cn
电　　话	邮购部 010-62752015　发行部 010-62750672 编辑部 010-62752022
印 刷 者	天津裕同印刷有限公司
经 销 者	新华书店
	965 毫米 ×1300 毫米　16 开本　20 印张　272 千字
	2025 年 8 月第 1 版　2025 年 8 月第 1 次印刷
定　　价	148.00 元

目录

序

这本书在《江山胜迹》的标题下，汇集了五篇文章，分别从一台（金陵凤凰台）二山（泰山、天台山）二城（北魏的都城洛阳和东晋、南朝的都城建康／金陵）入手，深入探讨“人文风景的建构与传承”这一主题。什么是胜迹？何为人文风景？它们又是怎样建构与传承的？这些都是贯穿全书的基本问题，因此有必要在序文中略做梳理。同时也借此对全书的主旨做一次初步介绍，交代问题的由来和论述的取径，以供读者阅读时参考，也希望能对读者有所启发。

一

这本书的书名取自唐代诗人孟浩然的名篇《与诸子登岘山》：“江山留胜迹，我辈复登临。”“胜迹”一词源远流长，蕴含丰富。从字面上看，“江山留胜迹”一句将胜迹定义为自然风景。然而这首诗的尾联“羊公碑尚在，读罢泪沾襟”却将江山胜迹聚焦在了羊祜碑或堕泪碑上。

据宋代欧阳修的《岘山亭记》，岘山原无出众之处：“岘山临汉上，望之隐然，盖诸山之小者……”可是，山不在高，有“人”则名：“而其名特著于荆州者，岂非以其人哉？其人谓谁？羊祜叔子、杜预元凯是已。”欧阳修进而解释道：“而二子相继于此，遂以平吴而成晋业，其功烈已盖于当世矣。至于风流余韵，蔼然被于江汉之间者，至今人犹思之，而于思叔子也尤深。盖元凯以其功，而叔子以其仁，二子所为虽不同，然皆足以垂于不朽。”欧阳修借用立德、立功、立言的“三不朽”范式来解释岘山为何因羊祜和杜预二人而名著于荆州。羊祜身后无子嗣，唯以德行和文章名世。《晋书·羊祜传》曰：“襄阳百姓于岘山祜平生游憩之所建碑立庙，岁时飨祭焉。望其碑者莫不流涕，杜预因名为堕泪碑。”杜预命名的堕泪碑既是为了纪念羊祜，也是对纪念行为的一个见证与物质标志。它因此成为后人心目中的历史遗迹，而岘山也随之变成了纪念先贤的一个场所。

但这只是事情的一部分，飨祭的仪式隐含了羊祜的另一个面相。《晋书·羊祜传》：

> 祜乐山水，每风景，必造岘山，置酒言咏，终日不倦。尝慨然叹息，顾谓从事中郎邹湛等曰：“自有宇宙，便有此山。由来贤达胜士，登此远望，如我与卿者多矣！皆湮灭无闻，使人悲伤。如百岁后有知，魂魄犹应登此也。”湛曰：“公德冠四海，道嗣前哲，令闻令望，必与此山俱传。至若湛辈，乃当如公言耳。”

羊祜不仅因其德行文章而名世，更以其登山临水的游览者的形象而被后人所追念和怀想。这位游览者热爱岘山，死不瞑目：“如百岁后有知，魂魄犹应登此也。”历史上登览岘山的“贤达胜士”何止成百上千，但都早已被人遗忘，羊祜何以独传其名？立德说显然不足以回答这个问题，也无法遮蔽这段文字所蕴含的另外一个想法和预设：一个人可以像羊祜那样，由于对岘山的刻骨铭心的热爱而名与此山俱传。正可谓：古来圣贤皆寂寞，唯有爱山者留其名。至于杜预呢，他是因为纪念羊祜而为后人所纪念。

孟浩然的《与诸子登岘山》为我们揭示了江山胜迹从江山到人对江山的介入和参与的多重涵义。借助羊祜的先例来感受岘山的风光，意味着我们与岘山的关系是以羊祜为中介而达成的。而羊祜的中介作用，首先体现在为我们与岘山的关系带入了一个时间与历史的维度。这也正是为什么《与诸子登岘山》的开篇，便设置了人事代谢和古往今来的时间框架："人事有代谢，往来成古今。"而这岂不正是当年羊祜登临岘山的感叹吗？孟浩然在他第一人称的陈述中融入了羊祜的声音。更重要的是，其中"我辈复登临"一句也在事实上实现了羊祜的生前愿望。虽然主语已变成了"我辈"，但"登临"的行为却是重复性的，故此以"复"来修饰。这个"复"字显然并不意味着我辈曾经来过，而是应验了羊祜离去后，魂魄"犹应登此也"。的确，"我辈复登临"有如羊祜的魂魄附体，再次回到了岘山。此时此地，我即羊祜，羊祜即我。由于"人事有代谢"，"我辈"不仅指此时此刻登临岘山的我们，而且向每一代的登临者开放。他们像我们一样，为了纪念羊祜而来，同时也兑现了羊祜的允诺，将每一次登临变成"复登临"。也正是因为如此，登览者与登览之地的关系被一劳永逸地内在化了。岘山出自我们灵魂深处的共同记忆：它不再是外在于我们感知经验的客体或对象，不再是那座"望之隐然"的"诸山之小者"，而早已成为我们所熟悉所热爱并且可以被明确指认的一处"江山胜迹"。

如何定义胜迹取决于我们与它的关系。自宋代以后，这些被确认为胜迹的地点已经变成了地方知识和历史记忆的内在组成部分。它们被纳入方志，并且加以分类，分别置于"古迹""山水（山川）""形胜""寺观（庙宇）""祠墓（冢墓）""园亭""疆域""城郭"等名目之下。然而对于胜迹研究来说，指认胜迹固然重要，更为重要的是描述和解释胜迹是如何成为可能的，一处具体的地点又是怎样变成胜迹的；也就是说，描述和解释胜迹是如何被构造出来，并且得到了普遍的确认，从而形成绵延不绝的传统。如上所见，孟浩然的《与诸子登岘山》不只是题写胜迹，而且对此做出了富于洞见的评论。

二

从书的正题引出了副标题，即“人文风景”的概念。人文风景首先是与人的活动分不开的。人的活动在物质空间中留下了印记和标志，又称“迹”。而迹既包括自然之迹，也包括人的足迹、手记、笔迹和墨迹，以及地标性和纪念性的建筑及其遗址，如堕泪碑和欧阳修笔下的岘山亭。早在刘勰的《文心雕龙》中，关于“文”以及“天文”和“人文”就已经形成了体系化的论述。人文包含书写，但又不限于书写，而是涉及任何人类文化活动所创造的标记与图式。正像希腊文中的 *topos* 既指一处地点或场所（locus），又指话题（topic），我们也可以通过“文”与“迹”的交错互动来定义和理解胜迹书写。

在中国这个以书写为中心的文化传统中，所谓胜迹是难以脱离书写而独立存在的。书写之“文”不仅题写胜迹，塑造了我们对胜迹的感知，而且反过来通过题诗板和石碑等媒介载体进入胜迹遗址或遗址所在的空间，从而转化为它所题写的胜迹的一部分。这提醒我们在一个动态的时间过程中来考察胜迹、胜迹书写，以及二者之间的关系，从而超越主体与对象、主观与客观、内在与外在、文字书写与物质世界等一系列一成不变的二元对立关系。此外，“迹”字本身就包含地点或场所的用法，为我们与欧美学界关于地点 / 场所（place）和空间（space）的论述展开建设性的对话，提供了本土的话语资源与理论依据。

人文风景可以译作 cultural landscape（文化风景），泛指一切经由人的活动所塑造的风景。作为一个学术概念，“文化风景”产生于20世纪初期，但它的起源可以追溯到16世纪欧洲的风景画。毋庸置疑，这一概念有其历史特定性，而这并不妨碍我们将这本书所涉及的名山和都市放在广义文化风景的范畴内来讨论。名山和都市由更小单元的胜迹所组成，例如寺庙、宫殿、墓碑和亭台楼阁，但又不等于它们的叠加与总合，而是囊括了堪称为迹的任何空间、地点与风景。以名山和都市为主题的文化风景或人文风景研究因此提出了更为复杂多元的问题，相应地在方法论上也形成了更具有跨学科和跨领域的综合性特征。

就研究领域而言，尽管文化风景往往与历史风景、政治风景和宗教风景等概念并举，但它们之间并不构成相互对立或舍此即彼的排除关系。实际上，这些领域通常不过是侧重不同，方法有别，而在研究对象与内容上，彼此之间不乏重合之处。文化风景研究蕴含了时间和历史的维度，有别于通常意义上的地理景观学。而无论是何种意义上的圣山（如泰山和天台山）和历史上的都城（如洛阳和金陵），都无不深刻地嵌入王朝政治和宗教文化的脉络与肌理之中，因此研究者无法也不应该刻意地将它们切割开来。

从学术方法来看，文化风景学与人文地理学、景观人类学、建筑史、制图史、文学艺术史、空间诗学和城市史等相关学科形成了密不可分的关系。系统地分梳这些学科分支的来龙去脉及其相互关系，不免有些令人生畏。但实际的学术研究往往都是从一个具体的学科出发，而进入有关空间、地方/场所和风景的讨论。例如，著名的Palgrave Macmillan出版社出版了一套“地理批评与空间文学研究”（Geocriticism and Spatial Literary Studies）丛书，其中包括2019年推出的一本《苏格兰文学中的空间与地方诗学》（*The Poetics of Space and Place in Scottish Literature*），对于从文学作品出发进入地理和空间诗学研究，具有很大的启发意义。文学研究以文本为依据，可以分为纪实性的和虚构性的两大类，此外还有出自经验与冥想之别。例如天台山原非出于虚构，但孙绰的《游天台山赋》却是一篇神游之作，它的作者未曾亲临其地。无论从哪一个具体的学科出发，人文风景或文化风景研究都离不开对物与空间的探讨。但文字书写是线性的和时间性的，而绘画、雕塑和建筑则是空间的艺术。近二三十年来的学界出现了“空间的转向”“物的转向”与“视觉的转向”等说法。任何以文本研究为主的学科，都以各自的方式对此做出了回应。其中图文关系已经发展成为跨媒介研究的一个重要领域。在中国这样一个以书写为中心的文化传统中，这一系列的转向究竟意味着什么？对人文风景的研究具有怎样的启示？对于研究者来说，如何处理书写与物、空间以及空间艺术和视觉艺术的关系，变成了一个难以回避的迫切问题。

有鉴于上述回顾与总结，我们将从事中国古典文学、艺术史和广义历史研究的学者聚集起来，一同探讨包括胜迹在内的人文风景的建构与传承这一核心问题。如果中国古典诗文和绘画中的风景的确如柄谷行人教授所说的那样，首先是一个“理念”，那么真正需要回答的问题便是这一理念是如何建构出来，并发生作用的；也就是首先需要解释它的构造与运作机制。同样，在对人文风景进行探究和分析时，我们想要知道的是：一处胜迹、一座名山和都市的人文风景是如何形成的？其中涉及了哪些因素？在历史上产生了什么作用，又是怎样产生作用的？

人文风景并不外在于人和人的活动而存在。相反，它构成了历史记忆的来源，同时也塑造了我们感知世界的方式。W. J. T. 米切尔（W. J. T. Mitchell）在《帝国的风景》一文中指出：

> 风景是以文化为媒介的自然景色。它既是再现的又是呈现的空间，既是能指（signifier）又是所指（signified），既是框架又是内容，既是

真实的地方又是拟境，既是包装又是包装起来的商品。（见米切尔编《风景与权力》）

他的这段论述有其特定的所指，但其主旨却不失参考价值。人文风景是人类的创造物，但是人类又不得不借助它来认识自然、历史和自我，以及参与塑造了自然、历史和自我的那个文化。

三

在唐人题写胜迹的例子中，金陵凤凰台似乎是一个例外。它在当时的文字记载中难得一见，与金陵的众多胜迹相比，显得颇为冷落。而最负盛名的李白那一首《登金陵凤凰台》诗，又是一篇“竞仿”之作，并且有唐一代几乎无人回应。直到宋代，才出现了大量题写凤凰台的诗词作品，一举而将这首诗推到了凤凰台题写系列的奠基之作的位置上。这一现象已足以耐人寻味，但更令人惊奇的是，正是在凤凰台缺席或面目全非的情形下，产生了宋代之后的凤凰台诗词题写系列。自五代之后，凤凰台周围的地貌和金陵的城市格局都发生了巨变，被指认为凤凰台的所在地被城墙遮蔽，李白诗中的景观已不复可见。凤凰台胜迹于是被永久性地封存在李白的笔下，印证了“地以一诗传”的说法。

李白这首诗的作用还不仅限于将凤凰台的风景保存下来和传承下去，它在事实上创造了它所题写的凤凰台胜迹。后世的文人不断地通过诗文和绘画等媒介形式，将李白书写的凤凰台召唤出来，形成了超越时间和具体地点的一道永恒的风景线。此外，正像岳阳楼“欲使久而不可废，则莫如文字”，凤凰台在久废之后，也正是因为诗歌题写，尤其是李白的那一篇奠基之作，才得以重建。物质形态的胜迹变成了胜迹书写的衍生物。与文字相比，它更脆弱而难以持久，不仅周期性地被废弃和替代，而且与时俱变。因此，正是高度文本化的胜迹风景维系了凤凰台的历史记忆。它为凤凰台的重建提供了证据和动机，也为凤凰台的文字书写和视觉呈现提供了孵化器和滋生场。不仅如此，书写创造胜迹的故事还可以落实到物质的层面上：李白的《登金陵凤凰台》曾经以墨迹和碑刻等形式介入凤凰台所在的物理空间，从而构成了凤凰台胜迹的一部分。

我在《书写胜迹：诗人李白与金陵凤凰台》一文中，以金陵凤凰台的诗歌书写和图像呈现为主题，集中探究了胜迹书写与物和景观，以及地点/场所和空间的关系。我对李白诗作的细读与语境化分析表明，不仅文字参与了对胜迹的创造，而且文本化的胜迹还被内化为具有普遍性的感知模式。这一感知模式一方面呈现在诗歌写作的更为广泛的互文关系中，另一方面又被贮存在历史记忆的深处而形成了内心的风景。在关于胜迹的论述中加入凤凰台的绘画系列，无疑有助于展示内心风景的建构与变奏。几乎所有现存的凤凰台图像都是对李白《登金陵凤凰台》诗的演绎与诠释，但演绎与诠释不等于图解。重要的是，这些图像以不同的方式将诗的文字转译成视觉艺术的语言，在画面的三维空间中去呈现书写的风景。有的图绘在李白诗歌的凤凰台景观与凤凰台江面视野被城墙遮蔽的现场之间反复协商，通过操控视角和画面空间的特殊安排，达到以前者克服后者的视觉效果。有的画家对李白“三山半落青天外”的诗句也做出了有趣的处理：或将“三山”简化为远景中的标志性符号，以此来帮助指认画面前景或中景上的凤凰台，或索性在凤凰台的标题下，展开对长江对岸三山的正面描绘，并以之替代久已消逝的凤凰台景观。

对胜迹风景的研究也有助于理解社会史和文化史的发展变化。自宋代尤其是明代之后，出现了胜迹地方化和都市景点化的双重转型，分别呼应了南宋开始的文人地方化和宋代都市商业化的发展。胜迹不再是对远方的向往和孤独行旅的目的地，而是构成了当地文人聚会交往的家园景观，被收入城市的旅游胜览手册和贮存在地方书写的历史记忆中。宋代之后的凤凰台书写以及明代之后的凤凰台图绘，都可以在这个大的历史语境和文化脉络中来加以考辨和说明。

薛龙春教授的《点缀山林：题刻、拓本与胜迹的塑造》以泰山为对象，探讨书写与胜迹的关系。这与上一篇《书写胜迹：诗人李白与金陵凤凰台》具有一些连续性，尤其是对书写的考察更为深刻地揭示了它的物质性。泰山在中国历史上的重要性自不待言，与王朝政治和道教的关系尤为密切。但就实地观览的视觉印象而言，最令人称异的，又莫过于泰山自身构成了文字书写的天然载体。经过世代累积，泰山山体上至今存留了2500多处摩崖石刻。薛龙春教授所探讨的正是这一独特的书写胜迹和文字风景。他关注的是石刻的形式而非内容，是石刻的制作及其复制、观览和脱离泰山原境的移动与传播。

泰山的摩崖石刻风景是在一个漫长的历史过程中逐渐形成的，薛龙春教授因此以石刻的制作与观览为主要线索，致力于重构摩崖石刻景观的历史时间维度。在他的论述中，制作与观览是一个双重的过程，从石刻的制作到拓本的制作，从泰山现场的观览到拓本的流传与阅览。正是在制作和观看的双重过程中，泰山的摩崖石刻风景展现出它丰富多彩而又变化不定的面影。

作为一位训练有素的书法家和书法史家，薛龙春教授采用了刻工的角度来观察和思考摩崖石刻的制作过程，从选择地点时考虑石头的质地和石面的大小，到刻写之前打磨石面，准备刻写的技术工具和物质条件，以及决定书法的字体与风格。在他看来，摩崖石刻的形成既受制于外在的地理和技术条件，又充满了意外的变故与偶然性。因此，应该避免从今人的视点和感受出发，将其视为完美的整体设计。在历史的每一个时刻上，人们在泰山上所见到的石刻风景都不尽相同。例如，唐玄宗的《纪泰山铭》被刷上金色和红色，很可能发生于二十世纪的八九十年代，此前并不如此醒目。泰山经石峪的《金刚经》，也只有在水漫过石面后才变得可以辨识。由此可知，从观览的角度来描述泰山的石刻风景，不应该假设一个理想的观众，而务必首先考虑石刻的物理状况及其周围环境所经历的变化。不仅如此，薛龙春教授还利用清人的游记来再现文人的泰山游览体验。他发现，文人的游记叙述往往在欣赏自然奇观与观览题刻文字之间往返交替。他由此得出结论说，在泰山的观览经验与书写中，山水与金石形成了一种相互衬托与提示的关系。

除了实地观览，摩崖石刻还可以通过拓本的形式来传播和阅读。拓本脱离了泰山的固定地点，为我们展示了“移动的胜迹”，尽管这移动的胜迹只能让我们看到泰山石刻风景的局部或片段。在乾嘉金石学盛行的时代，围绕着拓本的制作、摹刻、把玩、校订、鉴赏与阅读，发展出了一整套的规则与法度，同时也成就了书法界的碑学革命和推进了学术范式的转型。正如巫鸿教授和白谦慎教授在各自对石刻拓本的研究中所指出的那样，拓本往往比石刻原件承载了更丰富的历史信息。千百年之下，如欲复原石刻从前的面貌，舍拓本别无他途。石碑和摩崖石刻风景都并非一成不变，从刮补、重刻、增刻到涂色，以及周边空间出现新的石刻，凡此种种，不一而足。此外，石刻不仅会经受自然的风化，还在拓墨的过程中受到损耗。从这个意义上说，复制本是以损害原作为代价而制作完成的。它一方面改变了原作，另一方面又保存了原作身上逐渐模糊的旧日面影。因此，在泰山现场观览石刻与通过历代拓本阅览石刻，不仅体现了观看行为的两种媒介方式的差异，也标志着当下与过去的时间导向的不同。即便有一天摩崖石刻已无法辨识或不复存在，拓本仍旧可以让我们看到石刻胜迹的面貌及其历史演变的痕迹。

天台山也是中国历史上的一座名山，虽未跻身于五岳之列，但在文学、宗教和广义的文化史上，却占据了一个无可替代的地位。同样是将山作为人文风景来考察，也同样强调书写的重要性，薛龙春教授着眼于镌刻在泰山山体上的文字风景及其拓制，流传和观览，陆扬教授则关注文学写作如何呈现对天台山的感知和想象，从而塑造了天台山人文风景的多重面向与不同品格。他引用了“一座天台山，半部《全唐诗》”的说法，因此在《洞仙与诗神：中国古典文学中的天台山》一文中，以文学为主要素材来破解天台山的奥秘：天台山是如何从人迹罕至的地理空间逐渐转化成为一个人文地理学意义上的“地方”；它怎样在“先道而后佛”的层累构成的历史过程中，形成了一座具有兼容性的宗教“圣山”；最后但几乎同样重要的是，从孙绰《游天台山赋》，到《搜神后记》中袁柏、根硕的遇仙故事和《幽明录》中刘晨、阮肇的传说，以及浙东“唐诗之路”的题咏和僧人的诗歌写作，中古文人如何合力将天台山打造成一座文字书写之山和文化史上的丰碑。为此，陆扬教授借助了亨利·列斐伏尔（Henri Lefebvre）在《空间的生产》中所阐述的“意念空间”的概念。他将天台山描述为三个相互关联的空间：物质之境、意念之境和文化之境，并且在这个框架下展开他历时性的历史重构与文本分析。

这篇文章的内容非常丰富，在此我只想聚焦在两个问题上：首先是作为地理空间的山是如何进入人的经验视野而被感知和接受的；其次是怎样通过天台山书写来理解山水诗的兴起。

陆扬教授引用段义孚教授《浪漫地理学：追寻崇高景观》中的论述，指出西方世界在相当长的时期内对山感到恐惧，将其视为难以亲近的异己物，甚至是邪恶力量的化身。然而，山所唤起的恐惧感，被朗吉努斯（Dionysius Longinus）尤其是后来的康德等人，纳入了“崇高”（sublime）的范畴来加以解释，并且形成了崇高与优美的二元论的美学论述。人类在面对具有巨大威力的自然现象时，首先被恐惧所压倒，但继而凭借理性认识而将其转化为升华的力量，并最终获得了精神主体对自然力的超越。这样一种崇高感的心理体验在中国古典山水诗中是难得一见的。李白《望庐山瀑布二首》中“初惊河汉落，半洒云天里。仰观势转雄，壮哉造化功”二联或庶几近之，但也不具备本质上的可比性。实际上，先秦时期的思想就已经将大自然当作人类生活的一部分而予以接纳并且安顿下来，而不是对其采取拒斥和否定的态度。具体落实到山水诗的兴起，刘勰的一句“庄、老告退，山水方滋”引起了学界的持续争议。陆扬教授拈出孙绰的《游天台山赋》，以揭示它对天台山书写和山水文学的贡献。的确，今人所说的“玄言诗”已所存无多，反倒是这篇赋堪称玄言文学集大成的代表作。如前所述，孙绰笔下的天台山之游实际上是一次内心之旅。其中虽然容纳了心灵之眼所见的天台山瀑布和赤城山等标志性意象，但更重要的在于它将佛道观念融入了对天台山的整体性感知和理解，从而达到了“悟遣有之不尽，觉涉无之有间”和“浑万象以冥观，兀同体于自然”的境界。在山水诗出现之前，首先需要回到内心去寻找接纳和安顿山水的内在资源，孙绰以其神游天台山的内心冥想，完成了对它的“意念之境”的建构，为诗人接触和状写天台山的“物质之境”做了必要的准备。由此看来，玄言文学与山水文学分别呈现了以山水为主体的人文风景的两个不同层面和发展阶段，而不是像我们通常所理解的那样，二者之间形成了此消彼长、相互排斥的关系，我们也大可不必过于计较山水诗何时并且以何种方式正式登场。即便是在山水诗成熟之后，胜迹的创造与书写也仍然离不开将其内在化的过程。胜迹之所以成为胜迹，正有赖于此。上文所举的孟浩然《与诸子登岘山》和李白《登金陵凤凰台》，都可以说明这一点。

作为一门相对成熟的学科，城市史的成就有目共睹。但能否将其纳入胜迹与人文风景的视野而有所拓展，同时弥合传统意义上的政治史、宗教史和城市建筑史的分野，从而围绕着都市人文风景的多重面相，形成一个综合性的历史叙述？魏斌教授在他出版的《“山中”的六朝史》一书中，已经对人文风景的概念做了深入阐发。而在本书的《北魏洛阳的汉晋想象：空间、古迹与记忆》一文中，他又将这一概念延伸到了都市空间。魏斌教授将中国的古都风景划为三个层面：王朝权力空间、民众生活场所，以及由废墟和古迹构成的历史记忆空间。这三个层面交织错落，自汉代以降便在京都大赋中形成了相应的书写模式，而在北魏重建洛阳的话语与实践中，更得到了淋漓尽致的体现。

古都洛阳是一座空间叠压的城市，尤其是北魏政权在汉晋旧城的层累之上重建了它的都城。被掩埋在地下的古都遗迹，至此被重新“发现”和“指认”出来。这些发现和指认包括物证、人证，以及文字记载和口头传闻，令人真假难辨。无论如何，地下遗迹与地面上残存的建筑和旧物一起，加入了当下的都市空间，并且在与政治权力中心和日常生活场域的互动中，营造了时空交错的多维度的都市人文风景。北魏拓跋氏于洛阳建都时，距这座西晋都城的废毁已经有一百八十余年了。重建洛阳意味着在几种不同的政治文化资源和理念之间做出选择：是恢复周制，还是沿用汉晋制度？是照搬平城的设计，抑或借鉴南方的方案？这些选择直接关乎北魏政权的自我定位与自我想象，与北魏王朝的合法性诉求也密不可分。魏斌教授指出，除此之外，实用的考量也是一个决定性因素。无论是哪一种方案或者是多种方案的综合，都受制于当时洛阳的物质条件和实际需求。

在魏斌教授看来，北魏重建的洛阳景观在两个方面出现了变化：其一是改变了旧都的政治空间以铜铸物为主要象征物和装饰物的特色。古都洛阳残余的前朝旧物包括象征和炫示宫廷权威的铜铸物，其中已多有损坏或被熔铸成它物。但魏斌教授注意到，北魏王朝并没有在汉晋铜铸物的基址上回收或重铸这些象征物与装饰物，而是致力于收集作为王朝权力合法性象征的石经，并将其运回洛阳。北魏洛阳景观的另一大变化，体现在王公贵族将大量的资财投入佛教寺院的修建。旧都的铜铸物被熔铸之后，有的化为铜钱，有的则流向寺院，用于佛教的造像和寺院建筑的装饰。洛阳的铜铸风景因此为之改观，从政治空间转向了宗教空间。而与这一转向相伴随，新的社会与权力关系隐然出现。如果引入南北对比的视野，不难看到北魏的洛阳和南朝的建康都历经了佛教景观化的洗礼。魏斌教授认为，与东晋以后南方的佛教发展相比，北魏佛教寺院与宫廷权力的关系尤为密切。于是，在新兴的佛教与汉晋旧制之间产生了不小的张力，而这一张力又以最直观的方式呈现在了北魏洛阳的都市风景中。

从重建洛阳到营造建康，人文风景的主题还在继续，而且来得顺理成章。田晓菲教授的《从白门到紫陌：营造建康》将我们的目光带回到了建康即金陵。其中写到紫陌这一地名如何逐渐蜕变成为普通名词，以此说明即便是一个真实存在的地方，如果缺乏文本尤其是诗歌文本的经营，最终也难免被人所遗忘。这个例子从反面印证了贯穿全书的胜迹书写的主题。文章标题上的“营造”具有双重意义，既是指建康城的设计与营建，也包括关于它的书写，尤其是诗赋对建康城的文字营造。而文字营造的建康，比作为实体存在的建康更坚固也更持久。

田晓菲教授指出，作为一个地方，建康在东晋之前就已经有了将近六百年的历史，但在文化史上却几乎没有存在感。自宋文帝开始，建康的双重营造才进入了一个全新的阶段。建康从“江左地促，不如中国”的“纡余委曲”之地，变成诗歌中的“江南佳丽地，金陵帝王州”，就发生在公元五世纪这一关键时期。究竟应该怎样来理解建康的实地营造与文字营造之间的关系？这是一个饶有趣味的话题。

关于建康的诗赋写作发生在构筑建康的这个黄金时代。它们的出现与许多因素相关，包括作者的身份及其与宫廷和诸侯王的关系，写作的地点如宫廷与皇家园囿，写作的场合如宫廷仪式和郊外游览，以及写作的性质，如侍游之作或在仪式和其他场合上应诏、应教和应令而作。不难理解，为什么其中的不少作品分享并重申了建康都城的营造理念与帝京的自我想象。诗赋不能代替建筑说话，建筑有自己的语言，但无法像诗赋那样直接诉诸文字的表达。我们不清楚正在建筑中的建康是否真的成为“江南佳丽地，金陵帝王州”，因为谢朓在诗歌中表述了一个关于金陵的愿景。在这件事情上，恐怕只有诗歌而非建筑说了算，而诗歌是不接受反驳的。田晓菲教授举颜延之《车驾幸京口侍游蒜山作》为例，让我们看到他如何巧施妙手，点石成金，将蒜山——这座长江边上因野蒜丛生而得名的平顶小丘——写进了气象万千、壮观天地的帝京风景。而“流池自化造，山关固神营”一联固然是对建康形胜的礼赞，又何尝不是诗人的作者自赞？

田晓菲教授在文章中将诗赋中的建康书写置于“文化江南”的语境中来加以阐释，强调了它们之间相互依存和相互塑造的关系，同时也揭示了江南的南朝定位，以及江南的文化意义与地理意义之间的不相一致。唐诗中的江南大于地理意义上的江南，金陵怀古也变成了对东晋和南朝的追忆。她还指出，尽管隋文帝在589年征服了江南之后，下令毁掉建康的所有宫殿，将这座城市化作废墟，但这并没有将金陵景观从唐代诗人的心目中抹去。杜牧在由宣州经江宁（金陵）赴扬州的途中写下了《江南春绝句》中的名句：“南朝四百八十寺，多少楼台烟雨中。”他极目望去，满眼依旧是南朝的烟雨与楼台。无论这是一句问话还是感叹，江南都被永久地定格在了南朝。因此，唐诗中的江南风景有其自身的空间指涉与时间标志。它们出自诗人的文字经营，却变成了历史记忆的来源和言说与书写的根据。

四

这本书是在北京大学文研院2022年主办的“江山胜迹”线上讲座系列的基础上形成的。其中的四次讲座的讲稿经过修改，曾以论文的形式发表在《北京大学学报》上。这次结集成书，也是以讲稿为底本加写补充而成的。学报有篇幅规定，编书不受限制。这使得我们可以更充分地展开对问题的论述。以我自己的文章为例，除了修改之外，还增加了凤凰台图像的部分，结语也做了重写，与学报的论文相比，篇幅几乎翻倍。

我们在编辑的过程中，始终抱着这样一个心愿，那就是将讲座的特色保存下来。为此，我们收录了讲座时使用的大量图像，并且还做了一些增补。而最大的一个特色是在每一篇文章的后面都收录了主持人和评议人的评论，以及作者的回应。书的这一部分既保留了讲座的现场感，又经过了全部参与者的修改补充，因此是讲座以及讲座之后持续性对话的结果。相信这一部分可以让读者读到充满知性乐趣的对话，看到学问和思想在碰撞之下灵光闪现，火花迸射。这本书围绕着一些共同的问题展开，但并非所有的作者都持相同的观点，或得出了同样的结论。而评议人也往往对同一个问题提示了其他的思路与视角，读者完全有可能从中引发新的想法，甚至新的话题。这正是我们所希望看到的结果。

关于这本书的缘起，韩笑老师已经在后记中做了回顾。这是让我倍感温暖的一段回忆。正值疫情期间，负责文研院学术活动的韩笑老师来信邀请我做一次线上讲座。考虑到当时学术交流活动几乎完全停顿，我当即就答应了下来。在此后的信件往还中，他又建议从这次讲座开始，围绕着同一个主题，发展出一个线上讲座系列。韩笑老师是中文系文学专业出身，具有广泛的学术兴趣与丰富的学术修养，我们的合作因此十分默契。经过一系列联络安排，也承蒙所有参与者的倾力配合，终于在文研院的网络平台上将来自天南海北的十几位学界同人“聚集”在了一起。但即便是线上活动，在当时也绝非易事。陈引驰教授参加田晓菲教授讲座的评议时，已经在外滞留了六十多天。令人欣慰的是，几年后的今天，作为对那一段时光的见证与纪念，这本书终于可以和读者见面了！

这本书的编辑与出版，是大家通力合作的结果。首先让我们感谢所有的主讲人／撰稿人、讲座的评议人和主持人，没有他们的积极投入，在这么短的时间内推出这一个讲座系列是无论如何都办不到的。为此，我也要感谢文研院的时任院长邓小南教授、副院长渠敬东教授、现任院长杨立华教授，以及文研院行政团队的持续支持！《北京大学学报》的管琴编辑和北京大学出版社的徐迈编辑，分别在论文和书稿的审订过程中，花费了不少心力。尤其是在这本书的编辑过程中，需要与所有的作者和评论者多次信件往复，因此完全有赖于徐迈编辑的细心把关与反复核对。在此，我们再一次对她们的工作表示最诚挚的谢意！

今年4月至6月，我有幸应邀作为访问学者，在北大文研院驻访了两个月。正值春光明媚，大地回苏的季节，回到母校和重温久违的燕园生活，对我个人来说，有着难以言喻的意义。在这两个月中，我也对文研院有了真切的体验。北大文研院秉承涵育学术、激活思想的宗旨，将校内外不同学科的学者聚在一起，以各种方式推进学术的讨论与交流。这在全国高校的人文与社会科学的领域中，率先建立了一个新的范式，同时也为多少有些沉闷的学界带来了一股新鲜的空气。我相信这也是每一位驻访学者的共同体验。每一次走进文研院的园子，都可以感受到它弥漫着活力和喜悦的氛围，令人如有所待。而在结束了一天的活动后，你又会体会到它的另一面，或许是更深的一面，那是屏蔽了一切喧嚣的宁静。这让我想到了契诃夫《樱桃园》中安尼雅所幻想的那座新的花园：

你会看得见它的，你会感觉到它有多么美的，而一种平静、深沉的喜悦，也会降临在你的心灵上的，就像夕阳斜照着黄昏一样。

愿文研院这座花园芳华永驻，四季长春。愿它为我们保留一方净土和一个可以称之为心灵家园的地方。

商　伟

2025 年 7 月 30 日于曼哈顿

书写胜迹

诗人李白与金陵凤凰台

商伟

一 引子：江山胜迹的文与物、“精神”与“肢体”

我在几年前出版了一本题为《题写名胜：从黄鹤楼到凤凰台》的小书，以李白（701—762）与崔颢（约704—754）的写作竞争为出发点，讲述历代诗人如何通过胜迹题写，建构中国历史上连绵不绝的风景线。书的重心是黄鹤楼，也写到了凤凰台，但没有展开论述。这次讲座，让我有机会比较完整地讲述李白与金陵凤凰台的故事。当然，我更希望由此出发，去深入理解古典诗歌中胜迹书写的现象及其背后的意义。

在进入正题之前，我们一起来读两段引文。北宋范仲淹（989—1052）的《岳阳楼记》是脍炙人口的名篇，而且被收入中学课本。即便不喜欢古文的人，恐怕也很难忘记其中的名句。但是这篇文章背后的故事，就未必广为人知了。北宋庆历四年（1044），滕宗谅（字子京，991—1047）谪守巴陵郡，一年后开始重修岳阳楼，次年竣工。他写信给当时远在西北邠州（今陕西彬州市）为官的友人范仲淹，恳请范仲淹为此作一篇《岳阳楼记》。为了说服他的朋友接受这一邀请，滕宗谅在《与范经略求记书》中解释道，这篇楼记对新修好的岳阳楼究竟有多重要。用他信里的话说，一座岳阳楼如果无文字称记，“曾不若人具肢体而精神未见也”。在同一封信里，他还写道“楼观非有文字称记者不为久”；又说他曾登上旧楼，“而恨向之作者所得仅毫末尔，惟有吕衡州诗云：‘襟带三千里，尽在岳阳楼。’此粗标其大致。自是日思以宏大隆显之，亦欲使久而不可废，则莫如文字”。

滕宗谅的看法十分耐人寻味：楼记写成之后，当书之于楼阁之上或悬挂于栋梁之间，但他并没有因为文字依赖于物质建筑的载体而强调它自身的物质属性，而是把岳阳楼比作人的肢体，将楼记文字视为人的精神。也就是说，他把岳阳楼和岳阳楼题记都人格化了，从而通过肢体与精神的关系来解释物质与文字的关系。什么是精神呢？精神指人的精气、元神，即人的生命体征，相对于形骸而言；又指实质、要旨，即事物的精微所在，与糟粕相对。汉代王符的《潜夫论·卜列》云："夫人之所以为人者，非以此八尺之身也，乃以其有精神也。"滕宗谅将楼的题记文字视为"精神"，如同人有了精神才成其为人，岳阳楼也因此才获得了生命。否则，岳阳楼不过是徒具肢体而已。滕宗谅这样说，固然有自谦之意：虽然他费心费力重修了岳阳楼，但没有范仲淹画龙点睛的神来之笔，它终究只是一具物质的形骸，不足以自立，更不能传之久远。自谦的背后有更深的寓意。用滕宗谅自己的话说，是"欲使久而不可废，则莫如文字"。这是一个象喻的表达：唯有用文字筑成的岳阳楼才能够屹立不倒，世代相传而不至于湮灭无存，无论岳阳楼本身是否还在。从这个意义上说，文字既是获得不朽的途径，本身也足以超越物质的载体而得到永恒。千百年以下，即便岳阳楼已不复存在，范仲淹的《岳阳楼记》仍将传诵人口，滕宗谅主持修复的岳阳楼也因此"久而不可废"。这正是清人赵翼（1727—1814）赞誉崔颢的《黄鹤楼》诗时所说的"楼真千尺迥，地以一诗传"。当然，传之久远者不仅限于岳阳楼之名而已，还有作者的精神与名声。诚如清人刘大櫆（1698—1780）在《见吾轩诗集序》中所说："文章者，古人之精神所蕴结也。"作者凭借文字超越死亡，在后世产生历久不息的共鸣。后人由文及物，又由物及人，登览岳阳楼于是变成了他们对作者的凭吊和纪念。

题写岳阳楼并不自范仲淹始，唐人的岳阳楼诗以孟浩然的《望洞庭湖赠张丞相》和杜甫的《登岳阳楼》最为知名，曾一度书于诗板之上，高悬于岳阳楼正堂东西墙的门壁之间。此后，题写者前赴后继，一次又一次地在他们的作品中将岳阳楼重新创造出来，或者通过向孟浩然和杜甫致敬，将岳阳楼的文化记忆接续下去。而这也正是滕宗谅对范仲淹的期待：通过题写岳阳楼而赋予其精神内核，为胜迹的物质形骸充注生命，以确保它流传后世，历时不废。但是这样一个拟人的象喻表述究竟意味着什么呢？它的意义又是如何通过具体的诗文作品而体现出来的呢？书写在什么意义上创造了胜迹？文字以怎样的方式赋予了胜迹以精神并使之从此获得了不朽的生命？在以书写为中心的中国文化传统中，古典诗文无疑起到了塑造江山胜迹与人文风景的主导作用。那么，视觉艺术在其中扮演了什么角色？它与书写传统又处于怎样的关系之中？

二　金陵凤凰台：胜迹之地与互文风景

我们都知道，李白并没有像崔颢那样，在武昌的黄鹤楼上写出一首七律，与他一较高下。但李白移步金陵凤凰台，并在那里模拟《黄鹤楼》，作了一首《登金陵凤凰台》。崔颢的《黄鹤楼》日后被视为黄鹤楼的“奠基之作”，李白的《登金陵凤凰台》也同样为后人所追慕，开启了金陵凤凰台的胜迹书写谱系。

于是，我们发现自己不得不面对这样一个悖论式的情境：一方面，李白的《登金陵凤凰台》被后人誉为凤凰台的“奠基之作”，如宋代的林希逸（1193—1271）在《秋日凤凰台即事》的小序中所说的那样，“凤凰台著名，以李翰林一诗也”，印证了一首诗创造一处胜迹的说法。但另一方面，李白这首诗的独特性和创造性又不断受到质疑，因为他沿用了崔颢《黄鹤楼》一诗的结构和句式。我们通常假设一首题写胜迹的诗篇是以这一具体的胜迹为对象的，因此与它所题写的胜迹及其特定的视觉感受、情感体验之间，具有不可替代的内在关联和一致性。但李白的《登金陵凤凰台》迫使我们重新思考这一假设，因为它本身是出自对崔颢《黄鹤楼》的模仿。我们不禁要问：一篇模拟之作是如何创造一处胜迹的？李白如何借助诗歌的互文关系，实现从黄鹤楼到凤凰台的过渡与转换？而金陵凤凰台又是怎样在他的笔下被写成了胜迹？

李白是第一位全力打造金陵诗歌形象的诗人，他一生写了四五十首关于金陵的诗篇，他的《登金陵凤凰台》是现存最早的一首关于金陵凤凰台的诗篇：

> 凤凰台上凤凰游，凤去台空江自流。
> 吴宫花草埋幽径，晋代衣冠成古丘。
> 三山半落青天外，一水中分白鹭洲。
> 总为浮云能蔽日，长安不见使人愁。

这首诗颈联中的“一水”又作“二水”。我在拙著《题写名胜：从黄鹤楼到凤凰台》中说过，每一处著名的亭台楼阁都往往有一篇诗歌作为它的奠基之作。金陵凤凰台是如此，武昌黄鹤楼也不例外。崔颢的《黄鹤楼》见于多种唐人选唐诗抄本，诗曰：

> 昔人已乘白云去，此地空余黄鹤楼。
> 黄鹤一去不复返，白云千载空悠悠。
> 晴川历历汉阳树，春草萋萋鹦鹉洲。
> 日暮乡关何处是，烟波江上使人愁。

各抄本文字略有不同，我在《题写名胜》中做过具体的对比。《黄鹤楼》

诗的奠基地位不是崔颢自己确定的，而是他的同代人和后来者把它推上了这个位置——他们通过重复和变奏《黄鹤楼》的母题和句式向崔颢致敬，由此确认了这首诗在黄鹤楼题写谱系中不可替代的位置。

显然，李白的《登金陵凤凰台》是从崔颢《黄鹤楼》演绎出来的。但李白又没有简单地模仿崔颢，而是在模仿的同时与崔颢竞争，或者说通过模仿与崔颢竞争，我称之为“竞仿”。比如《黄鹤楼》诗的前两联，被李白压缩成一联两句：“凤凰台上凤凰游，凤去台空江自流。”崔颢用两联四句表达的意思，李白一联就做到了，为此他在两句中三次重复“凤凰”的意象。李白的炫技表演告诉我们，他完全可以克服迟到者的不利地位，在崔颢设置的游戏规则中击败崔颢。对此我们固然可以有不同的评价，但有一点不容否认，那就是李白对崔颢作品的竞仿造成了一种深度纠缠的互文关系，以至于我们不得不通过其与《黄鹤楼》的这种互文关系来解读《登金陵凤凰台》。重要的是，互文关系构成了我们理解这首诗的一个必要前提，因为这首诗的意义在很大程度上取决于这一关系，被这一关系塑造。

对于竞仿导致的互文关系，前人往往拿捏不定，导致褒贬失度。他们关心的问题仍然是：在这一场诗歌竞技中，李白是否最终胜出。批评者认为李白作为模仿者，一上来就屈居劣势，岂能反败为胜？称赞者力主双赢，比如清代沈德潜评价李白的《登金陵凤凰台》是“从心所造，偶然相似，必谓摹仿司勋，恐属未是”。《唐宋诗醇》也认为这首诗与崔颢的《黄鹤楼》一样，“皆从心而发，即景而成。意象偶同，胜境各擅”。他们不承认李白模仿了崔颢，更谈不上挑战崔颢，或与之竞争。在他们看来，李白一旦想到了竞争，就输定了；从文字上去较一日之短长，则注定死于章句之下；二人各行其是，互不相关，不过是无心偶同罢了。也有人对《登金陵凤凰台》的尾联称赞有加，认为它有“高情远意”，别开生面，而不落于模仿。

崔颢《黄鹤楼》的尾联“日暮乡关何处是，烟波江上使人愁”，写日暮时分所唤起的乡愁。而李白《登金陵凤凰台》的结尾“总为浮云能蔽日，长安不见使人愁”则远眺长安，引出了对当下政治的深切关注，视野和关怀看上去的确不同于《黄鹤楼》。从写法来说，《黄鹤楼》由景生情，也就是以“烟波江上”的眼前之景为契机，将黄昏之际登楼远望的思乡之情升华为人生归宿的永恒乡愁。与此相对照，《登金陵凤凰台》脱离了目之所见的写景笔法，通过“总为浮云能蔽日”的情势推测之语，转入了象喻的模式。潘淳的《潘子真诗话》认为这一句出自汉代陆贾《新语》的“邪臣蔽贤，犹浮云之障日月也”，象征邪臣当道，朝廷昏昧，宫廷政治已无复清明。类似的比喻在先秦和秦汉时期的作品中时常可见，如王逸《九思·哀岁》：“彼日月兮暗昧，障覆天兮祲氛。”的确可以说，《登金陵凤凰台》的结尾展现了从主题和表现手法上超越崔颢《黄鹤楼》的企图。原本游子思乡的画面，被李白纳入了大唐帝国的政治版图。但我想强调的是，即便是在这里，李白也没有摆脱与《黄鹤楼》的互文关系，而是沿着这一互文关系的脉络做出了延伸和拓展。

为了更好地了解这一点，我们一起来读一下李白的《黄鹤楼闻笛》（又作《与史郎中钦听黄鹤楼上吹笛》）：

> 一为迁客去长沙，西望长安不见家。
> 黄鹤楼中吹玉笛，江城五月落梅花。

这真是一首绝妙好诗！“江城五月落梅花”中的“落梅花”是双关语，暗含曲名《梅花落》，也就是黄鹤楼中的那支玉笛奏出的曲子。江城五月已开始转暖，而不再是落梅季节，可是一曲凄清的《梅花落》，却让诗人顿生寒意，以至于黄鹤楼上也在这一刻切换了画面，忽见漫天纷飞如雪的梅花，洒落五月的江城。这首诗借助听觉与视觉的转换，创造了虚实交错的奇幻效果：耳边的玉笛曲仿佛融入眼前的风景，流动的音乐霎时化作五月落梅的幻境。真可谓黄鹤楼上一声笛，吹落满城梅花。

与我们的话题直接相关的是，这首诗中的“一为迁客去长沙，西望长安不见家”暗示了从《黄鹤楼》的“日暮乡关何处是，烟波江上使人愁”转向《登金陵凤凰台》尾联“总为浮云能蔽日，长安不见使人愁”的一个过渡环节。为什么这么说呢？李白在《黄鹤楼闻笛》中称长安为“家”却遥不可见，为我们揭示了“长安不见使人愁”的一层隐含的寓意。在李白的眼中，长安既是朝廷的所在，也是他终生心系的家园。由此看来，“长安不见使人愁”这一句实际上仍旧延续了崔颢“日暮乡关何处是”的思乡旋律。也就是说，李白在诗的末尾转向长安，并不意味着他放弃了崔颢原诗中的乡愁主题，而是以他自身的方式继续演绎这一主题。但是与此同时，李白在《黄鹤楼闻笛》中又说“一为迁客去长沙”，也就是借助贾谊放逐长沙的典故，为“西望长安不见家”一句蒙上了政治的阴影。这里写的是汉代的贾谊，指的却是作者自己，因为这首诗与《登金陵凤凰台》一样，都作于李白从夜郎放逐归来。可见这两首诗中的“西望长安不见家”和“长安不见使人愁”是一脉相承的，都是在对长安的徒劳无望的远眺中，寄托了诗人对王朝中心与人生归宿的双重向往。

“长安不见使人愁”一句还另有出处，即《世说新语》中那个晋室东渡之后回不去也望不见的长安：

> 晋明帝数岁，坐元帝膝上。有人从长安来，元帝问洛下消息，潸然流涕。明帝问何以致泣，具以东渡意告之。因问明帝：“汝意谓长安何如日远？”答曰：“日远。不闻人从日边来，居然可知。”元帝异之。明日，集群臣宴会，告以此意，更重问之。乃答曰：“日近。”元帝失色曰：“尔

何故异昨日之言邪？”答曰：“举目见日，不见长安。”

晋明帝司马绍数岁时，西晋王朝逐渐从战乱走向崩溃。公元311年，都城洛阳陷落，313年晋怀帝司马炽遇害。晋愍帝司马邺于313年在长安即位，316年降于刘曜，一年后被刘聪杀害。而在这一切发生之前，晋元帝正密切关注着长安和洛阳的命运。对他来说，长安的重要性不亚于洛阳。早在汉末之际，司马防曾任长安京兆尹，这座西汉故都也是司马氏曾经的家园。晋元帝问年幼的长子司马绍“长安何如日远”，司马绍答曰“日近”，因为“举目见日，不见长安”。司马绍以见或不见为衡量距离的尺度，但“不见长安”却并非因为长安距离更远，而是因为返回长安的希望日益渺茫。其父元帝在向来自长安的客人询问消息时，禁不住潸然泪下。李白心目中的长安又何尝不是如此呢？长安之所以不见，固然也与距离有关，但这个距离不仅是空间的，更是心理的。李白失去了回归长安的展望，因为作为他政治归宿的长安此时已经无望地沦落，变成了一座回不去的家园。可见李白并没有偏离崔颢《黄鹤楼》诗的思乡主题，而是借助《世说新语》的典故，拓展了思乡主题的内涵与延伸维度。

我们不难重构李白《登金陵凤凰台》一诗的思路及其生成脉络：通过互文关系，李白在自己的《登金陵凤凰台》与崔颢的《黄鹤楼》之间，以及包括《世说新语》在内的其他文本之间，缔结了参照、对比等不同形式的有效联结。我们只有通过一系列“中介文本”组成的链条才能抵达它的意义核心，这首诗的意义呈现因此具有滞后性。德里达曾经提出“延异说”，他认为，每一个字词的意义总是通过与同一个文字系统中的其他字词之间的差异而呈现出来，意义的生成因为经由无穷无尽的能指链条而被延迟了。我想补充的是，所谓延异不只发生在字词的层面上，还发生在文本之间。互文关系造成了更为复杂的延异过程，其中隐含的文本链接有待我们通过跨文本的细读而重构出来。

细读李白的《黄鹤楼闻笛》可知，互文性不只存在于李白的《登金陵凤凰台》与崔颢的《黄鹤楼》之间，也不仅限于它与《世说新语》等其他文本之间，而且还经常见于李白自己的作品中。李白总是在尝试重新书写同一个母题、句式与词语，这在他现存的作品中留下了可以辨识的痕迹。759 年前后，李白在黄鹤楼所在地江夏作《江上吟》，"仙人有待乘黄鹤，海客无心随白鸥"，仿佛时光倒流，回到了昔人尚未驾鹤离去的时刻。而在作《登金陵凤凰台》前后，他还有一篇《金陵凤凰台置酒》，其中"凤凰去已久，正当今日回"一联，又挪用了他另一篇作品中黄鹤去而复返的母题。可见李白如何在这同一个典故上大做文章，反复改写。此外，"六帝没幽草，深宫冥绿苔"（《金陵凤凰台置酒》），"亡国生春草，王宫没古丘"，"古殿吴花草，深宫晋绮罗"（《金陵三首》其二、其三），这些诗句与《登金陵凤凰台》的颔联"吴宫花草埋幽径，晋代衣冠成古丘"形成了重复和变奏的关系。《登金陵凤凰台》仍旧将"花草"和"古丘"分置于对句的两行之内，但又不同于《金陵三首》其二那样让"春草"与"古丘"处在彼此相对的位置上。这便是重复之中的变奏部分。"吴宫花草""晋代衣冠"与"吴花草""晋绮罗"形成了变奏关系，而以"吴宫"修饰"花草"，岂不又是"古殿吴花草"的改写吗？

这些互文关系有助于揭示《登金陵凤凰台》的内在特色。这首诗中的"吴宫花草"与"晋代衣冠"相对而出，都处于主语而非宾语的位置，形成了这一联的一个不同之处。紧随其后的动词又有主动和被动之别，彰显了自然与人世的对比。动词"埋"赋予了"吴宫花草"能动性，而与之相对的"晋代衣冠"却完全是被动的，他们随时间流逝一去不返，消极地被"埋"进坟墓，变"成"古丘。人类在死亡面前无能为力，王朝的称谓也不可能留住过去。诗人在此回顾历史：这里曾是吴宫旧地，而历史上的吴国不久便为晋人所灭。晋朝作为胜利者取而代之，但它后来的命运又如何呢？岂不正像吴宫幽径为花草掩埋那样，被葬入土丘而不复可见了吗？历史时间的逻辑就是朝代的不断陵替。随着替代者被替代，“晋代”的标志也被抹去，消失在“古”这一泛指久远过去而无内部差异的笼统概念之中。而那一个“丘”字，即陶渊明的“死去何所道，托体同山阿”之意：显赫一时的衣冠人物的最终结局，不过是化作大自然的一部分。

我们在这里看到了人世与自然的对比，也看到了自然对历史的胜利。李白屡次使用“吴宫花草”和“吴花草”这样的修辞，仿佛是以历史时间来定义自然现象，但最终却被自然所克服。自然可以埋葬过去，抹掉人世的痕迹。生长在吴宫遗址上的花草只服从四季循环的逻辑，而不从属于任何一个去而不返的王朝。它们漠然地掩去了吴宫残余的痕迹，以自身此刻的茂盛覆盖了颓败的过去。于是，我们读到了《登金陵凤凰台》中屡次重现的母题：同“掩埋”“消逝”相伴随的，是有与空、在场与缺席的对比，是表里、名实的分离，是“所见”背后掩埋的“不见”。晋代衣冠化为土丘，徒有其名，正像凤凰台上早已看不见凤凰的踪影。甚至诗人视野中“三山半落青天外”的“三山”，也仿佛在自天而降的过程中被悬置在了半空，另一半为云雾所遮蔽，隐去了它的真实面目。

李白经常重写自己的诗句，他像法国作家福楼拜所说的那样，一心一意地寻找最恰当的那个词语，并且探索它们之间最佳的组合方式。因此，在他的作品之间形成了多层次的互文关系。这与他模仿、改造崔颢的诗句，没有根本区别。事实上，崔颢的《黄鹤楼》诗也是在今与昔、名与实、空与有、见与不见、在场与缺席之间交错对比的关系中展开的。只不过李白诗中引入了历史和政治的维度，有了更多的怀古的意味。李白不断地在先行者设置的范式内做出选择、偏离和调整，并且通过挪用、变奏等方式，与先前的文本进行对话、协商和竞争。由此体现出来的，正是中国古典诗歌的基本准则与修辞技法。李白在中国诗歌史上以天才纵逸、戛戛独造而享有盛誉，“兴酣落笔摇五岳，诗成笑傲凌沧洲”正是李白的标志性作风，但他首先是一位训练有素的古典主义诗人。正如唐人段成式所说的那样，李白“前后三拟《文选》”。《文选》学是唐代进士考试的必修功课，以诗见长的李白也不例外。至少在这首诗里，我们读到了他的明审、权衡、精心的安排和考量，而不是一位天才诗人的率意、冲动和不加节制的放纵。

李白的《登金陵凤凰台》并不是一篇孤立的作品，它的内在意义是经由上述双重互文关系的媒介而产生出来的。但是它的辩护者却不想面对这一点。《唐宋诗醇》评论李白《登金陵凤凰台》“从心而发，即景而成”，强调的是诗人之心与外在之景的刹那相遇，而诗歌作品就是他此时此刻视觉感受和内心体验的直接产物。南朝齐梁时期钟嵘曾提出“直寻”说，也是为了摆脱“互文性”的介入，以确保诗歌所表达的内容与诗人写作时的视觉感受和情感体验之间，具有一种未经中介的连续性与同一性。这固然是一种令人向往的诗学理想，但未必能够有效地解释具体的诗歌作品。

《唐宋诗醇》称李白此诗为“即景而成”，可是诗中真正写到所见之景，却只有“三山半落青天外，一水中分白鹭洲”这一联。通观全诗，也唯有此联的景物描写具有此时此地的不可替代的特殊性。用地理景观学的术语来说，三山和白鹭洲就是这一景观的“锚固点”，将这一景点的空间位置确定下来。只不过深究起来，这一锚固点又没有那么牢靠。从凤凰台上望向江面，白鹭洲固然尽收眼底。但三山却远在长江对岸，南北相连、三峰并峙，坐落于今天的南京城西南板桥镇三山村的长江岸边。由于三山突立于长江之中，又被称作三山矶。明代文伯仁的《金陵十八景图》的第一幅即以“三山”为题。借助江对岸的三山来确定凤凰台的空间位置，又如何能

明　文伯仁　《金陵十八景·三山》　上海博物馆藏

保证定位的准确性呢？李白既然说“三山半落青天外”，则三山远在视野之外，已自不待言了。李白曾登三山，隔江遥望金陵，作《三山望金陵寄殷淑》，以此呼应谢朓（464—499）的《晚登三山还望京邑》，并向这位他最心仪的南朝诗人致敬。可知“三山”一句也未必就是即景所见之语，而是从凤凰台上回应诗人谢脁来自三山的眺望，因此与他的《晚登三山还望京邑》形成了密不可分的互文关系。五代时期，这一带的自然地貌与城市建筑格局都发生了改变，凤凰台四周的景观已无复从前。与其他的迟到者一样，宋代的陆游（1125—1210）也曾在凤凰台上远眺三山，他在《入蜀记》中谓："三山，自石头及凤凰台望之，杳杳有无中耳。及过其下，则距金陵才五十余里。"而"杳杳有无中耳"又岂非"三山半落青天外"之意？即便是在李白生活的时代，能否从凤凰台上望见三山，也不无疑问。从李白这一联诗来看，白鹭洲一句写的是登览凤凰台之所见，三山一句写的是不见。两相对照，白鹭洲近在眼前，一水中分之景，格外分明；三山则半落天外，在若有若无之间。

题写胜迹的作品属于即景诗，而即景诗有一个先决条件，那就是诗人的在场写作，或者至少想象自己此时此刻置身于一个历史或传说事件曾经发生的现场。诗人的在场写作起到了双重的作用：首先是在历史或传说事件的现场，过去通过文字被召唤回来，但随即又像幻象那样风流云散。于是就有了这首诗的首联"凤凰台上凤凰游，凤去台空江自流"。它像崔颢《黄鹤楼》的"黄鹤一去不复返，白云千载空悠悠"那样，见证了往事成空的当下。所以，这个当下的景观往往是通过否定的方式来定义和呈现的，仿佛是从一幅已经完成的画面上将黄鹤或凤凰一一抹去，只留下横贯古今的江流，遮天蔽日的浮云和半落天外的山色，终归于亘古不变的寂寞空无。诗歌所呈现的是消逝，是从前的一去不返。诗人缅怀、纪念的先人和原初的事件，都处于空缺状态。而正是这一空缺状态，为诗人提供了书写的空间。

从以上的分析中，我们也看到了这首诗的一个时间维度，因为名、空、缺席、不见等视觉感知和空间观念，今昔的时间对比是相互交错，不可分离的。胜迹书写往往具有回忆性，尤以怀古诗为甚。回忆的前提是时间的距离：只有当某一个人或某一个事件从眼前消失，进入了过去，才有可能构成我们追忆的对象，并且通过我们的内心冥想将它从过去短暂唤回。而诗人的在场，又最终见证了它此时此刻的荡然无存。这就是我们在胜迹书写的诗歌中经常见到的时空交错的基本框架。

中国历史上的所谓风景即人文风景，首先是写出来的。就其构成的方式而言，人文风景又可以说是互文风景。互文风景揭示了一个观看和体验胜迹的普遍方式，这一方式是可以具体落实在唐代诗歌（尤其是律诗）的结构和句式上的，包括词语的对仗关系和意象的组合模式。

互文风景不仅见于李白的《登金陵凤凰台》，也同样见于崔颢的《黄鹤楼》。李白在《登金陵凤凰台》中向崔颢的《黄鹤楼》致敬，同时上追初唐宫廷诗人沈佺期的《龙池篇》。《登金陵凤凰台》的首联“凤凰台上凤凰游，凤去台空江自流”正是从《龙池篇》的首句“龙池跃龙龙已飞”衍生出来的，在通篇的结构上也形成了呼应关系。崔颢的《黄鹤楼》又何尝不是如此？李白在此挑明了这一点：《黄鹤楼》即便是他所竞仿的对象，也是互文关系的一部分，从而剥夺了它作为先行者的天时地利的优势与不可替代的地位。从一个更广泛的意义上说，初唐诗人王勃在他的《滕王阁序》那里就已经为胜迹书写，尤其是以律诗为体裁的胜迹书写，提供了一个基本范式。古诗在句式和篇章结构等方面都有别于近体诗，但类似的时空框架也早已见于初唐诗人如陈子昂的怀古作品，我在下一节还会说到。题写胜迹的互文风景因此有其形成、演变的漫长历史。诗人所写的胜迹各有不同，他们从一处胜迹的特定性出发，却以各自的方式，最终将江山胜迹编织进同一张无远弗届的互文关系的天罗地网之中，让它们在彼此的关联点上，奏出一曲既陌生又熟悉的旋律，正所谓“抚琴动操，欲令众山皆响”。

我在引子中提到的《岳阳楼记》，也是互文风景的一个旁证。范仲淹收到滕宗谅庆历五年（1045）六月十五日的来信时，正在邠州的任上，无法亲赴岳州。滕宗谅特意请人随信带给他《洞庭秋晚图》一本，供他观图作文。滕宗谅在信中还告诉范仲淹，他已经吩咐僚属从韩愈、柳宗元、刘禹锡、白居易、张说、张九龄、杜甫和杜牧等唐人诗集中“摘出登临寄咏，或古或律，歌咏并赋七十八首”，外加“本朝大笔”如吕蒙正、丁谓、夏竦等人的作品，准备将这些作品“榜于梁栋间”，从而将岳阳楼变成一座文字书写的胜迹。范仲淹在《岳阳楼记》也说：“（滕子京）重修岳阳楼，增其旧制，刻唐贤、今人诗赋于其上，属予作文以记之。”已有的研究表明，范仲淹不仅作文记载重修岳阳楼一事，而且在自己的记文中，融入了诸多唐贤的诗句，他的《岳阳楼记》因此俨然集岳阳楼胜迹书写之大成。范仲淹既是后来者又是缺席者，但他借助互文关系完成了自己的岳阳楼书写，一方面克服了迟到者的劣势，另一方面补偿了他缺席现场的缺憾，并最终以此跻身于岳阳楼的书写谱系。

范仲淹虽然未能亲临洞庭湖畔目睹岳阳楼的规模与胜景，却写下了千古传诵的《岳阳楼记》。李白的《登金陵凤凰台》固然看上去像是一篇登览之作，属于即景诗的范畴，但它出自崔颢《黄鹤楼》诗的框架结构，也是不争的事实。李白之后的凤凰台书写，情况各异，未可一概而论。但后来者常常是在凤凰台丧失原貌，甚至遗址失考的情况下，继续他们的凤凰台书写。这于是把我们带回了前面谈到的问题：应该如何来理解文字与地点的关系，也就是题写胜迹的诗文与胜迹之间的关系。

三　凤凰台是怎样被写成胜迹的

金陵凤凰台坐落于何处，起源和历史如何？它又是怎样被题写成胜迹的？

有关凤凰台的最早记载见于《宋书·符瑞志》中篇，讲的是元嘉十四年（437）三月，有二鸟集于秣陵民王颛园中李树上，看上去十分奇异："大如孔雀，头足小高，毛羽鲜明，文采五色，声音谐从。"扬州刺史彭城王刘义康上报朝廷，于是诏令"改鸟所集永昌里曰凤皇里"。但《宋书》这里说的是"凤皇里"，并无一字提到凤凰台。有趣的是，此后越晚的记载中，凤凰台出现的时代就越早，令人联想到顾颉刚的"层累构成说"，因此所记未必可靠。例如完成于668年的佛教典籍《法苑珠林》将《宋书·符瑞志》记载的祥瑞事件记在东晋升平年间（357—361），提前了近八十年，并且改"凤皇里"为"凤皇台"。南宋马光祖（约1201—1273）在《重建凤凰台》一文中，以淳熙时期（1174—1189）的保宁寺壁记为据，也得出了"晋升平已有台"的结论。但他主持修纂的《景定建康志》却兼顾二说，含糊其词："保宁禅寺，在城内饮虹桥南保宁坊内。吴大帝赤乌四年，为西竺康僧舍（会）建，寺名建初。晋宋有凤翔集此山，因建凤凰台于寺侧。"建初寺即后来的保宁寺，毁于元末，其址遂并入瓦官寺。

据史料记载，瓦官寺始建于晋兴宁二年（364），明初寺废，遗址失考。直到嘉靖年间（1522—1566），杏花村一带建积庆庵，掘地得升元（937—943）石像，确认此地为瓦官寺遗址，于是改称古瓦官寺，凤凰台故址也由此而再次得以落实。至明代，凤凰台的所在地曾归于魏国公，后渐荒芜。"稍因其存者，葺为庵，植桂于旁，名曰'丛桂'。"丛桂庵与古瓦官寺相对峙，后称上瓦官寺。明人焦竑（1540—1620）建议改名为凤游寺，详见他的《重建凤游寺碑记》。清初周亮工（1612—1672）分别于顺治年间（1644—1661）和康熙六年（1667）发起募捐活动，以赎买土地，重修凤凰台，并先后作《赎凤凰台募疏》和《募修瓦官寺凤凰台疏引》，重申凤凰台的基址在古瓦官寺之左。康熙初年江宁知府陈开虞曾作《凤凰台诗》，收入他本人主持编修的《江宁府志》卷五"山川"中，其诗序曰："台在凤游寺后，近为取土者所残，日就圮矣。余既禁止之，将谋复故，以存胜迹不朽

明 宋懋晋 《金陵十八景图·瓦官寺》 南京博物院藏

焉。”康熙年间的募修活动得到了陈开虞的支持，但收效并不显著。不久之后，凤凰台再度沦于荒榛野莽之间而无复可辨。

李白的《登金陵凤凰台》是现存第一首题写凤凰台的诗篇，而且也正是因为这首诗，后人才记住了凤凰台。值得一提的是，李白对与凤凰台相关的胜迹也有所涉及，如《横江词六首》其一写到“白浪高于瓦官阁”，又有《登瓦官阁》诗。瓦官阁当在凤凰台附近，或因瓦官寺而得名，当时颇受游人青睐，但凤凰台却很少有人提及。此外还有关于金陵凤凰楼的记载：据梁朝僧人慧皎的《高僧传》，天竺僧人求那跋陀罗“于秣陵界凤皇楼西起寺”。此说早于《宋书》有关凤凰台的记载，后来唐人许嵩编撰的《六朝宫苑记》也提及“凤凰楼在凤台山上。宋元嘉中建，有凤凰集此为名”。他把凤凰楼的建造时间定在刘宋元嘉时期，与《宋书·祥瑞志》关于凤凰集于此地的记载保持一致。李白《登瓦官阁》有“门余阊阖字，楼识凤凰名”之句，又《月夜金陵怀古》曰“台倾鳷鹊观，宫没凤皇楼”，可知凤凰楼久已圮废，徒有其名。

李白去世后一百余年，终于有一位名叫殷尧藩（780—855）的诗人在《登凤凰台二首》中道：“凤凰台上望长安，五色宫袍照水寒。彩笔十年留翰墨，银河一夜卧阑干。”又曰：“梧桐叶落秋风老，人去台空凤不来。”作者在诗中既呼应了李白的《登金陵凤凰台》，又提及李白应诏入朝、失意而归一事。在他笔下，访游凤凰台变成了对李白的凭吊与怀念。

晚唐诗人李群玉（约 813—约 860）也曾经留下一首《秣陵怀古》：

野花黄叶旧吴宫，六代豪华烛散风。
龙虎势衰佳气歇，凤凰名在故台空。
市朝迁变秋芜绿，坟冢高低落照红。
霸业鼎图人去尽，独来惆怅水云中。

与殷尧藩不同，李群玉完全没有提到李白和他的《登金陵凤凰台》。他称凤凰台为“故台”，与“旧吴宫”一样，佳气消歇，风流云散，俱成前朝往事。

有唐一代，题咏金陵凤凰台并没有形成气候，凤凰台也没有成为旅游“打卡”胜地。那么，它在当时究竟是一个怎样的所在呢？古人所谓“台”，原本有别于楼观之类的建筑。一处高出四周的平地，无论是天然形成的，还是夯土而成或用砖石砌成，都无妨称之为台。《法苑珠林》记载：“有凤凰集此地，因名其处为凤凰台。”言下之意，凤凰台之所以得名，不过是因为传说中的凤凰曾于此聚集，并无在此筑台之意。这一命名方式与李白所模仿的沈佺期《龙池篇》的首句“龙池跃龙龙已飞”意涵是一致的：“龙池”之所以称“龙池”，只是因为传说中的龙曾经来过，而不是龙来过之后修建了龙池。李白的“凤凰台上凤凰游，凤去台空江自流”，也正是此意。总之，李白登览的凤凰台未必是刻意修建的，在当时也并不广为人知。李白是将它写进诗歌的第一人。因此，不是诗歌依赖于凤凰台而存在，而是凤凰台依赖于诗歌而存在。

后人的诗歌有时也写到凤凰台的高度与规模，但多为虚拟张大之词，不足为据。例如，宋人杨万里诗曰："千年百尺凤凰台，送尽潮回凤不回。"严格说来，这并非出自对实景的观察和描摹，而是源于悠久的文学书写传统。回顾以筑台登台为主题的文学作品，《诗经》中有关周文王的灵台、灵沼和灵囿的歌咏或为始作俑者，此后又有后人关于纣王的鹿台"其大三里，高千尺，临望云雨"的记载。楚国君王所筑高台甚多，如陆云《新语》云："楚灵王作乾溪之台，五百仞之高，欲登浮云，窥天文。"楚王如此，汉代帝王更甚，他们修筑的高台与游仙之想结下了不解之缘。凤凰原本是自天而降的祥瑞之鸟，诗人也因此有了凤凰台台高"百尺"的想象。宋代的吴景伯在一首《沁园春·登凤凰台》词中，甚至这样写："再上高台，访谪仙兮，仙何所之?"他以李白代替了凤凰，并且将他谪仙人的身份纳入高台寻仙的思路，正是非高台不足以访谪仙了。

无论唐代的凤凰台情况如何，入宋之后，地方官和当地文人都不断地试图重建凤凰台和凤凰楼，至少有过三次大规模的重修工程。但重修之后是再度倾颓，二者相互交替。南宋马光祖为重建凤凰台作记曰："今台盖唐布政台也，后世因以存古焉。"这可以上溯到宋齐丘（887—959）的《陪游凤皇台献诗》（一作《题凤台山亭子，陈献司空》）中的两句诗："上有布政台，八顾皆城郭。"可知唐宋时期曾一度将坐落于此的布政台称作凤凰台，凤凰台因此只是作为一个地名供人凭吊而已。早在马光祖之前，陆游也曾游览过凤凰台。据他于 1169 年至 1170 年所记之《入蜀记》，保宁寺有凤凰台和揽辉阁，但"今已废为大军甲仗库，惟亭因旧址重筑，亦颇宏壮"。

我在前面引用了南宋林希逸的《秋日凤凰台即事》诗序中的一句话：“凤凰台著名，以李翰林一诗也。”可有趣的是，他在登览凤凰台时，却怀疑自己走错了地方：

余思翰林题诗时，台必不尔白鹭洲。问之，故老指点，固无定所。而三山则于此台望已不见，乃远落于前江之尾。若当时果尔，则诗辞不应如此模写也。谩刊正之，以俟好古者。

林希逸来到此地，心里想的是李白《登金陵凤凰台》的“三山半落青天外，一水中分白鹭洲”，可是眼前的景观竟然完全对不上号了。这究竟是怎么一回事儿呢？

林希逸的确有可能是走错了地方。但即便是走对了地方，他也看不到李白诗中的风景。为什么这么说？清代吴敬梓（1701—1754）在《金陵景物图诗・凤凰台》的小序中给出了一个说明：

唐昇州城尚狭小，此处可凭高眺远，至杨行密恢廓城垣，逾淮水而南，台之风景尽矣，徒以太白诗存其名耳。

五代十国的吴国（902—937），因其建立者为杨行密（852—905）又称杨吴。杨吴占据江淮地区，以金陵为西都。大将徐温改筑金陵城，将今天的内秦淮河纳入城内，又沿城周开凿护城河，史称杨吴城濠，金陵的水系、城市格局和自然景观都为之改变。将康熙《江宁府志》的《唐昇州图》与《南唐江宁府图》相对照，可见原本地处江边的凤凰台被围进了城墙之内。这一带的自然景观从此便与李白的诗歌描写失去了对应。

清道光年间（1821—1850），周宝偀写了一首《凤凰台》，其首联和颔

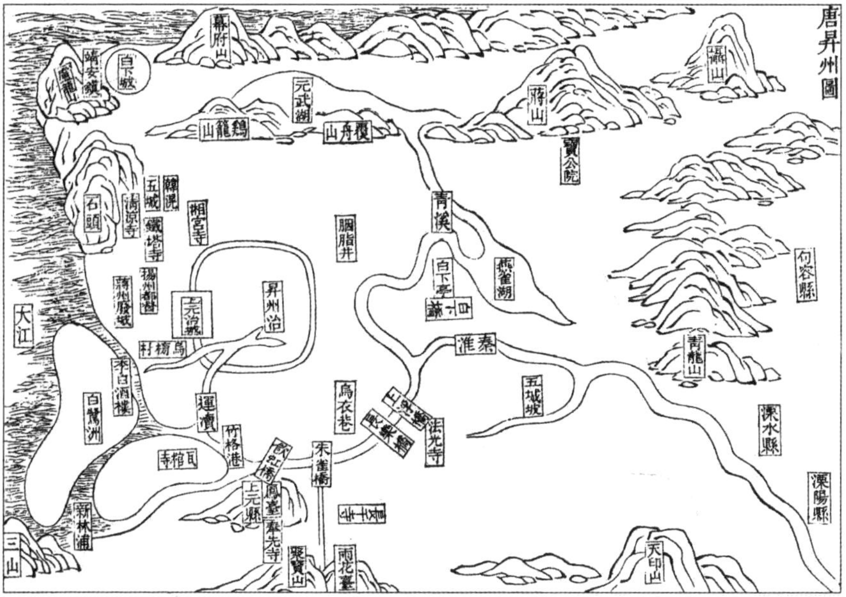

清 《江宁府志·唐昇州图》

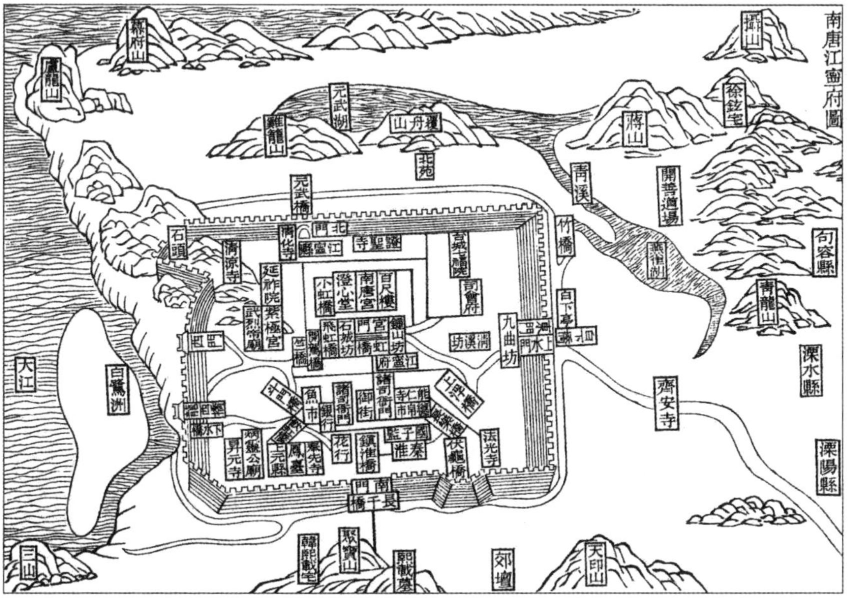

清 《江宁府志·南唐江宁府图》

联曰：

凤凰台扫全无迹，尚有芳名未尽删。
江远那堪寻二水，城高何处见三山？

其序云：“（凤凰台）旧前临大江，后为杨吴筑城所蔽，故三山、白鹭洲皆不可见。”杨吴之后，此地周围的地理形貌也逐渐改变。由于凤凰台地处江流的转角处，长年的泥沙淤积导致白鹭洲一方面挤压江面，另一方面又与江岸连为一体，长江因此远离凤凰台。到了周宝偀生活的时代，“一水中分白鹭洲”的昔日地貌已完全改观。此外，民居和日益繁忙的商业活动加剧了自然环境的蜕变，高耸的城墙遮断了江面的风光，“三山半落青天外”的纵深视野也不可复得了。

而有意思的是，恰恰是自南唐和宋代以降，也就是金陵城景观大变之后，题写凤凰台才蔚为风气。当然，地理环境难免会发生变化，诗歌还是可以接着写。但真正令人不可思议之处是，从这些诗篇中，我们很少能看到凤凰台当时的景观。个别诗人也偶有疑问，感叹榛莽丛生，胜迹无存——别忘了，在相当长的一段时期内，凤凰台遗址失考。尽管如此，大多数题写者似乎仍旧生活在李白所创造的凤凰台的文本风景中，仿佛所有的改变都不曾发生。或者一如既往地想象凤凰台上辽阔无际的江面视野，例如宋代的郭祥正（1035—1113）诗云：“高台不见凤凰游，浩浩长江入海流。”明人焦竑笔下的凤凰台视野也毫不逊色：“一望东南尽，长天鸿雁来。”为此，我们该怎样感谢林希逸和周宝偀这样的诗人！正是因为他们道破了凤凰台胜迹书写的真相与实情，我们才没有被一直蒙在鼓里。

了解了真相只是问题的开始。宋代和宋代以后的诗人持续题写金陵凤凰台，却极少写到当下的景观，这是因为“台之风景尽矣”，一无可观可写之处吗？既然没有可观可写之处，为什么还写起来没完没了呢？答案可以很复杂也可以很简单：这些诗人来到这里，是因为他们相信李白曾经来过。金陵凤凰台因为李白曾经来过才变得不同寻常，意味无穷。更重要的是，李白留下了《登金陵凤凰台》。他们题写凤凰台所依据的并非眼前所见之景，而是李白的那首诗，因此并不以亲自到场为必要的前提。这一高度文本化的凤凰台替代了物质形态的凤凰台，构成了凤凰台书写永恒的滋生地，并且自此以后不断从中繁衍出新的作品，而李白本人也因为题写凤凰台为后人所纪念。这就是宇文所安所说的纪念者最终变成了被纪念者，为历代诗人提供了不断接续题写的动力。后人通过不断地书写加入文本化的胜迹谱系，并在这个过程中，将自己从纪念者转变成被纪念者。

需要补充的是，时过境迁，重新确认的凤凰台遗址也屡经变化，例如明万历年间在凤凰台旁发现了“阮籍墓”。清代周宝偀那首《凤凰台》的后两联就这样说道：

> 酒帘招客争飘荡，牧笛横牛忆往还。
> 惟剩残碑传晋墓，我来瞻拜泪潺潺。

诗序曰：“（凤凰台）在今骁骑仓西南，旁有晋阮步兵墓。”据蒋欧悦的《康熙〈江宁府志〉（陈开虞本）对凤凰台的重塑与清初文化重建》一文，关于阮籍墓的记载最早见于明代姚旅（约1572—?）的《露书》卷七《迹篇》：“秣陵凤凰台傍有阮籍墓。壬辰，李公昭掘地得石碑半段，曰‘籍之墓’，旋又得半段，曰‘晋贤阮’，始知此地为籍墓。后有人穷之，多得殉物。籍踪迹多在山阳，不知何以葬此。”此事发生在万历壬辰，即

胡石、戴文翠《金陵地理变迁示意图（南唐）》

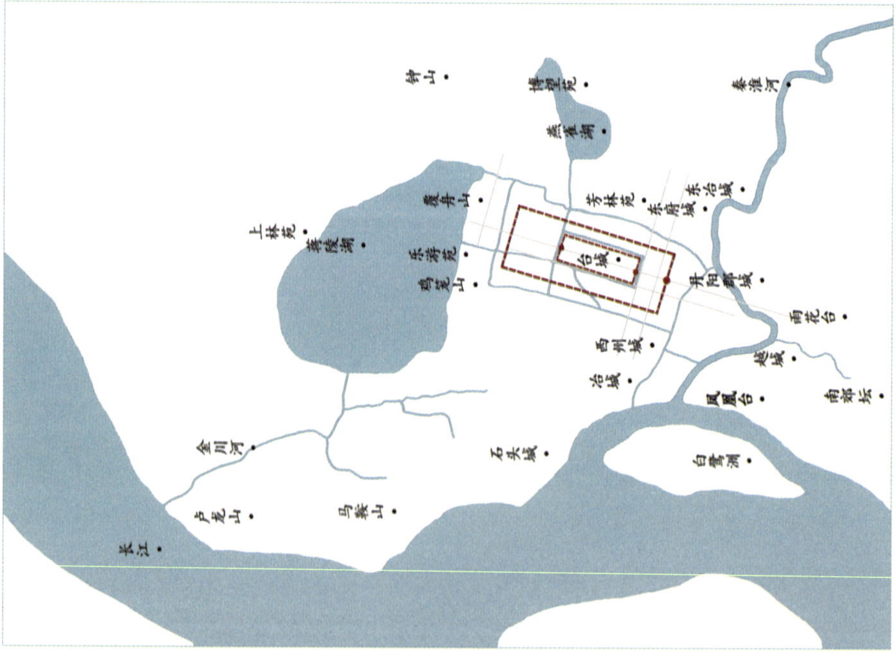

胡石、戴文翠《金陵地理变迁示意图（六朝）》

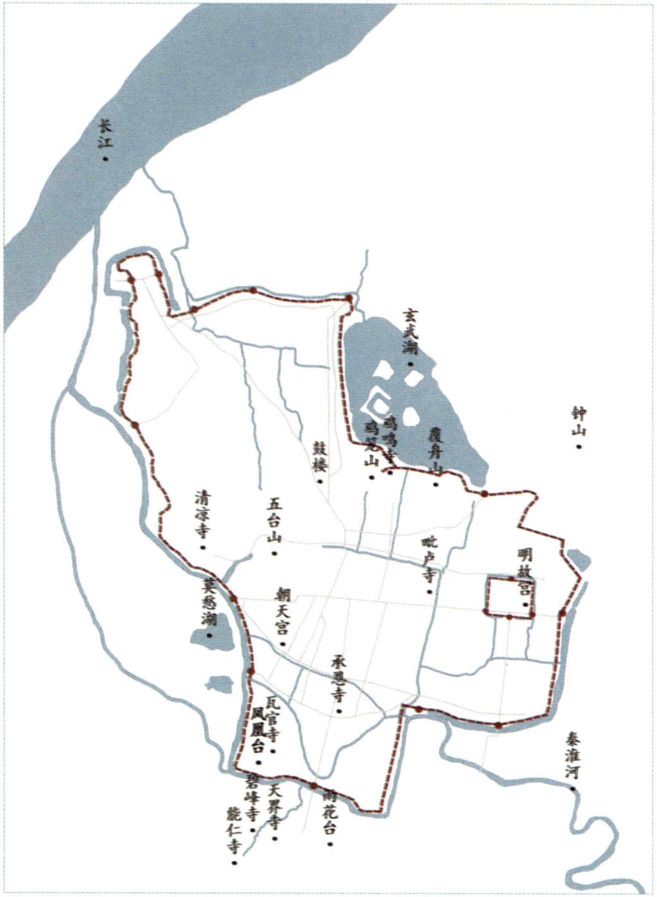

胡石、戴文翼 《金陵地理变迁示意图（清代）》

注：三幅金陵地理示意图的绘制参考了陈沂《金陵古今图考》与潘凤英《中全新世以来长江南京河段的河床变迁》对南京地区山水格局变迁的研究，在此基础上结合相关考古发掘资料及复原研究，分别梳理并标识六朝、南唐和清代时南京的城市风景格局，包括郑辰晧《江南都城城市形态变迁研究》（东南大学 2019 年博士学位论文）中 2008 年东箭道原汉府街长途汽车站工地发现的六朝城墙及城壕遗址与 2002 年—2003 年中山东路南京图书馆新馆工地发现的六朝城墙的考古发现、1985 年于张府园 21 号住宅区工地中发现的南唐宫城建筑遗址及南唐宫城护龙河遗址的考古发现、《南京建置志》中明城墙遗址的格局研究等。

1592 年。周亮工作《赎凤凰台募疏》，抄录姚旅语，但删去了“籍踪迹多在山阳，不知何以葬此”一句。又引刘廷銮《金陵问墓诗》“阮籍墓有几时到，金陵惝恍存一丘”二句，断言曰：“皆明验也。”

吴敬梓在《金陵景物图诗·凤凰台》小序中对此说有所保留，并且说有人疑其为阮孝绪墓。他认为阮籍祖籍陈留尉氏，卒于魏时，既非晋人，也不当葬于吴地。不过，阮孝绪（479—536）亦非晋人，可见晋墓说不能成立。然而凭吊墓址毕竟变成了观览凤凰台的一项保留节目，题写凤凰台的人也偶然会像吴敬梓和周宝偀那样，写到“阮步兵墓”或“晋墓”。有趣的是，尽管阮籍和阮孝绪皆非晋代的衣冠士族，也无法证明此为晋墓，人们却仍以晋墓相称。清初陈开虞主持编修的《江宁府志》曰：“观白诗‘晋代衣冠成古丘’，即指阮墓无疑。”表面上看，陈开虞在李白的诗句中找到了墓主身份的证据，采用的是“有诗为证”的说法。而实际上，他是通过确认墓主的身份来“成全”李白的作品。通过这种方式，他成功地将这座明代发现的古墓读进了“晋代衣冠成古丘”的胜迹风景。

从以上的作品细读和史料论证中，我们可以得出这样一个结论：作为文本化的凤凰台的奠基之作，李白的《登金陵凤凰台》既是关于金陵凤凰台的，又超越了这一确定的地点。李白在诗里面的确写到了三山和白鹭洲，它们构成了凤凰台景观不可替代的特定性，但他同时又将凤凰台的景观纳入一个更普遍的文字模式。对于凤凰台的游览者来说，进入这一诗歌语言所建构的秩序，便意味着从他们当下所在的地理空间中抽离出来，然后通过今与昔、名与实、有与空，以及见与不见等一系列充满张力的对仗句式，来重构自己与胜迹的关系，并完成凤凰台的观览体验。的确，一旦将诗歌的语言模式内化为心灵的感知结构，人们便可以在此时此地强烈地感受到“转瞬即逝与绵延不绝、毁灭与幸存、消逝与可见可视之间的张力”——这是傅汉思（Hans H. Frankel）对陈子昂的五言古诗《岘山怀古》

所做的评论，同时也概括了胜迹书写，尤其是怀古诗的基本模式。由此可见，李白题写的凤凰台作品具有一种普遍性的品格，并不依赖于这一特定的地点而存在。它展示了一个具有内在结构的心灵风景。这一心灵风景源自诗歌语言文字的形塑，所以又是先于任何一次具体的观察、游览经验而存在的：它被内在化了，是可以存储、可以携带的，可以随时从阅读记忆中抽取出来，凭借外在的机缘投射在游览者当下所在的地点上，并且与这一具体地点及其相关的记载传闻发生互动。

凤凰台面目改观，风景殆尽，甚至遗址也曾一度失考，这一切都不尽如人意。但胜迹书写却一如既往，并不因此中止或作罢。这一“凤凰台现象”固然看似例外，或有悖常情，却揭示了胜迹书写背后的一个重要假设，那就是一个高度文本化的凤凰台远比物质实体的凤凰台来得更强大也更长久。正是李白关于凤凰台的诗歌，而不是凤凰台本身，激活了也维系着凤凰台的文化记忆，邀请一代又一代的读者参与进来，并且通过写作接续下去。

四 金陵景物图：消逝的影像与追忆的艺术

自东晋开始南北分裂近三百年后，隋唐重新恢复了帝国的统一版图，同时又迎来了一个诗歌的黄金时代，以诗歌为主导开创了胜迹风景的新阶段。入宋之后，围绕着地方胜迹又出现了什么新的发展和变化呢？我接下来想谈一谈绘画的问题，因为宋代以后，尤其是明代中期之后，江山胜迹开始大量进入绘画。那么，绘画艺术是如何呈现凤凰台的？画家又怎样在凤凰台业已改观或遗址缺失的情况下，将它重新创造出来？绘画艺术与题写胜迹的诗歌范式之间构成了怎样的关系？在以书写为中心的文化传统中，视觉艺术究竟占据了什么位置?

南唐以降，尤其是入宋之后，开始出现了胜迹“地方景观化”的现象。江南的城市先后推出各自的景点系列，“景”和“景物”成为中心概念，普遍见于诗歌题咏，以及其他的书写体裁和样式。绘画也不甘示弱，尤其是在明代中期以后，这些高度地域化的景点和地方景观大量出现在种类繁多的绘画中，图文合璧的景物图诗也成为一时的风尚。这一现象的动力主要来自两个方面，一是文化的地方化转向，二是城市的商业化转型。而这二者都与唐宋转折是密不可分的。

“唐宋转折”是历史学家熟悉的一个命题。作为它的首倡者，日本学者内藤湖南以“中世—近世”的模式概括由唐至宋的历史变革，其中包括商业城市如开封的出现。到了二十世纪八十年代，施雅坚（G. William Skinner）、郝若贝（Robert M. Hartwell）和韩明士（Robert P. Hymes）等美国学者集中从社会史的角度描述了从北宋到南宋时期所经历的社会转型。他们认为，南宋时期的地方精英往往不再像中唐至北宋的精英那样，寄希望于从朝廷获取政治资源。他们把关注的重心转向各自所在的地域，通过办学、修路、赈济饥荒并在当地联姻等方式，来经营地方社会，以此巩固和强化自己的经济、社会地位。这一模式有效地维持了帝国的地方秩序，一直持续到清王朝的衰亡。

需要补充和强调的是，宋代尤其是南宋的社会转型也同时伴随着一次文化史的重大变化：“地方”开始引起文人的格外关注，所有与地方相关的话题，逐渐进入文人的视野，变成了知识的范畴和书写的话题。而地方又有其自身的历史，因此地方的历史记忆也得到了前所未有的重视。一个调动知识、文化和历史叙述来重新定义地方的时代，由此降临。具体来说，方志及其相关的文体自宋代开始盛行起来。地方政府和地方乡绅对记载、整理当地知识并保存当地的历史文化记忆，都产生了浓厚的兴趣。

胜迹因此在一个地方的视野和地域的历史语境中被凸显出来，分别出现在方志中常见的古迹、山水（山川）、形胜、寺观（庙宇）、祠墓（冢墓）、园亭、疆域、城郭和图纪等相关门类中。与此同时，宋代商业城市的涌现也带来了新的城市景观，不仅满足而且反过来促进了城市消费业和跨地区旅游业的需求。江南的城市相互仿效又彼此竞争，纷纷推出十景、八景等观光景点，开了鲁迅所说的“十景病”的风气。商业出版也及时跟进，以图文并茂的方式推波助澜，开启了地方文化全新的都市时代。在这个商业化的都市时代，地方不再锁定在乡村的形象上，商业城市的景点和景观为它们所在的地域打出响亮的广告。

当然，胜迹既属于地方又不限于地方。杭州的西湖十景至少可以追溯到宋代，但西湖不仅属于杭州，还属于整个帝国。在金朝和清朝的统治者眼中，西湖是江南的象征，是他们征服和占有的对象。清代的宫苑如圆明园和颐和园都往往挪用和复制包括西湖在内的江南园林胜迹。康熙皇帝曾题写西湖十景，并在原地立碑，成为西湖十景最权威的钦定版本。宫廷画家王原祁（1642—1715）曾奉旨作长卷《西湖十景图》，这类作品与康熙、乾隆的南巡图相互配合，将江南的地方胜迹收入了帝国的全景版图。拿这些图像与文人绘制的相同地点的景物图相对照，它们之间的差异是显而易见的。总之，清廷与地方，皇帝与地方文人、乡绅，都以各自的方式，共同参与了对地方胜迹的呈现与塑造，并在此过程中互动协商，各取所需。

地方士绅在构造地方的胜迹景点和胜迹景观时，也同样借助了图像的媒介。尤其是在明代中后期的江南地区，士绅往往利用祝寿等雅集场合，以诗图合璧的册页形式，来呈现自我及其周围的地方文人群体。刘礼红（Lihong Liu）在她的一篇英文论文中指出，每逢这样的场合，文徵明（1470—1559）和他周围的苏州文人圈子通常会选择分题赋诗作画，并且在册页的画面中把寿主安排在地方胜迹的背景上。这一做法至少产生了两方面的效果：一方面通过文人的活动和事迹来重新定义地方胜迹，并重申了他们自身的主人地位；另一方面则借助寿主与胜迹的关系，与当地的自然环境和历史文化传统建立起有机的关联。于是，胜迹便不再只是一个普遍意义上的空间（space），它变成了一个可以指认的具体的地点或场所（place）；胜迹不再是一个远游的目的地或中转站，而是近在眼前的熟悉的家园。它为当地文人提供了确认自我身份的有效途径，并且凭借与地方文人的宾主关系，而不断获得新的意义。

说到图绘的地方胜迹，自然与绘画史的演进、绘画体裁的变化是分不开的。从绘画史来看，山水画源远流长，以具体地点为题的作品也历史悠久。但是衣若芬的研究表明，早期的《潇湘八景图》中只有如“洞庭秋月”“潇湘夜雨”两幅可以确定描绘的地点，其余的图像都是画家根据潇湘一带的综合印象创造出来的，因此与具体的地点之间并不存在一一对应的关系。事实上，即便“洞庭秋月”“潇湘夜雨”也是如此，它所呈现的景观无法落实到洞庭湖的任何一处景点上。《潇湘八景图》关注的中心是潇湘山水的精神而非其外在的形貌。此外，地方胜迹不仅包括历久不变的自然景观，更涉及景观背后的人与历史，还有往昔残余的痕迹。在金陵的景物图诗中，追忆金陵古都的南朝风流和李白遗韵，也构成了一个重要的主题。但如何通过视觉艺术的形式来表现这一点，对画家来说无疑是一大挑战，更何况前人的遗迹所存无几，凤凰台面目全非，“风景尽矣”。对此，文人画家是如何处理的呢？他们究竟怎样选择绘画体裁，以应对不同的需求和期待？他们在呈现凤凰台时，能否同时兼顾特定的地点与胜迹风景的普遍理念？又如何在视觉经验与文化记忆之间去折冲平衡，为自己找到一个恰当的立足点呢？

接下来的分析中，我们不难看到，早期《潇湘八景图》的呈现方式并非一成不变，而是与时俱迁。至迟至明代中后期，胜迹地方化在绘画中已蔚为风气，但具体做法，又因为绘画的样式和体裁而有所不同。胜迹绘画最常见的形式包括册页和版画，而后者有时也被收入方志，兼有纪实的功能，并不只是呈现心灵的风景或延续文化记忆而已。金陵凤凰台的视觉呈现正是上述各种因素在历史过程中此消彼起、相互协商的产物。但最初的推动力，无疑来自诗文的书写传统。

以金陵胜迹为题的组图，与金陵景物诗的组诗传统是紧密关联的。很早就有人以组诗的形式题写一座城市或一个地方的胜迹，具体说到金陵，唐代刘禹锡（772—842）的《金陵五题》可谓捷足先登。他从未到过金陵，但他的这一组作品却从此塑造了后人对南朝金陵的想象，将此后的金陵怀古系列置于其不绝如缕的影响之下。但以组诗的形式系统地、大规模地题写金陵胜迹，还要等到南唐诗人朱存的《金陵览古诗》。据程章灿和成林的研究，《金陵览古诗》共有二百首，今已散佚不全。现存的篇目包括《秦淮》和《凤凰台》，基本上以地命题，开启了通过组诗的形式系统建构金陵景点的先声。朱存之后，南宋时期以《金陵百咏》为标志构成了金陵景物组诗题咏的第二个阶段。第三个阶段自明代洪武时期开始，至万历年间而臻于高潮。在这一时期，以南京当地为主的文人群体通过写作和出版，对金陵景点重新做出了选择、组合和品题，从八景、十景、二十景一直扩充到四十景和四十八景。

金陵景物图肇始于金陵八景的诗歌题写系列。汤宇星在《明代南京城市风景的建构——从“金陵八景”到“金陵四十景”》中指出，明代洪武年间（1368—1398），史谨在其《独醉亭集》中首次以七律的形式题咏金陵八景，依次题作《钟阜朝云》《石城霁雪》《龙江夜雨》《凤台秋月》《天印樵歌》《秦淮渔笛》《乌衣夕照》和《白鹭春波》。八景的题目与格式来自北宋宋迪首创的《潇湘八景图》，影响所及，出现了

“关中八景”“洛阳八景”和“燕京八景”，遍地开花，不一而足。史谨的《独醉亭集》中还收录了他的《题潇湘八景》《武当八景》和《龙潭八景》，表明“八景”已成为一个广为流传的固定组合。正是在地方景点的命名和题咏方兴未艾之际，金陵八景进入绘画。金陵八景的每个景点不仅地点确定，而且锁定在一个季节或一天当中的一个具体的时辰，尤其适合于也有助于图绘的表现。史谨是否曾以此为题作画，已无从查考。但可以确知，明代黄克晦（1524—1590）的《金陵八景图》所描绘的八景，完全出自史谨的题咏，只是个别用语略有差别而已。1600年，郭存仁也沿用同一组诗的标题，绘制了自己的《金陵八景图》。

让我们一起来观赏凤凰台的图绘，其中的一些作品见于卢海鸣编选的《老风景：南京旧影》。我把它们大致分成几类，然后在每一类中依照时间顺序来讲解。首先是我刚刚提到的明代黄克晦的《凤台夜月》，为《金陵八景图》之一，绢本，水墨淡彩。在现存的凤凰台图绘中，这一幅绘制的时间最早，作品本身也颇具特色。不仅《凤台夜月》的标题出自史谨组诗中的《凤台秋月》，更重要的是，黄克晦对凤台夜月的视觉呈现本身也是高度诗意化的。

在黄克晦的画笔之下，凤凰台现身为一块兀然独立的巨石。石甚瑰玮，其上有树，姿态各异；又有栏杆，供游人攀援而上。这与读者心目中的“台”的形象恐怕相去甚远，却令人想到唐人柳宗元（773—819）在《小石城山记》中对那一处神奇的积石的观察和赞叹：“环之可上，望甚远，无土壤而生嘉树美箭，益奇而坚。其疏数偃仰，类智者所施设也。”那么谁才是施设巨石的那位智者呢？柳宗元得出的结论是造物，因为唯有造物这样的神者才可能创造出如此灵异的作品。而就这幅凤凰台图而言，其施设者则非作者黄克晦而莫属了。他在处理巨石的时候，专意于营造画面的整体氛围。夜色苍茫之中，一轮皓月当空，四周一片空蒙迷离。黄克

明　黄克晦　《金陵八景图·凤台夜月》　江苏省美术馆藏

晦用淡墨皴染巨石，又以浓墨点缀其间。他通过墨色的调性差异，暗示月光之下，巨石凹凸有致，光影斑驳。这样一幅魔幻的画面，仿佛是从一个浩渺微茫的神秘梦境中浮现出来的。凤凰台与周围世界的关系变得模糊不清，令人无法判断它所处的地理位置。显然，黄克晦无意于将他心目中的凤凰台呈现在一个具体而明确的地理环境和空间关系之中。他自称游历金陵之后作《金陵八景图》，但没有谁能证明它们是写真之作。这块巨石即便存在，也不大可能被认作凤凰台。那么，除了《凤台夜月》的标题以外，如何来确定这就是凤凰台呢？让我们将视线投向画面右上部的远景处，那里三个并列的山尖隐约可见——这正是画家在向李白的名句“三山半落青天外”致意！的确，我们无法为这幅作品找到它在现实世界中的

明　郭存仁　《金陵八景图卷·凤台秋月》　南京博物院藏

对应地点，当然也无须去寻找，因为它出自李白创造的诗歌空间。这是一个跨媒介的“出处”，是指向文字的图像隐喻。

郭存仁的《凤台秋月》和胡玉昆（1607—?）的《凤台》也可以放在这里一起来观赏和考察。郭存仁的《金陵八景图卷》，纸本设色，每幅纵 28.5 厘米、横 64.5 厘米，与黄克晦《金陵八景图》的每幅纵 31.2 厘米、横 41.2 厘米相比略宽，每幅皆题七律一首。从描绘的景象来看，《凤台秋月》与黄克晦的《凤台夜月》略有相似之处，尤其是在凤凰台的边缘部分设置了栏杆。此外，画面上的凤凰台似乎凌空兀立于夜月之下，背景做了虚化的处理，只有台前可见几株树和灌木，以及两座建筑的屋顶。这一去语境化的处理方法到了胡玉昆的《凤台》，可以说是臻于极致了。他分别于 1660 年和 1686 年两次作《金陵景物图》册页，又名《金陵景物图册》《金陵名胜图册》。其中《凤台》一幅是《凤台夜月》或《凤台秋月》的简称。他先后所绘的《凤台》趣旨相近，构图略有不同。1660 年这一幅描绘了从画面底部的建筑一直到凤凰台上二人晤谈的场景，凤凰台的背后天水浩渺。仿佛这还不够，胡玉昆于 1686 年再次作画时，进一步删繁就简。这幅《凤台》中的凤凰台仅仅露出了一个丘状的顶部，完全脱离周围的环境，而独立于一片苍茫的月色之下。这是画家意念中充满魅幻的凤凰台，不具备任何不可替代的此时此地的特定性。凤凰台上那两个渺小得几乎看不清的人影，仿佛是来自过去的幽灵，苍茫无际的夜空衬托出了他们遗世独立的孤独感。这正是怀古诗的空间感和时间意识在绘画中的体现。1686 年的《凤台》图左录七律一首，演绎"几仞荒台故国心"的怀古主题，其颔联云："山势自殊三晋秀，江流难辨六朝音。"胡玉昆无心描绘荒台的现状，或再现逝去的风景。他在画面上留下了将近一半的空白，听任我们借助怀古诗的想象来填充和弥补。

接下来的这一组凤凰台图像，包括文伯仁、高岑和王蓍的三幅作品。他们笔下的凤凰台造型有一些相似之处，或许出于对同一处地点的描绘，或者来自同一个范本，即文伯仁或文徵明的凤凰台图。

文伯仁（1502—1575）是文徵明的侄子，来自文徵明的苏州文人圈。他于 1572 年绘制《金陵十八景》一册，一作《金陵山水册》，宣德笺本，设色，十八幅对开，每幅纵 22.8 厘米、横 20.5 厘米。其中的《凤凰台》这一幅在构图上与前面介绍的黄克晦诸人的做法完全不同，它的画面包括前景、中景和远景。前景密不透风，与江面远景的空旷视域形成了疏与密、空与有的对照。画面左侧偏下部分可见城墙一角，但它与凤凰台的真实关系被颠倒了过来。城墙不仅没有锁住凤凰台的视野，反而匍匐在它的脚下——这是凤凰台图像的一个新的重要发展，在此后的绘画作品中我们可以看到这一关系的各种演绎与变奏。处于画面前景的，是山石之间错落有致的林木。这给了画家一次机会，将各式各样的树叶勾勒笔法和山岩皴法密集地展现出来，并且通过它们点、线、面之间的不同组合而形成令

清　胡玉昆　《金陵景物图册 · 凤台》（1660 年作）　大都会艺术博物馆藏

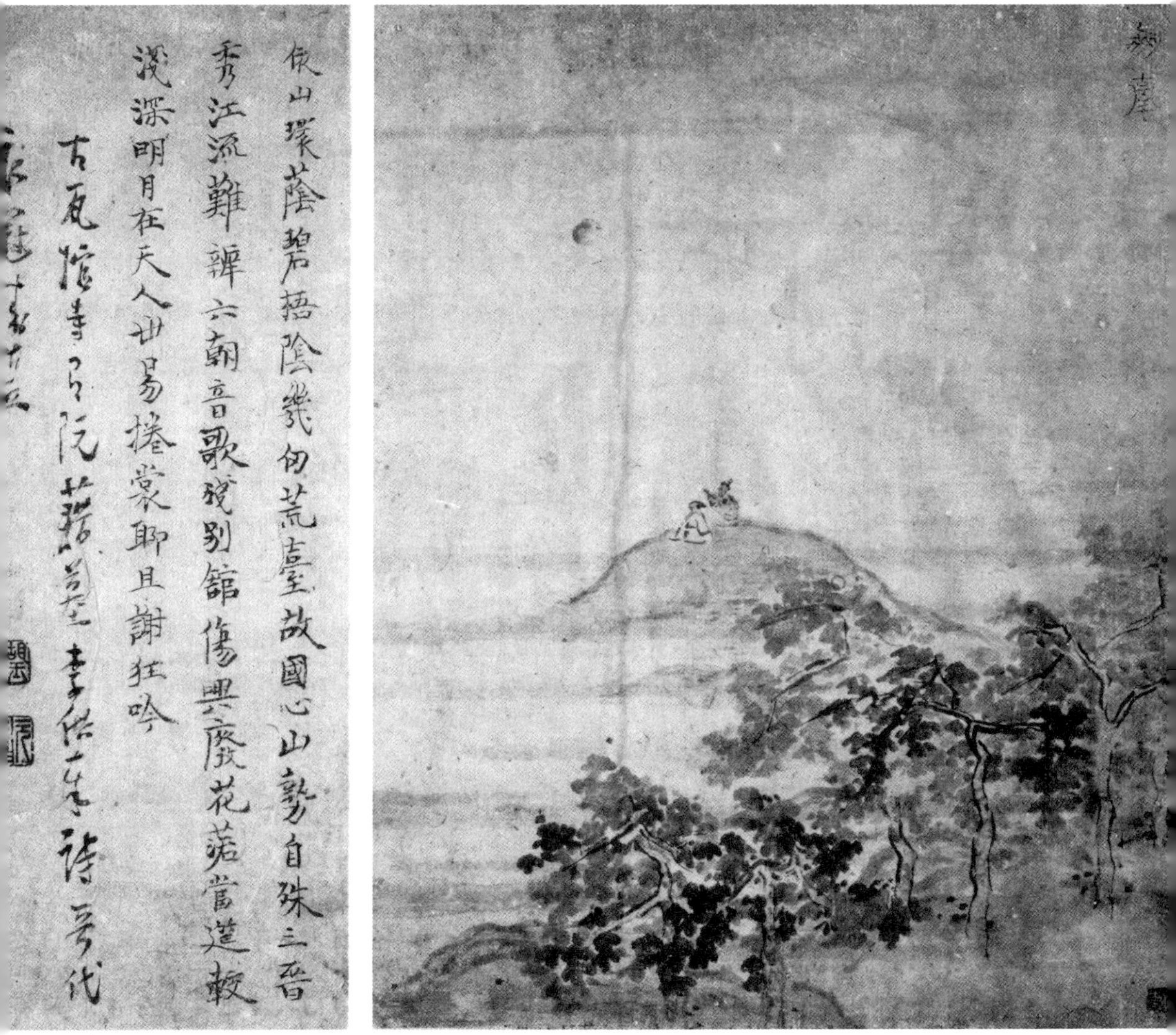

清　胡玉昆　《金陵名胜图册·凤台》(1686年作)　风雨楼藏本

人称异的笔墨奇观。尽管前景林木繁密，但一条崎岖的山路仍分明可见。它导引着我们的视线，先是往右，接下来左拐、上行，最终到达位于中景部位的凤凰台。行至此处，我们的眼前顿觉豁然开朗而别有天地。这一构图设计产生了将凤凰台推远并提升起来的视觉效果。从画面设置的视角看去，凤凰台俯视江面，视野开阔，一览无余。

文伯仁的《金陵十八景》并非孤立的作品，而是当时文人诗文品题和图绘金陵胜迹活动的一部分。文徵明曾游览金陵，作《金陵十景》图。据张丑《清河书画舫》的记载，文徵明此图“画法精细古雅，详其笔趣，盖盛年作也”。可知《金陵十景》的风格与文伯仁的同题作品或有相似之处，可惜现已失传，我们因此失去了观赏叔侄二人精彩对话的一次机会。不过，文伯仁之后，仍有其他的文人画家通过自己的画作参与对话。他们的作品形成了类似于古典诗文中所常见的彼此呼应的互文关系。

与文伯仁的《凤凰台》图相似的作品，还有高岑的版画和王蓍的山水册页图。高岑（1621—1691）是“金陵八家”之一，曾应江宁知府陈开虞之请，为他主持编修的康熙《江宁府志》作《金陵四十景图》，其中第七幅为《凤皇台》。周亮工于康熙七年（1668）撰跋文：“目披是图而识其略，以补志中所不及云。”王蓍，生卒年不详，字宓草，号湖村，浙江秀水（今嘉兴）人，家金陵。著《青在堂菊谱》《瞰浙楼集》，曾参与《芥子园画传》第二集的编订。王蓍有《山水图》册页，绢本设色，纵 35.5 厘米，横 36.5 厘米。册页中的图像虽未标题，但其中一幅与文伯仁和高岑笔下的凤凰台在地貌外观和周围环境上，都十分相似，故此推断为同题之作。

高岑与王蓍的凤凰台图像，一为版画，一为册页，不同之处自不待言，但它们却似乎都取自同一景点或源于同一出处。高岑的画面上，凤凰台居右，左半空间中林木与屋舍交相掩映。王蓍与他相反，将凤凰台置于画面的左边，右边留给了城墙内的景观。与文伯仁纵向的取景和构图不同，他们两人笔下的画面皆横向展开，而又同中有异，形成了互补关系。的确，一旦合而观之，这两幅各自独立、体裁各异的作品竟然构成了一个连续的绘画空间！除去凤凰台相互交叠之外，它们的视域分别向左右延伸，形成了一幅长卷式的画面。从视觉效果来看，他们还像文伯仁那样，刻意凸显了凤凰台的高度及其开阔的江面视野。

值得注意的是，这几幅作品中的凤凰台皆有人高踞其上，对面交谈。胡玉昆的《凤台》也在画面上点缀了两个人物，但他们全然与世隔绝，如同初唐陈子昂《登幽州台歌》中“前不见古人，后不见来者”的孤独凭吊者，出现在悠悠无尽的天地之间。文伯仁、高岑和王蓍的作品则不然，他们画笔下的凤凰台不再是梦幻般的夜游之地，而变成了白昼雅集的场所。对他们来说，凤凰台不再意味着孤独的远行，而意味着回归的眷顾。他们画面上的这些人物是可以接近的。观画者完全可以像他们那样，走进画面，在凤凰台上席地而坐，并且加入他们的谈话。在文伯仁的《凤凰台》中，那条通向凤凰台的小路来自我们观画者所处的空间，它将画内与画外连接了起来。高岑和王蓍创造的凤凰台空间，也同样面向观画者敞开，而非遥不可及或拒人千里之外。在文人画家的笔下，胜迹即家园，从此打上了他们文化生活和社会交往的印记。

这正是我前面说到的胜迹地方化现象。明清时期，金陵景物图的作者多为当地人，或久居金陵。他们与本地文人群体往来甚密，并且热衷于向来访的客人介绍金陵的历史遗迹和风物景观。他们有关金陵胜迹的诗文图画，往往都是宴游雅集等社交活动的产物。在这方面，清初的周亮工可以说是一位重要的枢纽人物。他出生于秦淮河边的状元境，并且久居金陵，对当地的历史胜迹也关注有加，曾先后两次发起募修凤凰台的活动。1658 年，他被诬入狱，次年因顺治帝驾崩遇赦。周亮工遇赦后一年，胡

明　文伯仁　《金陵十八景图·凤凰台》　上海博物馆藏

清　高岑　《金陵四十景图·凤皇台》

清　王著　《山水图》其三　南京博物院藏

玉昆为他绘制了《金陵景物图册》。1668 年，高岑完成了《金陵四十景图》后，周亮工为之撰写跋文。黄克晦是泉州惠安人，一生云游天下，历览名山大川，终老于一介布衣。他游历金陵期间，与清溪诗社的成员有过密切的交往。他们同游金陵胜地，分韵赋诗，这也为他后来绘制《金陵八景图》提供了最初的契机。文伯仁一度从苏州移家金陵，寓居栖霞寺，赋诗作画，每每取材于当地胜景。这些文人在当地的生活经历和交往活动，直接促成了金陵景物图与景物诗的蔚然大观，也在凤凰台的画面空间上打上了独特的印记。

明清时期，凤凰台的版画图像层出不穷，其中最奇异和具戏剧性的要算陆寿柏的作品了。如前所述，版画景物图经常部分地发挥了纪实的功能，但陆寿柏的作品却让我们看到，版画景物图可以在虚构和夸张的方向上走多远。

《金陵四十景图考诗咏》，又名《朱状元金陵四十景图像诗咏》，朱之蕃编，陆寿柏绘。1623 年，朱之蕃将这部版画图像的诗咏集，与陈沂的《金陵古今图考》和余孟麟多年前编撰的《金陵雅游编》一同付梓。其中《凤台秋月》一幅尤其令人瞩目。顾名思义，它也同样是描绘凤凰台的月夜之景，但版画的形式毕竟难以创造月夜的氛围和视觉效果，因此主要是在物象的造型、构图和线条的组合与对比上做文章。最令人惊讶的是，尽管按常理来说，凤凰台应该是一处供人观览四周风光的平台，陆寿柏竟然将它画成了一块高耸的巨石，与地面呈 45 度角向上延伸，直指画面的右上角！这为整个画面注入巨大的动力与能量，但也严重破坏了它的平衡感。其后的城墙横贯画面空间，将城内的中景与城外江面上的远景截然切断，因此在台与墙之间形成了戏剧性的张力：巨石外表嶙峋不平，刻刀的线条刚劲急促，长短不齐，形成自画面左下角向右上方运动的态势，而与此相对照的，是城墙上的砖块所组成的细长曲线，它们横向展开，柔和而

鳳臺秋月

在府治西南二里杏花村中宋元嘉時鳳凰集於此山築臺山椒以表嘉瑞舊有保寧寺宋齊丘長詩刻石李白繼響向為貴家園囿極華整後皆圮廢今就其庵舍葺為鳳遊寺臺屬寺中庶幾遺跡藉以永存蕃書焦漪園翁所撰碑

倚醉崇臺憶鳳遊詩才無數鶴橫秋千年郢調歌難和一片長安月尚留水逝空江吳晉遠園移故主羽鱗稠涼生白苧襟沾露猶戀清光飲未休

明　朱之蕃编，陆寿柏绘　《金陵四十景图考诗咏·凤台秋月》

绵密，如波浪般起伏跌宕。画家让我们看到，巨石如何在城墙走向波弧的底端时继续向上伸展，最终超越了城墙为它限定的空间。的确，凤凰台虽在城墙之内，却不受它的约束，而是翘首横绝其上，势不可当。画家重构了台与墙的关系。他在虚构的绘画空间中，为凤凰台争取了一个制高点。从巨石的顶端，观览者可以获得一个毫无遮拦的开阔视野，将整个江面和对岸的山峰尽收眼底。在我看来，这幅作品的动机与主旨在于重构久已逝去的凤凰台景观。或者说，它所呈现的正是画家的这一努力本身。

朱之蕃的题记可以为证。他抄录明人焦竑的碑记，追溯凤凰台沿革变迁的历史："向为贵家园囿，极华整，后皆圮废。今就其庵舍葺为凤游寺，台属寺中。庶几遗迹，借以永存。蕃书焦漪园翁所撰碑。"焦竑建议将修葺后的丛桂庵称作凤游寺，不过是为了在这个遗址上留下一个名字而已。朱之蕃又录诗曰："倚醉崇台忆凤游，诗才无敌鹤横秋。千年郢调歌难和，一片长安月尚留。""水逝空江吴晋远，园移故主羽鳞稠。"李白曾作《月夜金陵怀古》："苍苍金陵月，空悬帝王州。"这或许正是金陵景物图中《凤台夜月》和《凤台秋月》的文字出处。作为帝王州，金陵已徒有其名。唯一不变的是那一轮明月，它目睹了六朝帝都的盛衰兴废。月下的凤凰台因此唤起了金陵怀古的历史兴亡感。朱之蕃在诗中告诉我们：李白笔下的吴宫花草和晋代衣冠都已远逝，此地园移主易，旧貌无存。今人即便亲临此地，也难与李白的千古绝唱遥相应和了。

这一使命留给了画家，陆寿柏的版画作品于是应运而生。他以高度戏剧化的虚拟笔法，一举克服了凤凰台屈居城墙之下的窘迫现状。随着画面上的这块巨石拔地而起，李白笔下的凤凰台视域奇迹般地重现于当下。为此陆寿柏甚至不惜牺牲图绘空间在地理和物理意义上的可信性。他比谁都明白，这既是记忆的风景，也是想象的风景，不应该将它落实在真实的地理空间关系之中来加以呈现。

尽管诗文中的凤凰台景观具有较高的一致性，可一旦落实到视觉图像上，便立刻千差万别，从外部形貌到周围的地理环境都相去甚远，甚至毫无共同之处。在观看这些图像时，请注意两点：首先是画面上的城墙。这是画家纪实的标志，因为我们知道自五代十国之后，凤凰台已经落入城墙之内。只有第一组的图像是例外，黄克晦和郭存仁完全无视城墙的存在。与他们不同，文伯仁首次在画面空间中呈现了凤凰台的背景与周围的环境，这其中的一个重要部分就是城墙。但即便是描绘了城墙的图画，也无法保证画作的写实性，因为文伯仁并没有让城墙挤压凤凰台或遮蔽凤凰台的江面视野，而是利用各种办法造成凤凰台凌驾于城墙之上的视觉效果。高岑、王蓍的作品，以及胡玉昆 1660 年的《凤台》图，也是如此，而陆寿柏在这方面走得最远。其次，是看画面上的凤凰台是否处于江边。文伯仁和高岑都采用了特殊的角度来展现凤凰台的开阔的江面视野，给人以凤凰台下临长江的视觉印象。因此，即便就地理空间的关系而言，凤凰台仍旧处于城墙之内，画家也要通过对视角的操控，给观众造成凤凰台地处江边、下临无地的错觉。这是他们虚构的视觉空间，是通过心灵之眼才可以看到的风景。画家采用这样的视角，并且如此安排画面空间，归根结底都是为了恢复一个早已消逝的景观，也就是李白所呈现的那个地处江边的凤凰台。金陵凤凰台的风景已经被李白一劳永逸地定义下来了。在后人的心目中，它代表着凤凰台过去的样子，而那也正是凤凰台应该有的样子，无论眼前的凤凰台经历了多少变化。

凤凰台图像并非孤立的现象，而是构成了金陵景物图系列的一个内在的组成部分。一旦我们将这些图像当作一个系统来整体观察，就不难了解金陵景物图的整体建构的思路与图像化过程。例如，几乎每一个现存的金陵景物图系列中都有一幅白鹭洲图。尽管白鹭洲至明清时期早已与江岸连为一体，但在画面上它不仅依然存在，而且奇迹般地保存了“一水中分”

或“二水中分”的生动样貌。于是，绘画加入了诗歌的胜迹书写，以其自身的方式去重现李白诗作中那些久已消逝的影像，并因此成就了“追忆的艺术”。

接下来让我们一起来欣赏最后一组图像，姑且称之为“凤凰三山”版画系列。清人徐藻绘《金陵四十八景》，第二十四景即《凤皇三山》，题跋沿袭旧文，记载了凤凰台的来源与流变。其后又有徐寿卿编、韵生绘《金陵四十八景全图》，其中《凤台三山》大致沿袭徐藻的先例。1920 年，长干里客徐虎的同题作品仍以徐藻的作品为范本，但笔法之细密，又有过于徐藻和韵生。此外，还有陈作仪（1858—1934）于二十世纪二十年代所作的《凤皇台》，虽非版画，其取景构图与木刻系列中的“凤凰三山”如出一辙。“凤凰三山”版画作品的题跋皆自称此地为凤凰降集之所，但图中山峰峙立，并不见凤凰台的踪影，与前面所见的凤凰台影像也毫无相似之处。说到凤凰台，文伯仁诸人的画作固然不足为据，但这几幅凤凰台图像简直离谱得令人无语。这究竟是怎么一回事儿呢？

细观徐藻《凤皇三山》图和陈作仪的《凤皇台》图中所绘山势，当是矗立于长江岸边的三山矶，而非凤凰台所在的地点。三山也是金陵胜迹之一，最早的图绘有文伯仁的《三山》，前面已经提到。三山与凤凰台原本全无干系，为什么要在三山之前加上凤凰二字，将三山命名为凤凰三山呢？不仅如此，陈作仪的那一幅甚至还自称《凤皇台》，这是有意地偷梁换柱，还是在无意之中以讹传讹呢？

三山之所以著名，归根结底还是因为古典诗歌的传统。前面说过，自六朝以降，三山便是诗人俯瞰长江、远眺金陵的去处。从鲍照、谢朓一直到李白，都曾留下三山远眺的不朽篇章。李白在《登金陵凤凰台》中反其道而行之，从凤凰台回望江对岸的三山，因此在凤凰台与三山之间建立起一个关联点。影响所及，以至于后世不得不经常通过这一空间关系来“观

清　徐藻　《金陵四十八景·凤皇三山》

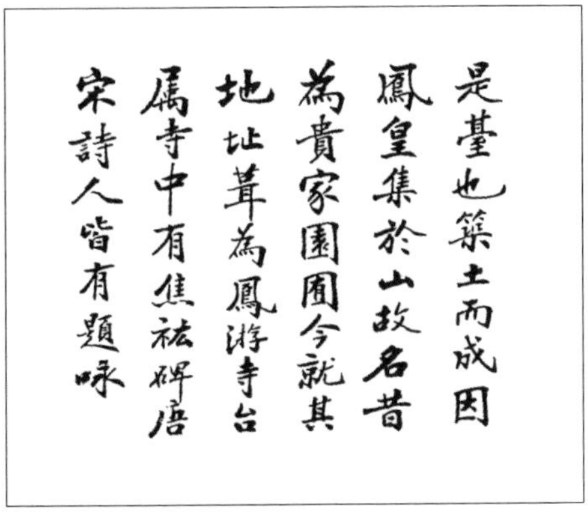

徐寿卿编，韵生绘　《金陵四十八景全图·凤台三山》

长干里客（徐虎）　《金陵四十八景图·凤皇三山》

陈作仪　《凤皇台》

看”和呈现三山了。事实上，如果没有《登金陵凤凰台》中“三山半落青天外”这一句出处，所谓“三山”不过就是文伯仁《金陵四十八景图》中的《三山》而已，《凤皇三山》的标题便根本无从谈起。在此我们终于找到了问题的答案：《凤皇三山》与《凤皇台》的画面景观及其命名逻辑，都是从李白的《登金陵凤凰台》一诗衍生而来的，与实地的视角和当下所见的景观都不相吻合。画家们在失去了凤凰台之后，仍旧以绘画的形式去恢复他们想象的李白诗中的凤凰台视域。他们以《凤皇三山》来命名自己的作品，正是为了重现《登金陵凤凰台》所蕴含的视线与空间关系，仿佛可以将观画者置于李白的凤凰台上，见李白之所见，感李白之所感了。

以上这两组图像都与李白的《登金陵凤凰台》难舍难分，但具体做法又各有不同：文伯仁、高岑和王蓍试图在他们的作品中去拯救凤凰台，并且确保它的江面视野不被城墙遮断，而徐藻、韵生、徐虎和陈作仪则放弃了对凤凰台本身的呈现，对于他们来说，凤凰台是一个久已消逝却又必不可少的视点。他们借助这一想象的视点，去重现李白昔日所见的江面风光。那是一个没有凤凰台的凤凰台景观，而其中赫然在目的不是别的，正是长江岸边的三山矶！不乏反讽意味的是，李白《登金陵凤凰台》诗中原本若有若无、遥不可及的三山之景，在后世以《凤皇三山》或《凤皇台》为题的这几幅绘画作品中，反而变得清晰可辨、历历在目了。这些图画通过视觉艺术的语言，将冥想和想象中的凤凰台景观重新召唤出来，并且置之于眉睫之前。

最后让我们来看这一幅《凤皇台图》，也是木刻作品，出自陈作霖（1837—1920）于1899年出版的《凤麓小志》。陈作霖是陈作仪的胞兄，他一生致力于金陵风物和胜迹的历史考索，著作等身，成绩斐然，是南京史研究中绕不过去的重要人物。关于凤凰台，《凤麓小志》有如下的记载：

> 杨吴筑城，山势横断，凤台遂在城内。前临城墉，后俯淮水，纵横约十里许，兹山之麓尽是矣。溪谷殊状，高下坡陀，曲巷斜街，易迷向背，则赖花盝冈为之标识焉。花盝冈者，高踞凤台山之巅，形隆而长。其西为唐上元县治遗址。

夹注曰："金陵之山，土色红赭。东城赤石矶、西城虾蟆石，及兹冈皆然，故陶官尝设于是。今城中筑室者率来取土，日夕不绝。冈之堆阜，多成洼缺，甚至毁及坟墓，是当禁也。"可知凤凰台遗址附近一带，由于取土者日众，几乎沦为平地，而且多有洼缺之处。

陈作仪以凤凰台命名自己的作品，却将目光投向了江对岸的三山。陈作霖《凤麓小志》中的这幅版画不同，它只在意于眼前的凤凰台。常言道：空口无凭，眼见为实。可是观画的经验告诉我们，绘画未必是眼见为实的艺术。直到遇见这幅《凤皇台图》，我们才真正看到了凤凰台当时的模样。正所谓"冈之堆阜，多成洼缺"，繁华褪尽，真相大白。在这样一幅平淡无奇的胜迹影像面前，任何诗的语言都无可救药地变成了矫饰。

以这幅画来结束这一次凤凰台图像之旅，未免有些杀风景，近乎是一个反高潮。显然，它的作者已不再对李白的诗歌承担任何义务了。他卸去了重负，开始描写肉眼看到的世界。这不是一个孤立的现象，在它的背后，是中国绘画史上里程碑式的现代转变。作为这一转变的一次见证，金陵景物图像不再是一个来自诗歌传统的理念，而是转向了对视觉经验的直接呈现。高岑的版画也被认为是纪实之作，但他仍旧试图在经验与理念之间去寻求妥协。《凤皇台图》的作者没有这样做，他描绘的金陵胜迹已经从文化记忆的链条上剥离出来，从此失去了诗的灵晕（aura）。通过文字为图像充注精神和生命的时代已经过去，一个"祛魅"（disenchantment）的时代宣告降临。

陈作霖　《凤麓小志·凤皇台图》

五　结语：“欲留名胜古今同”

法国学者李克曼（Pierre Ryckmans）在 1986 年做过一次题为“中国人对过去的态度”的讲演。他在中国悠久的文化传统中发现了一个悖论情境：“过去”构成了一种精神性的而非物质性的存在，并且在它的精神性的存在与物质性的缺失之间形成了对照。在中国这个高度遵从传统的国度里，过去有如神奇的“灵晕”，发自浸淫于历史的那片土地，仿佛无处不有，无所不在。但灵晕难以落实到物质的形态上，因此也无从把握。李克曼这样说的时候，脑海里浮现的是欧洲的城市。欧洲城市大多是石头建成的，除非遭受包括战争在内的天灾人祸，几百年下来都基本保存完好，至少外观变化不大。这样的情形在中国的都市中极少见到。人们常常说一部中国建筑史是写在木头上的，虽有失于片面，却大体不错。相较于石头的建筑，木制建筑更易于腐朽和毁坏，因此需要不断地重修重建，往往几代人之后就变得面目皆非了。似乎很少有人做出认真的努力，以维护和恢复城市的旧貌。美国汉学家牟复礼（Frederick W. Mote）在论及苏州的历史时，也曾这样说过："过去是由词语而非石头构成的（The past was the past of words, not of stones）。"

李克曼不仅仅讨论了城市，还涉及金石学和书画艺术等其他领域。他以王羲之（303—361）的《兰亭集序》为例，指出这一名帖正是在原件消失之后，通过各式各样的摹本才变得越来越重要，也越来越有影响力，而每一个摹本都是对于原件不同程度的变形和偏离。到了十一世纪，《兰亭集序》被尊为行书的正宗典范，但没有人看到过它的真迹。

李克曼以此来说明中国古人对物质媒介所承载的过去采取了忽略甚至漠视的态度，这未必具有足够的说服力。但他的用意在于解释这一点：中国人似乎很早就意识到了时间的巨大腐蚀性，可以消磨甚至摧毁任何物质实体。因此他们接受了这样一个事实，从来不试图通过物质的形式徒劳无功地去对抗或克服时间的侵蚀。正因为如此，中国的文化传统没有让自己陷入一种固定的形式和恒久不变的物质形态之中，从而避免了僵化和死亡。在他看来，这也是转移问题的成功策略，因为人们不再将永恒或不朽寄托在建筑本身，而是将其寄托在了"建筑者"身上。换句话说，人把超越死亡的希望托付给了自己：生命之后的生命（life-after-life）不存在于超自然的领域，也不依赖于人工制品（artifacts），而是通过文字的媒介而体现在后人的回忆中。文字传递并且塑造了中国人对过去的记忆和理解，同时也为后人留下了富于弹性的解释空间。这使得他们在遵从传统的同时，可以做到与时俱变，而非墨守成规。

需要说明的是，文字书写与物质实体的分野和对比也并非绝对的。书写依赖于物质载体，因此本身就具有物质性。与其他的载体相比，石碑似乎最具耐久力，石碑上的文字也可望历时千载而不灭。这一信念在晋代的杜预那里，体现得淋漓尽致。《晋书·杜预传》载：“预好为后世名，常言‘高岸为谷，深谷为陵’，刻石为二碑，纪其勋绩，一沉万山之下，一立岘山之上，曰：‘焉知此后不为陵谷乎？’”但是宋代的欧阳修在《岘山亭记》中就对杜预的做法表示异议：“是知陵谷有变而不知石有时而磨灭也。”即便石碑幸免于沧海桑田的陵谷之变，也无法保证石碑上的文字经得起风雨和时光的消磨。在欧阳修看来，将不朽的名声寄托在任何物质载体上都注定是徒劳无功的。英国哲学家洛克（John Locke，1632—1704）在质疑人类记忆的连续性时，把它比作“我们身体内携带的坟墓”：“我们的思想就像一座坟墓，我们走上前去，看到墓石和大理石还保存着，但铭文却被时间消磨了，图画也被风雨冲蚀了。”这一比喻表明，作者深知文字书写是有赖于物质媒介的，而物质媒介又总是短暂而脆弱的，难以抵御时间的侵蚀。这样一种意识具有普遍性，不仅限于中国的文化传统。

然而，这一切都并没有妨碍人们赞美文字的永恒不朽。罗马帝国奥古斯都时期的贺拉斯（Quintus Horatius Flaccus，前65—前8）在《短歌和长短句集》中的一首颂歌的结尾，将诗歌比作一座永不磨灭的纪念碑：

> 我建立了一座纪念碑，它比铁还要保存久远，
> 甚至超过那雄伟的金字塔。
> 任大雨滂沱，北风肆虐，

任数不清的岁月流转，时光易逝，
都无法将其毁坏。

英国哲学家和散文家培根（Francis Bacon，1561—1626）也曾经这样说过：“我们看到，思想和知识的纪念碑比起权力和手艺的纪念碑都更加持久。荷马的诗句不是已经存在了25个世纪并且还要继续存在下去，并且没有丢失一个音节或者一个字母吗？而在同样的时段里，无数的殿堂、庙宇、宫阙和城市不是都被毁或颓败了吗？”培根将文字与建筑实体相对照，凸显了文字超越物质的永恒性，可见这样的想法也同样见于欧洲的文化传统。那么，文字是如何获得了它的这一超越性的呢？

这是一个广泛而又复杂的问题，不可能在此展开论述。好在德国学者阿莱达·阿斯曼（Aleida Assmann）在《回忆空间：文化记忆的形式和变迁》一书中，已经对相关的话题做出了出色的、富于洞见的梳理与分析，我在这里关注的是文化记忆与文字书写的关系。古希腊哲学家柏拉图（Plato，前427—前347）在对话录的《裴德罗篇》中将记忆比作蜡板（wax tablet），刻印在灵魂的骨髓里。他崇尚言说，拒斥文字，认为书写是记忆的毒药，因为人类一旦把记忆托付给了外在的文字，就不再从自我的内部来汲取记忆了。但蜡板毕竟是书写的工具，刻写的比喻也带入了自身的逻辑。后世沿用蜡板的比喻时，往往将这一比喻理解为文字可以直接铭刻在灵魂之中，因此在书写与永恒不灭的灵魂之间建立起难以分割的联系，尽管柏拉图所说的灵魂不同于后来基督教意义上的灵魂。英国作家乔治·佩蒂（George Pettie，1548—1589）有一句名言：“通往永生的唯一道路是，或者做一些值得被写下来的事情，或者写一些值得读的东西。”这已经十分接近《左传》中立德、立功和立言的“三不朽”的看法了。自欧洲文艺复兴以后，永生的观念发生了一个普遍性的转变，从作为写作内容的人与事转向了文本和作者本人。而从古希腊至歌德的时代，产生过许多关于书写和书籍的寓意丰富的比喻，其中包括“自然之书”或将生命比作书的说法，详见恩斯特·库尔提乌斯（Ernst Curtius，1814—1896）《欧洲文学与拉丁中世纪》第16章“作为象征物的书”（“The Book as Symbol”）。《失乐园》的作者、英国诗人弥尔顿（John Milton，1608—1674）曾一言以蔽之：“超越生命的生命（a life beyond life）存在于逝者的书中。”这与李克曼对中国书写传统与不朽观念的总结，基本是一致的。或许可以说，李克曼的中国观照归根结底出自欧洲文化中隐而未显的思想脉络，并且在这个意义上构成了他自我认识的一部分。

文字依托于物质媒介，但又超越了物质媒介。十五世纪之后，印刷术在欧洲逐渐流行起来，有效地摆脱了对写本的依赖，促进了文字的保存和传播。在唐代以降的中国，文字可以通过抄本、木刻本和石刻拓印等多种媒介形式广为流传，而无须依赖于某一个固定的媒介载体而存在。正因为如此，文字的寿命也超过了任何一种它所凭借的物质形式。哪怕宫殿、庙宇和都市建筑已化为废墟，哪怕碑文也变得无法辨认，都并不必然导致文字自身的毁灭与消亡。

关于文与物、书写与物质实体的讨论，将我们带回滕宗谅《与范经略求记书》有关二者关系的思考，并且注意到它的独特之处：题写文字赋予了岳阳楼以“精神”，而岳阳楼的“肢体”也由此获得了生命。也就是说，胜迹仿佛变成了一个内蕴魅力的魔幻之地，而不再仅仅是一座建筑和一具物质的躯壳。它被“赋魅”（enchanted）了，千百年以下，仍旧与我们的心灵产生共鸣。这样一座岳阳楼的确如滕宗谅所说，是传之久远而不可废的。即便岳阳楼本身不复存在，哪怕重修的岳阳楼也已面目全非，岳阳楼的精神是不死的，它在文字中获得了永生。然而也正因为如此，所谓精神就不再是抽象的、玄妙的；不像李克曼所说的那样，如同弥漫在空气中不可捉摸的神秘的光晕。它不仅仅是保存在文字中而已，而是经过了文字的形塑，并且通过书写和阅读而内化为读者的心灵结构和感知模式。江山胜迹因此具有了超越具体地点的普遍性特征。在同一张互文大网的覆盖之下，它们秘响旁通，息息相应，成就了一个自身内部相互关联的宇宙。

我在讲到题写胜迹的诗篇时，强调了两个基本观点：其一，江山胜迹的文本化同时也伴随着互文化的过程。尽管地点不同，历史各异，胜迹书写却往往大同小异。历代诗人将他们登览和想象的胜迹组织进一个大体类似并且相互呼应的文字模式之中，通过今与昔、名与实、有与无，以及见与不见等一系列对比关系，形成彼此映照的胜迹景观。我在这里所说的互文关系可以分为两大类：第一类体现在李白的《登金陵凤凰台》与它所直接回应的崔颢的《黄鹤楼》、沈佺期的《龙池篇》之间。此外还有一个更广泛意义上的互文关系，见于李白的《登金陵凤凰台》《黄鹤楼闻笛》《金陵三首》和《金陵凤凰台置酒》，以及王勃的《滕王阁序》、陈子昂的《岘山怀古》等作品之间。李白并没有刻意模仿这些作品，但他的《登金陵凤凰台》与它们共享了词语与意象的组织结构模式，属于同一个文本家族。在这个相对稳定的文本结构中，每一个意象板块都是可以移动的，并依照对仗的原则而重新组合。不难看到，《登金陵凤凰台》所使用的词语与这些作品中处于类似位置的词语之间形成了可以相互替换的关系，它所呈现的胜迹风景也因此成为可以移动的“互文风景”。重要的是，唯有经过这样一番文字经营，一处地点才被成功地转变成可以为我们所感知、所理解的所在，变成充满意义和足以引发共鸣的胜迹。

其二，胜迹书写的文本结构蕴含了一种心灵感知和书写呈现的普遍方式。它是高度内在化的，储存在记忆之中，并且具备了自我衍生的机制。它通过塑造我们的感知体验而参与创造了我们所看到的胜迹风景。也就是说，胜迹不再仅仅是观察的对象，而是通过冥想与回忆被重新创造出来的。江山胜迹的文本化和互文化，都有赖于这一感知体验方式的内在化。

再举一个例子来说明这一点。说起唐人的胜迹书写，我们都会想到孟浩然的《与诸子登岘山》：

> 人事有代谢，往来成古今。
> 江山留胜迹，我辈复登临。
> 水落鱼梁浅，天寒梦泽深。
> 羊公碑尚在，读罢泪沾襟。

湖北襄阳的岘山原本是一座无名的小山，后来却以胜迹著称。而胜迹归根结底又是对人的纪念，历史上的羊祜和杜预都因为在此纪念过前人而为后人所纪念。孟浩然的这首诗从人事与江山写起：代谢往来形成了人事与古今，这是就时间而言。但是接下来的“江山留胜迹”随即转向了空间，以一个“留”字，与首联的人事“代谢”和古今“往来”形成了对照。前人早已逝去，只留下“胜迹”供“我辈”瞻仰凭吊。

这首诗里的“胜迹”当指尾联的羊祜碑而言，事见《晋书·羊祜传》：

> 祜乐山水，每风景，必造岘山，置酒言咏，终日不倦。尝慨然叹息，顾谓从事中郎邹湛等曰：“自有宇宙，便有此山。由来贤达胜士，登此远望，如我与卿者多矣！皆湮灭无闻，使人悲伤。如百岁后有知，魂魄犹应登此也。”湛曰：“公德冠四海，道嗣前哲，令闻令望，必与此山俱传。至若湛辈，乃当如公言耳。”

羊祜（221—278）身后无子嗣，唯以德行和文章名世：

> 祜所著文章及为《老子传》并行于世。襄阳百姓于岘山祜平生游憩之所建碑立庙，岁时飨祭焉。望其碑者莫不流涕，杜预因名为堕泪碑。荆州人为祜讳名，屋室皆以门为称，改户曹为辞曹焉。

羊祜登岘山而感叹古往今来，人事代谢，登此山者代有其人，皆湮没无存，不禁悲从中来，且心有不甘，称死后若有知，“魂魄犹应登此也”。当地人于此立碑建庙，年复一年地祭祀他，并在碑前伤心落泪，羊祜的继任者杜预于是将碑命名为堕泪碑。堕泪碑自此成为岘山的胜迹，飨祭羊祜的所在。

这里说的是胜迹，也是在评论书写。胜迹书写是对过往的回忆与纪念。而回忆与纪念不是一次性完成的行为，需要通过不断重复而自我延续。作为胜迹，堕泪碑是为了纪念羊祜而修建的，因为他登临岘山时曾慨然悲叹。可知堕泪者不限于祭祀者，而且包括了羊祜本人。堕泪碑指向回不到的过去，那个需要纪念的时刻。它具有双重魔力：一方面，羊祜登临悲叹的场景已不复可见，唯有堕泪碑坐落于此，告诉后人曾经在这里发生过什么，令他们在当事人的历史现场，通过体验、冥想与消逝的过去产生共鸣；另一方面，堕泪碑又是对后人的一次召唤，久已逝去的情景再度重现。后世的登临者来到堕泪碑前，也不禁会为之动容，“读罢泪沾襟”。这既可以说是重复了前代祭祀者的行为，又如同是在履行羊祜生前的愿望，兑现了他的诺言。就像孟浩然在“我辈复登临”一句中强调了一个“复”字，那仿佛正是羊祜的魂魄归来！更有意思的是，诗人在这里使用了第一人称复数的“我辈”。这是一个开放性的称谓，每一代人登临此地都会以“我辈”自称。登临的行为是重复性的，登临的感慨也如出一辙，唯有登临者是不同的。登览的行为提供了一次机会，让登览者不断地加入羊祜和他的纪念者的行列，构成文化记忆链上的连续环节。正是由于登临同一处胜迹，读到了同一个碑文，他们才不仅感昔日羊祜之所感，还获得了“后之视今，亦犹今之视昔”的前瞻视野，预见了“后之览者，亦将有感于斯文”。这是千古同悲的生命体验：登览胜迹的感慨因此不限于一时一地，而是在身临其境的刹那，获得了跨越时空的普遍性和永恒性。

强调文字书写和内在体验与胜迹的内在联系，并不意味着忽略或否定物和物质的重要性或相关性。重读滕宗谅“欲使久而不可废，则莫如文字”这句话，可以发现它的另一层含意：一座楼只有出自“雄才巨卿”的题记，才可能名声彰显，成为名楼。而题记流传越广，影响越大，名楼也就会得到更多的关注，即便是坍塌颓圮之后，也可能获取各方面的支持而及时得以重建。

这是一个精神有赖于物质更反过来维系物质，乃至创造物质的故事。文字属于精神的范畴，因为它直通内心。赢得了读者内心的名楼，自然不会被长期废弃而无人过问。的确，仅仅是因为这座名楼曾经被题写过，或者曾经因为题写而成为名楼，那它就应该存在，颓坏之后也务必重建。文字具有不容忽视的自我衍生或自我再生产的潜力，文字的吟诵可以产生履行性话语（performative utterance）的功能，将它所题写的建筑从毁灭和遗忘的废墟中重新召唤出来。

滕宗谅的“精神”与“肢体”说，以文字与物质相对立的假设为出发点，但他最后的结论却超越了这一二元对立的范畴。他让我们看到，以书写为中心的传统不断创造并且持续塑造了与之相应的物质文化。换句话说，物质文化在相当大的程度上是作为书写实践的副产品和伴生物而存在的，并因此在历史上产生作用。它并没有脱离文字而存在，更不可能作为文字的对立物来加以定义。更重要的是，题写胜迹的诗文并非外在于胜迹而存在，而是构成了胜迹的一部分。它们以墨迹或石刻等物质形态出现在胜迹及其附近建筑的墙壁和栋宇之间，并且告诉我们如何来观览它们置身于其中并参与构造的胜迹景观。阅读诗文的题迹变成了观览胜地的一项内容。胜地四周的风景，连同前人遗留的痕迹——包括历史遗址、后人留下的纪念性的地标建筑、历代诗文的手迹、墨迹及其不同形式的复制品——共同组成了一道供我们解读的风景线。从这个意义上说，所谓江山胜迹实际上消解了人工制品与自然风光的界限，而人工制品包括了以不同物质形式为载体的诗文书写。有关胜迹的诗文书写也因此构成了一个开放的过程，并且具备了内在的转化机制，不断地将自身转变成胜迹的一部分，将题写胜迹的纪念者转变为被纪念者。

在怀古诗的视野中，文与物的关系实际上就是文与迹的关系。这首先是因为过去从来都没有以一个完整的物质形态呈现在后来者的眼前。它是前人残余的痕迹，如雪泥鸿爪、吉光片羽。而所谓痕迹，也往往并非原初性的，而是后人的复制品或替代品，包括纪念性的建筑。它们已经高度符号化了，像题咏胜迹的文字那样被反复解读。其次，在中国传统的话语体系中，迹与文原本就是两个相互重叠的概念，都具有标记、记号和痕迹等含义。《说文解字》释“文”曰：“错画也，象交文。”文即参差错落的纹样和图式，又指文字书写；它含括了天文与人文，同时涉及人工与自然两个方面。而文与迹之间的交叠更是弥合了主体与客体、书写与对象的分野，为我们理解胜迹书写提供了具有理论潜力的概念范畴。

与胜迹书写相似，胜迹图像也同样不依赖于胜迹的物质实体而存在。从明清以降的凤凰台图绘中不难看到，画家们如何在凤凰台缺席或面目全非的情形下，不断重构李白作品中的胜迹景观。这往往意味着对凤凰台的现实场境的否定与克服。而在“凤凰三山”的图绘系列中，连凤凰台也不见了，取而代之的是它或许曾经拥有过的江面景观，即李白作品中的“三山”影像。不同之处在于，李白的三山似有若无，在可见与不可见之间。而“凤凰三山”图不仅拉近了三山的距离，而且以实笔出之。这样的三山图俨然变成了对凤凰台的一个替代性的补偿。

康熙初年任江南知府的陈开虞曾经写过一首《凤凰台诗》：

千年凤去旧游空，遗迹凄然枳棘丛。
寺破半封苔藓碧，台荒犹剩夕阳红。
却疑阮氏碑难问，翻怪唐人句未工。
二水三山浑不改，欲留名胜古今同。

凤凰台上破败荒凉，满目凄凉，阮氏墓碑真伪莫辨，难究其实——这就是他当时所看到的凤凰台。在这种情况下，我们难免要感慨时间的流逝与沧海桑田的变迁，但陈开虞却说“翻怪唐人句未工”。这或许正是前人诗话中所说的“无理之理”吧。

这首诗的尾联曰：“二水三山浑不改，欲留名胜古今同。”这“二水三山浑不改”真是一句妙语，多年后周宝偀登凤凰台留下的诗句“江远那堪寻二水，城高何处见三山”仿佛是对它的一个答复。是的，二水三山皆不可见，没有人可以站在凤凰台上说出“二水三山浑不改”这样的话。不难看出，这一句实际上指的是李白的诗句“三山半落青天外，一（二）水中分白鹭洲”——浑然不变的二水三山原本是诗歌创造的文本风景，出自内心的记忆与冥想，而非凤凰台上此时此刻的视觉景观！陈开虞在这里用了一个“浑”字，有“全然”的意思，也可以理解为“仍然”“竟然”或“简直”，都或多或少地带上了夸张和调侃的语气，或表达了一个毋庸置辩的态度。作者不再责备李白的诗句不够完美，而是坚称李白诗中的风景是永恒不变的。但他又在下一句中用了一个“欲”字和一个“留”字，表明这只是他“欲”求的愿景，还有待于“留”的行动。“二水三山浑不改，欲留名胜古今同”因此变成了一个允诺和一项使命。

滕宗谅并不否认胜迹需要有物质的“肢体”来帮助安置其“精神”，支持修复凤凰台的陈开虞也这样想。但归根结底，他们还是把自己的信心和期待托付给了文字。他们知道，唯有从精神入手，才能确保物质。否则，凤凰台和岳阳楼就不会代复一代地被修复和重建。更重要的是，唯有书写的名胜才禁得起岁月的侵蚀而幸免于圮颓毁坏的宿命，也唯有胜迹的书写可以接续文化记忆的链条。正是连续不断的写作和阅读，将李白的“三山半落青天外，一水中分白鹭洲”重构出来，化作一道永恒的风景，变成古今读者跨越时间而共同拥有的“名胜”。

评议与回应

刘　宁（主持人）：

人文风景是一个广义的概念，从山水胜地到都市和寺庙建筑等等，无不包括在内。近年来，伴随着考古学、金石学、物质文化史、视觉艺术史和地理景观学的深入发展，文学、史学和宗教学等学科也相应地拓展了关注视野。唐人写下了大量以浏览、行旅、怀古为题材的诗作，展示了人文风景的建构、传承过程，并且为后人提供了观看山水与回顾过去的范式，由此形成了高度文本化的江山胜迹。唐诗一直是中国文化精华中的精华，

附记：我在准备这篇文章的过程中得到了许多朋友的协助：张一帆和王佳琪为我收集了有关凤凰台的文字材料，白谦慎、黄书梅、孙田和黄朋提供了图像方面的资料。东南大学的胡石和戴文翼特意绘制了金陵地理变迁示意图，并且详细说明了他们所依据的地图和文字来源，对文章第三部分“凤凰台是怎样被写成胜迹的”中的有关论证多有助益。此外，孙田、何捷和郭怡妹对文章的内容也提出了修改建议，在此谨向他们致以最诚挚的谢意！

听了商老师的讲座，我们能更加感受唐诗为什么有这样重要的地位。唐代诗人有“造物”这样的气魄和力量，唐诗也创造了中国文化的人文景观，在历史上发挥了如此重要的影响，也带来了重要的艺术精神力量。

下面我们有请两位评议人程章灿教授和杜晓勤教授。程章灿教授在中国古代文学、文献学、江苏和南京地方文化方面都有精深的研究，与这次讲座特别有关的是，程教授对南京风物景观的历史文化内涵十分关注，他著有“南京三书”《山围故国：旧闻新语读南京》《潮打石城》《旧时燕：文学之都的传奇》，这些书让人们对南京的人文之胜、风物之美有了无限的向往。杜晓勤教授对魏晋南北朝隋唐五代文学、古典诗歌声律都有深入的探讨。相信讨论会非常精彩。

程章灿：

商伟老师讲座多次提到南京，等疫情过后，非常欢迎商老师回国到南京来，实地感受唐代诗歌里面的凤凰台和今天的不同。

首先，我想讨论的是唐诗跟整个六朝文学的关系。商老师讲到唐代诗人对胜迹的寻访和登览，留下了很多诗歌的书写。昭明太子萧统（501—531）主持编纂的《文选》中有赋、诗两类，按照内容细分，赋有游览、宫殿、纪行等十五类，诗有游览、行旅和咏怀等二十三类，可见赋、诗二体中完全相同的题材类型是很少的，游览类是其中之一，它与商老师今天讲的胜迹书写有很多关系，因此游览类十分值得我们文学史研究者关注。

六朝时人的胜迹书写与唐代有什么差异呢？可以拿《文选》中的一首诗来举例说明。《文选》卷二十二收录南朝梁诗人徐悱（？—524，字敬业）的诗，题为《古意酬到长史溉登琅邪城》。琅琊（琅邪）城就是东晋时在南京设立的侨郡琅琊郡的郡城，也叫金城，在今天的南京城东偏北，大概离我现在所处的书房不超过3公里。琅琊城有很多有趣的故事，最著名的一段见于《世说新语》，说当年桓温北征的时候经过金城，看到了他以前做琅琊郡太守时种下的柳树已经长到十围粗了，感慨地说："木犹如此，人何以堪！"然后"攀枝执条，泫然流涕"。我们对桓温的这个故事都非常熟悉。徐悱的这篇《古意酬到长史溉登琅邪城》，正是南朝人对琅琊城这个胜迹的一段书写。我非常好奇，徐悱在诗中究竟写到哪些？昨天，我将这首诗连着抄写了三遍，目的是要把它读得仔细一些：

甘泉警烽候，上谷抵楼兰。此江称豁险，兹山复郁盘。
表里穷形胜，襟带尽岩峦。修篁壮下属，危楼峻上干。
登陴起遐望，回首见长安。金沟朝灞浐，甬道入鸳鸾。
鲜车骛华毂，汗马跃银鞍。少年负壮气，耿介立冲冠。
怀纪燕山石，思开函谷丸。岂如霸上戏，羞取路傍观。
寄言封侯者，数奇良可叹。

我把李善注和五臣注都看了一遍，里面竟然没有一个字提到桓温。对于徐悱来说，《世说新语》记载的典故好像是不存在的一样。之后，我又翻看了一下六朝其他人的游览诗，比如谢灵运、江淹、沈约、颜延之诗中的山水和名胜，谢灵运是客观描述多一点，颜延之、江淹、沈约会引用一些历史典故，但是他们所引的历史典故都比较早，与六朝没有关系。从这个方面来说，唐朝人胜迹书写的思路有很多的创新。

唐代胜迹书写与六朝的区别，其中有一个重要因素是，汉魏六朝时期，南方的名胜之地积累了很多历史、名物、故事，比如商老师讲座里提到的羊公碑。所以唐代人写东晋南朝相关的胜迹时，有大量的历史文本作为写作的资源。这是唐朝人相比于六朝人的一个优势。有了史书、文学作品这些历史文本，像刘禹锡这样的诗人，就能做到完全没有踏上南京地面一步，也能写出连白居易都非常赞赏的《金陵五题》。这是一种不在当地、可以称为“缺席”的游览方式，我们也可以说，其实刘禹锡本人已经进行了一次游览，他在想象中已经登临了南京。通过他的文学想象，通过冥思，通过对六朝历史尤其是南京历史的回味，他脑海中很多关于南京的文本、记忆奔涌而出，就写出了《金陵五题》。这是我想说的第一点：对于唐朝人的诗歌来说，从历史文本中可以产生大量新的文学文本，即从文本产生文本。

其次，唐朝人写出的诗歌，也能衍生原本没有的新胜迹。当李白写了金陵凤凰台的诗，凤凰台仿佛被李白占据了，不仅如此，李白还为自己在南京树立了一个新的名胜遗迹，叫作“李白酒楼”。李白离开南京时，写过一首《金陵酒肆留别》：

> 风吹柳花满店香，吴姬压酒唤客尝。
> 金陵子弟来相送，欲行不行各尽觞。
> 请君试问东流水，别意与之谁短长。

宋元时期，南京的方志里就写到南京有李白酒楼。此外，今天在南京凤凰台附近有所谓阮籍的衣冠冢，城西有孙楚酒楼，玄武湖公园里还有所谓郭璞的墓，人称“郭公墩”，这让我想起李白《登金陵凤凰台》里那联有名的对句：“吴宫花草埋幽径，晋代衣冠成古丘。”李白以后，历代有各种好事者，他们因为读了李白的诗而喜欢南京，很想落实李白诗歌里的“晋代衣冠成古丘”。于是，阮籍衣冠冢、郭公墩等应运而生，这些古坟丘很可能是后来人依据李白的诗歌创造出来的。我们今天走到凤凰台附近，还能看到像凤游寺、来凤里等地点地名，也多多少少跟李白《登金陵凤凰台》

有关系，都是以李白诗句为生命的原点。由李白诗歌生出了新的胜迹，由文本重新建构了我们的历史景观，这是我想说的第二点。

最后，不少历史文化名城在很大程度上是由各个时代文人的书写，尤其是文学书写建构出来的。像李白的《登金陵凤凰台》《金陵酒肆留别》，还有孔尚任的《桃花扇》等等，这些文学的书写建构了一座南京城。商老师在讲座里引了一句话，我觉得非常精彩，这是我以前没有听说过的，那就是牟复礼的那句“过去是由词语而非石头构成的”。对于南京这座石头城来说，真的是这样的。当我们走到石头城跟前，我们的记忆，我们的感慨，都是由我们读过的那些作品、那些文字引发而来，对于石头城本身，我们却说不出来，较难产生一些感慨。

所以我觉得整个南京城与这些文字的景观、文学的塑造，尤其是唐诗中的胜迹书写有着密切的关系。我这几年写了几本关于南京的小书，有一次在读书分享会上，我讲了自己的一个感受。分享会安排在南京五台山的先锋书店，位于清代诗人袁枚故居“随园”附近。我对大家说，虽然坐在这里的我们是二十一世纪的人，但是想象一下，在这个空间里面，历史时间的维度是重叠在一起的，从唐朝到清代，到今天，五台山或者随园这个地方来来往往多少人在这里走过，吴敬梓在这儿走过，袁枚在这儿走过，我们可以想象他们也在空气当中，这就好比羊公当年说的：“自有宇宙，便有此山。由来贤达胜士，登此远望，如我与卿者多矣！皆湮灭无闻，使人悲伤。如百岁后有知，魂魄犹应登此也。”这样想象一下，我们的历史就是现实存在的，文本就像是一些魂魄或者意识，携带历史记忆来到我们的生活之中，存放于现实世界里。

从这个角度，我们可以这样理解：胜迹的“胜”是因文学而生，是因为唐诗里文人的各种书写而胜，文字和文学是胜迹的根，只要文学还在，只要文字不灭，这个胜迹就永远存在。楼毁掉了，塔倒掉了，但是只要人们还有文字的记忆，还有文学的想象，它就可以“重建”。胜迹经过文学，产生了人文之“胜”，远远超过了原来的自然之“胜”。这让我们重新感觉到文学胜迹书写的意义。胜迹书写的文学作品，通过我们的记忆，通过作品的传播，进入中国人的文化、心理、记忆之中，深切地影响到中国人的生活。今天，我们选择去一个名胜之地“打卡”，是因为我们先有了关于那个地方的认知。当商老师和我们说了黄鹤楼的故事，我们就可能产生了寻访黄鹤楼的冲动，想去黄鹤楼看一看，跟古人的书写做一个比对，看看我们跟他们的认知、他们的想象有什么不同。胜迹在我们面前活起来了，丰富起来了。

刘　宁：

程老师的评议让商老师从黄鹤楼展开的胜迹画卷更加绵长、更加丰富，特别是他说文字和文学是胜迹的根，石头城上的每一块石头都寄托着文字和文学的灵魂，真是让人深受启发。

杜晓勤：

商老师这次讲座的题目以及他最近所发表的一些论文还有出版的论著，我都比较熟悉。大约从3年前开始，我们就曾经请商老师到北京大学中文系来做类似题目的讲座，经过这些年持续的研究，商老师进入到一个更深的层次了。商老师最近研究唐诗的主要特点，是把诗歌的文本、诗歌作品的产生，与中国传统文化，尤其是与各地的江山胜迹的形成、江山胜迹和文学作品的相互成就结合在一起进行解读，给我们打开了一个诗歌欣赏的新方式，或者说解读中国历史文化的新方法。

风景的发现，它不仅是对现时现地景物、建筑的观览和欣赏，不仅是一般的视觉印象，更重要的还是历史心理的，带有人文积淀的文化意象。

我们去各地旅游时，脑子里总是会回想曾经有多少名人来过，想象他们有什么样的心情，留下了什么样的作品。

除了李白、崔颢等人的诗歌文本，还有书画作品、手稿等等，这样的一种留下来的历史符号，丰富了我们的目之所及，涵泳了我们对历史名胜内涵的欣赏。就像商老师引用牟复礼所说的那样，过去是精神性的，是词语构成的，而不是石头。我们的胜迹不仅是有眼前的、物质的，更重要的是文学的、文化的构成。换言之，我们作为旅客去观景，如果去之前了解相关的诗文、典故，或者读过类似程章灿老师所撰著的一系列关于历史掌故的读物，对我们出去旅游，去游览、登临甚至附庸风雅地跟着古人一样吟诗作赋，都会有很大的帮助。

借此机会，我想谈一谈唐诗作品经典的形成问题。刚才商老师已经说到，李白《登金陵凤凰台》之所以成为一部经典文学作品，在于这篇作品本身以及李白在黄鹤楼与崔颢题诗的故事，同时也促使崔颢的作品成为经典。换言之，崔颢的作品之所以能成为经典，与李白的故事、李白在南京写《登金陵凤凰台》这篇作品息息相关。两篇作品带有作者互相竞胜的意思。两首作品，崔颢的《黄鹤楼》珠玉在前，李白在黄鹤楼看到崔颢的这篇作品时，心里一定会有焦虑：崔颢已经写得这么好了，我怎么样才能够写一篇更好的作品呢？我想进一步分享我对这两首诗的思考，揣摩李白在看到崔颢这首诗之后，是如何写下《登金陵凤凰台》的。

李白写《登金陵凤凰台》的时候，一定有与崔颢《黄鹤楼》做对比的意识，是要和他竞胜的。比如，崔颢的《黄鹤楼》是一首古风式的七律，在通行的版本中，首联和颔联三用“黄鹤”且不避重字，四、五、六句又三用叠词：“悠悠”“历历”“萋萋”，三、四句的三字尾“不复返”和“空悠悠”在字面上不成对仗。盛唐中前期，七律的格律初步形成，但是相对于成熟的五律来说，还带着古风的特点，因此《黄鹤楼》在平仄上也有很多不合七律的地方，首联二、四字同平声是不合律的，颔联上句是六仄一平，那么下句以六平一仄相对，虽然是相对，但是实际上也是不合近体诗律的。李白的写法和崔颢有很多相同点：崔颢的《黄鹤楼》首联点题，“此地空余黄鹤楼”，首句的韵脚字为“楼”，如果李白这时脑中没有黄鹤楼，那么首句的末尾字可能就会压“台”韵，然而，李白此处依然用了崔颢诗的原韵“楼”“悠”“洲”“愁”，字用“流”“丘”“洲”“愁”。通行版本中，崔颢的《黄鹤楼》首联和颔联三用“黄鹤”，不避重字叠词，李白也同样三用“凤凰”：“凤凰台上凤凰游，凤去台空江自流”，这一点也是完全一样的。接下来颔联和颈联的写法也相近，崔颢是以“黄鹤一去不复返，白云千载空悠悠”发思古之幽情，李白也是在此处同样发思古之幽情。

崔颢写下《黄鹤楼》时，听闻有一个古代的仙人骑着黄鹤而去的故事，他想着自己不可能像仙人一样长生久视，便发出了自己生命是有限的，如今却一事无成的感慨。李白去黄鹤楼时正处于青年时期，那时的他，对人生的理解、对世事的理解并不是特别深。当时倘若写了登临诗，想必也与崔颢的《黄鹤楼》一样，多为一种怀才不遇之情，一种宦游思乡之愁——“烟波江上使人愁”。然而李白写《登金陵凤凰台》的时候已经是天宝末年了，此次登金陵凤凰台之前，李白曾经北游幽州去安禄山的军中，当时安禄山叛乱之心已萌，他想入长安进宫谏言，但是他的警示难以上达朝廷，无奈之下南下金陵。这是李白此次登金陵凤凰台的背景，所以他创作登临诗，就不仅仅是借景抒情了。另外，凤凰台又承载着南朝刘宋时期发生在金陵的一个历史故事。凤凰来栖，在古代本是祥瑞，代表着盛世。李白登上凤凰台的时候，大唐虽然还是盛世，但是已经出现乱世的萌芽了。李白此时吊古伤今，已有盛衰兴亡之感：“吴宫花草埋幽径，晋代衣冠成古丘。”东吴、东晋和刘宋一样，也曾经是比较昌盛的时代，但是后来都衰亡了。而今虽然又是盛世，但盛极而衰似乎是历史的规律，且北方叛乱即将发生，如果当今的朝廷和皇帝不能以史为鉴，大唐的江山社稷也可能会成为历史，变成眼前的“幽径”“古丘”。

因此，李白在写《登金陵凤凰台》时，确实是以崔颢《黄鹤楼》诗作为一个比照，但心里又是要超过它的。此诗一开始虽是仿写，但写着写着，就具有鲜明的个人色彩了，表达了李白自己此时的感慨，发出了李白自己的独特的历史思考，于是也成就了另外一首诗歌经典。

李白与崔颢在写法上有很多的不同。《黄鹤楼》颈联“晴川历历汉阳树，春草萋萋鹦鹉洲”，崔颢用了叠字，这是乐府诗的一个典型的特征，但是这时李白《登金陵凤凰台》并未完全用乐府诗的特征来写诗，而是用了数字对，“三山”对“一水”，这与崔颢明显有异。

最不一样的是二诗尾联的处理。崔颢写的是“日暮乡关何处是，烟波江上使人愁”，尽管崔颢处于盛世，但是盛世是整个国家的盛世，对他个人来说并不是特别得意，所以此联表达了作者的失意之情、乡关之愁。李白写《登金陵凤凰台》的时候，就不仅仅是人生失意了，更多的是盛世乱萌的政治感慨，所以说“总为浮云能蔽日，长安不见使人愁”。“浮云”比喻朝廷奸臣杨国忠等人，“蔽日”代表了唐玄宗充耳不闻的现状，“长安不见”表达了诗人虽然有一腔热情和忠心，却无法接近玄宗直言进谏。所以，李白这首诗具有一种政治讽喻的意味，表达了作者的家国情怀和政治担当，诗歌的立意与崔颢的《黄鹤楼》有了质的区别。

在这个程度上来说，李白诗就不是对崔颢诗的仿写了，而是一种竞胜和超越。正如商伟老师所说，李白写《登金陵凤凰台》，不仅成就了自己，更是奠定了崔颢那一篇的经典地位。更进一步来说，李白这一首诗的政治意蕴比崔颢的那一首更强烈、更深沉。但是，对普通游客和读者来说，崔颢的《黄鹤楼》却又更能引起共鸣，因为并不是自古以来所有的观众和读者都会有李白那么强烈的政治感慨。从引起读者共鸣共情的角度来说，《黄鹤楼》流传当然更广一些。

李白的《登金陵凤凰台》，是对崔颢《黄鹤楼》这篇经典作品的最好的致敬，成就了唐诗创作史上的一段佳话。

刘 宁：

杜老师对比了崔颢和李白的两首胜迹书写的诗歌，让我们看到书写背后的复杂关系。讲座的直播室里有听众朋友提出了很多有意思的问题，限于时间安排不能够一一请商老师解答，我在这里对听众朋友感兴趣的问题稍作概括：

胜迹书写其实是文学对景观的一种表现，这里面涉及文学和历史的关系。文学是心象的建构，是比较“虚”的，景观往往对应着一个真实存在的实体，比如李白“屈平词赋悬日月，楚王台榭空山丘”就有虚、实的差别在里面，有文学和历史的复杂关系在其中。有听众提出来，在胜迹的传播史、诗歌的阐释史里面，蕴含着比较强的历史考证传统。无论是面对黄鹤楼也好，还是其他有名的景观也好，历代的人们往往愿意通过考证来进行考实。那么，在这个历史考证的传统里呈现出了文学和历史怎样的关系？又如何体现了人文景观的建构？

商 伟：

首先感谢杜晓勤教授对崔颢的《黄鹤楼》和李白的《登金陵凤凰台》这两首诗做了具体的比较。平时我们一说起模仿，就想到内容空洞的文字游戏；提到竞争，便归罪于作者小肚鸡肠，斤斤计较，在鸡零狗碎、无关宏旨的细枝末节上逞才使气，争一日之短长。这些流行的观念根深蒂固，却都难免是先入为主的偏见。中国有悠久的古典诗歌的传统，而古典的训练包括了章法和规则，因此是离不开模仿的。但模仿又并不总是被动和消极的，而是蕴含着竞争，所以我喜欢用“竞仿”这个说法。古典诗人们尽管戴着镣铐跳舞，却能够跳出各自的特色。他们不仅在文字表达的高难度上一较高下，还借助于这样的高难度竞技，来完成不同寻常的自我表达。更重要的是，唯有将李白的《金陵凤凰台》与崔颢的《黄鹤楼》对照起来读，我们才可以从中读出诗人的别出心裁与独具匠心。这一层微妙而丰富的意义是产生于作品之间的，是所谓“互文关系”的产物。因此，竞争不仅激发了诗人的写作欲，更有意义的是在文本之间碰撞出了绚烂的火花。伟大的艺术家往往都是在与别的艺术家的互动与竞争中，获得了灵感和想象力的刺激，由此诞生的那些堪称伟大的作品，我们也应该彼此参照来加以解读。例如意大利文艺复兴时期的画家拉斐尔与米开朗基罗，法国印象派画家德加与马奈，都莫不如此。在文学创作方面，这样的例子更是数不胜数。

古典诗歌的竞仿往往在好几个不同层面上展开，可以从结构、意义、意象、景观等方面来加以考察，也包括了字法、词法和句法的分析。由此形成了跨越时空的互文关系。我们应该学会在题写同一处胜迹的作品系列内部，乃至于题写不同胜迹的作品系列之间，去重构这一互文关系，而不是将这些作品孤立起来，当作互不相属的单篇作品来阅读和理解。

值得注意的是，通过迟到者和后来者的对话而在作品之间所建立的互文关系又未必只是单向的，即迟到者或后来者对先行者做出回应，因为竞仿首先意味着对先行者的作品做出自己的独到解读，而后世读者往往正是根据竞仿之作来理解原作的。这样一种互文关系也见于题写不同胜迹的作品之间。李白的《登金陵凤凰台》与崔颢的《黄鹤楼》就是一个绝好的例子。从结果来看，李白竞仿崔颢《黄鹤楼》写下了《登金陵凤凰台》，既是向崔颢致敬，又反过来“纠正”了他的文字。崔颢《黄鹤楼》诗的第一句原本是“昔人已乘白云去”，由于李白仿作的头两联重复了三次“凤凰”，大有反过来倒逼崔颢之势。因此，尽管李白的这一篇后出，但它的影响却如此之大，以至于后世的读者索性将崔颢的这句诗改成了“昔人已乘黄鹤去”，而这个版本也竟然在晚明以后变成了《黄鹤楼》诗的通行版本。可以这样说，李白的《登金陵凤凰台》不仅通过竞仿崔颢的《黄鹤楼》将它推上了黄鹤楼题写系列的奠基之作的位置，而且还直接或间接地造成了后人对它的误读与修改。

实际上，崔颢的《黄鹤楼》诗本身又何尝不是一篇竞仿之作？它上追初唐宋之问的《龙池篇》，自是不在话下。此外，崔颢《黄鹤楼》的首联和颈联曰：“昔人已乘白云去，此地空余黄鹤楼。黄鹤一去不复返，白云千载空悠悠。”这与王勃《滕王阁序》的颈联和尾联也遥相呼应：“闲云潭影日悠悠，物换星移几度秋。阁中帝子今何在？槛外长江空自流。”这是崔颢与王勃的一次迟到的对话：当年的阁中帝子与传说中的黄鹤一样，都已一去不返了，无尽江水与悠悠白云便如同是时间的见证。一个“空”字既状写白云与江水，又暗示了它们的徒劳旁观与无动于衷。杜甫《哀江头》中的“人生有情泪沾臆，江水江花岂终极”也正是此意。不过，有一点我们可别弄错了：在崔颢那里，“白云千载空悠悠”无疑是怀古诗的写法，但《滕王阁序》的“槛外长江空自流”却并无此意。如果读者不察，径自根据崔颢的《黄鹤楼》来解读王勃的这首诗，就有可能造成理解上的偏差。而这又是一个不难想见的错误。王勃的《滕王阁序》作于上元二年（675），当时滕王李元婴还活着，但被贬至滁州，或已赴寿州任刺史，直至文明元年（684）才去世。这位滕王穷奢极欲，声名狼藉，屡次遭贬。永徽四年（653），他在洪州上任伊始，便大兴土木，修建滕王阁，并且招下属妻子入宫淫乐。高宗李治得知震怒，不久后谪置滁州，又起授寿州刺史，后徙隆州。由此可知，王勃所写的滕王阁上“佩玉鸣鸾”的“歌舞”，不过是十来年前的一个奢靡浮华的场景，而“佩玉鸣鸾罢歌舞”中的那一个“罢”字也因此而别有寓意了。滕王是怎样一个人，又是怎样被罢免而离开了洪州，当时的读者都心知肚明，无须多说了。在他们读来，“阁中帝子今何在”岂非明知故问，大有反讽之意了？正是在这里，崔颢与王勃分道扬镳了。王勃的“闲云潭影日悠悠，物换星移几度秋”这一联暗示时间只是过去了“几度秋”，实际上并不遥远。但在崔颢的笔下，就不再是“几度秋”了，而变成了“白云千载空悠悠”。为了缅怀和凭吊久远传说中的黄鹤与驾鹤而去的仙人，崔颢拉长了时间的维度。他与王勃的对话衍生出了新的意义。

程章灿教授对于唐人胜迹书写与六朝同类题材作品的关系，提出了很有启发性的看法。崔颢的《黄鹤楼》完全忽略六朝时期题写黄鹄矶一带的诗歌作品，这也是情有可原的，毕竟黄鹤楼的前身与唐人登览的黄鹤楼并非同一座楼，而只是在同一个地点附近新起的一座建筑罢了。但唐代之后的黄鹤楼又何尝不是如此呢？在重修的名义下所建的新楼在规格和形制上都往往另起炉灶，与时俱进，与崔颢登览的那座楼并无多少相同之处。木制楼阁周期性地废毁，也随之被替代，地标建筑亦然，与永恒无缘，也不作此想。但唐人题写胜迹，一方面有一种自我作古的倾向，仿佛此地此处的题写自我开始，而另一方面，如程老师刚才所说的那样，他们又将前代，包括六朝的历史典故，写进诗里。因此，唐人的胜迹题写富于历史内涵，多了怀古的意味，成为后世题写胜迹的楷模。而从历史上来看，后人不断回溯唐诗，又反过来奠定了唐代诗人的特殊地位，并且将唐人题写胜迹的作品典范化了。

刚才说过，崔颢的《黄鹤楼》与之前的作品也有着千丝万缕的联系，而不是横空出世，无所依傍的。他在诗里虽然没有提到南朝诗人鲍照的《登黄鹤矶》，但是与别的作品做了呼应。例如，在主题结构和修辞技巧方面都可以看到《黄鹤楼》有东汉文学家王粲《登楼赋》的影子。此外，六朝毕竟不是一个统一的帝国，它的名胜版图是割裂的。唐代许多名楼的南朝前身，往往都是城市的角楼，担负瞭望和守卫等军事功能。这与唐代的情况大不相同。唐代南北统一，在初唐完成了近体诗的转型，盛唐又在文人中出现了漫游之风。这些因素加在一起，相互推进，促成了唐人题写胜迹的蔚然大观。

我们在诗歌史上可以清楚地看到，后人是如何呼应和模仿唐人的胜迹书写。而这一风气在唐代就兴盛起来了，李白竞仿他同时代诗人崔颢的作品，就是一个突出的例子。此后的诗人前赴后继地书写黄鹤楼和凤凰台，未必有超越奠基之作的企图心，尽管在细节上也偶有新意。那么，续写的意义何在呢？意义有二：其一是通过持续性的书写来维系胜迹，至少让它们在纸面上生存下来。其二，对于大多数的后来者来说，能否超越崔颢和李白并不重要，重要的是通过续写，加入题写胜迹的文字谱系。这意味着将自己的文字纳入他们题写之地的景观，变成胜迹的一部分，同时也将他们本人从迟到的纪念者转变成被后人追忆的纪念者。

事实上，李白本人就是纪念者，他在题写凤凰台的作品中追忆传说中逝去的凤凰。但在后人的作品中，李白本人变成了追忆的对象，甚至取代了传说中的凤凰。他的诗篇因此便成为刘大櫆所说的“古人之精神所蕴结也”，他所写的凤凰台景观也同样为后人所追慕。后人通过阅读与续写他的诗篇，同李白的“精神”产生共鸣与同构关系，并将其笔下的胜迹风景重新召唤出来。在想象的登览之际，他们如同是李白的“魂兮归来”，既印证了孟浩然“江山留胜迹，我辈复登临”的陈述，又兑现了羊祜的那个许诺：“如百岁后有知，魂魄犹应登此也。”关于岳阳楼及其题记，滕子京有“精神”与“肢体”说，对此我做了这样一个延伸性的阐述。

程章灿教授说到了书写与历史记忆或文化记忆的问题，这是中国文学史和文化史上的大问题。我们今天研究名胜古迹，都会从考古和历史考据入手，并以此为依据来解释有关的胜迹书写。这是完全必要的。可是我们也不该忘记，历史记忆主要是通过文字书写而储存在读者的大脑中的，具有内在性、主观性和超越个人之上的种种特质。正像《列子》所记载的那样："燕人生于燕，长于楚，及老而还本国。"当同行者诓骗燕人说晋国的城墙、坟墓就是他燕国祖先的城墙和坟墓时，燕人止不住地哭了起来。等到了燕国，真正看到自己祖先的坟墓时，他悲伤的感情早已被预支，反而哭不出来了。在考察胜迹书写时，我们不能不考虑人的主观因素，包括记忆、心理期待与偶然性。与某个地点建立起特殊的关系，是离不开人的主体介入与主观投射的。历史上此类情况很多，就像众所周知的《阿房宫赋》和《赤壁赋》，实际上都写错了地方，但这并不妨碍它们成为千古传诵的名篇。事实上，作者早就预备好了。地点只是一个外在的触发装置，一旦它触发了我们通过书写和阅读而储存在大脑中的记忆，便成功地行使了它的历史使命和文化功能。

在我们今天的学术界，物质文化和视觉文化研究方兴未艾，如日中天。这无疑有助于我们集中通过这些角度来重新观察习以为常的现象，并修正司空见惯的看法。但是，我们也不能因此便随波逐流，以至于丧失了一些基本的判断或放弃了大的前提，不能因为强调物和视觉感知的重要性，就淡化或否定书写的意义。毕竟，中国文化有一个以文字为中心的悠久传统，人们对过去和外部世界的感知与想象都在相当程度上受制于书写的模式，并且最终被书写的模式所塑造。如何将物质文化和视觉文化置于书写文化的脉络中来加以考察，怎样深入理解和分析它们与汉字书写相生相成的复杂关系，都是亟待回答的问题。我的看法是：首先，我们不应该将物质文化、视觉艺术与书写传统简单地对立起来，因为文字书写离不开物质媒介，自身也蕴含着极为丰富的视觉性。不仅如此，正如我们前面看到的那样，题写胜迹的诗文常常借助题诗板等形式而被书写或刻写在地标建筑，以及胜地周围的其他建筑和山石上，从而变成了其描写和评论的胜迹景观的组成部分，且不说颓坏的地标建筑往往正是因为历代的题写才得以不断重建，起死回生。这是一个文字创造胜迹和产生胜迹的过程，而不是相反。更有甚者，后人因为崔颢《黄鹤楼》诗中的“白云千载空悠悠”和“晴川历历汉阳树”，而在黄鹤楼的附近修建白云阁和晴川阁。他们以诗的语言为依据，创造出新的纪念性的地标建筑，而诗歌书写也因此参与了对胜迹物质形态的重塑。其次，恰恰是通过考察文字书写的内在视觉性与外部物质媒介，我们才有可能真正揭示以书写为中心的传统是如何形成、如何运作，并且如何发挥作用的。由此而言，作为物质实体的胜迹及其视觉呈现，都无妨说是第二性的，因为归根结底，它们源于诗歌文字所塑造的感知方式、内心结构与文化记忆。

我是以凤凰台的诗歌与绘画系列为例，来展开上述论证的。在凤凰台的地貌环境改观，凤凰台变得有名无实之后，题写凤凰台之作之所以仍然能够持续衍生，不绝如缕，正是因为李白的《登金陵凤凰台》替代了作为物质实体的凤凰台，为后续写作提供了一个永恒的滋生地或孵化器。这个凤凰台不是土石建造的，也不是天然形成的。它是用文字书写而成的，存在于纸面上，储存在记忆中。以凤凰台为题的绘画作品之所以能够在后世兴起，也同样是因为李白的那一首《登金陵凤凰台》。它们跨越了媒介的分野，从李白的诗作中去寻找景观标志与视觉线索，不断演绎早已不复存在的胜迹风景，并且在这一过程中成功地实现了从文字符号到视觉符号的转换。对我来说，得出上述结论固然重要，揭示从文字到图绘的转换机制，也同样意义非常，并且引人入胜。

刘　宁：

商老师讨论的问题在西方学界有深入的思考，商老师的研究用中国的复杂的文本和它们的相互关系，对这样的思考做了非常深入的发掘。另外一个让我觉得尤其受到启发的是，商老师后来谈到的关于记忆、书写、叙事与物质、视觉的复杂关系，会激发出非常新的、深入的关于景观建构的一系列的理论问题。比如说最近柄谷行人的著作比较受关注，如果我们进入中国的传统里，开拓出书写文化与物质、视觉的相互关系，再把记忆、叙事相关的角度融合进来，实际上可以打开很多新的理论探索的方向，展现更加深入的空间。在这个深刻的问题上，是能够书写出我们一种新的理论思考的。

虽然言有尽而意无穷，但是这场讲座也不得不告一段落了。感谢各位老师。

点缀山林

题刻、拓本与胜迹的塑造

薛龙春

一 引子

“点缀山林”，这个话题的由来，与商伟教授的著作《题写名胜：从黄鹤楼到凤凰台》有关，他在这本书中写道：“中国历史上的名胜之地，既是物质的存在，又是书写的产物……一处地点总是通过书写来指认、命名、界定和描写呈现，并因此而成其为名胜的。”在书中，商伟教授主要讨论了唐诗，他说诗人的占位和竞争不仅塑造了风景，也塑造了唐代诗歌的某种生态，在此过程中，“文字从一开始就构成了跨越时空的物质媒介，与毛笔的书写、版刻、拓印等技术手段密不可分”。因为谈的是文学，这一点商老师在他的书中没有展开，但这与我要讲的问题有很大的关系。就广义的书写而言，胜迹所关联的历史、文学、宗教甚至神话、民俗都至关重要，但最终体现“文”而又显现为“迹”的，具有物质性的题刻——尤其是摩崖石刻——无疑最为值得关注，而这在其他文化中似乎颇为罕见。在东亚文化圈或者汉字文化圈中，好像只有中国人热衷于摩崖题刻，数量非常多。尽管题刻的原始动力有可能是文学、历史或者宗教，但是促使人们前往观赏的动力却不来自文本。我们到山里去看一个摩崖题刻，主要不是去阅读它的内容，而是欣赏文字书写本身。

这些题刻的内容大致可分为命名的、文学的、历史的、宗教的、抒情的几种：命名的，如杭州的“平湖秋月”。我们知道孤山边上有一座小亭子，亭子里有一块御书碑，题有“平湖秋月”几个字，游客来了以后，常常在那里拍照，作为游览平湖秋月的证据。但其实，在西湖的任何一处赏月，都可以说是“平湖秋月”。亭子能成为景点，与这块题刻有极大的关系。就像今天很多游客到了一个景点以后，会跟“全国重点文物保护单位

×××”的题名合影，表示到过这个地方一样的意思。文学的题刻内容，比如“枫桥夜泊”诗碑，是关于苏州的寒山寺的，俞樾（1821—1907）的行书碑写的是张继的名作《枫桥夜泊》：

> 月落乌啼霜满天，江枫渔火对愁眠。
> 姑苏城外寒山寺，夜半钟声到客船。

秋夜里，客船停泊在江上，远远地传来的寒山寺的钟声，激起了作者的羁旅愁绪。由于这首诗与寒山寺有所关联，所以俞樾的碑被制作成大量拓

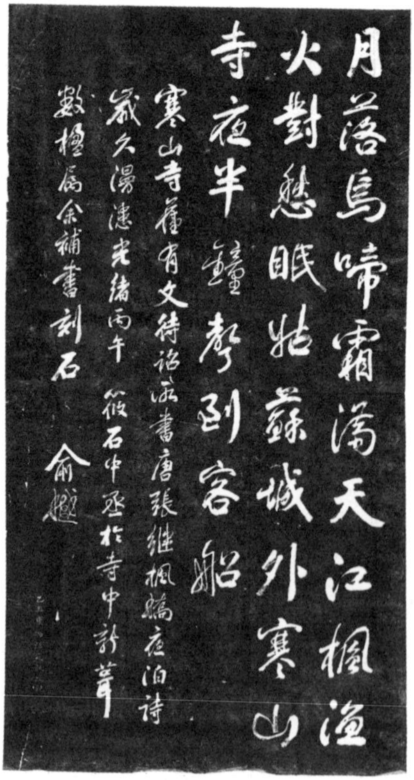

清　俞樾　《枫桥夜泊》诗碑拓本

本，很多人到了寒山寺以后，会带一张拓片回去。诗歌没有办法收藏，但拓片是一个物品，可以收藏，也可以向外人展示，寒山寺因为碑刻拓本的传布，扩大了它的声名。此外，褒斜道摩崖与纪功的历史事实有关，泰山经石峪、四山摩崖则与保存佛教经籍有关。

对于胜迹而言，题刻不仅具有指认的作用，而且对其塑造也具有一定的意义。尤其是山东境内那些以摩崖石刻而闻名的山川：泰山经石峪《金刚经》、云峰山摩崖、天柱山摩崖、四山摩崖……题刻的影响相当广泛，但是我仍然坚持这样的看法，即山林中的文字书写，主要还是一种点缀，尽管一些学者认为文字具有更大的作用，或者说更强势的地位，他们甚至称文字“占有”了山林，而我认为“点缀”这样的词语可能更为合适。

旅游风气的兴起，跟明代中后期的商业贸易有很大的关系，它带动了地方风景的生产及其图像化。尽管在金朝已经有了“燕京八景”这样的说法，但是各地出现八景、十景、十二景、二十景、二十四景、四十八景的图像制作，差不多要到明代中后期了。我们今天见到的比较早的作品包括万历二十八年（1600）江宁画家郭存仁所绘《金陵八景图》。到了清初，有高岑绘《金陵四十景图》，周亮工为这部图册写了题跋，回顾了“金陵山水，旧传八景、十景、四十景，画家皆有图绘”的历程。高岑的这组画，后来也被刻入了康熙年间编纂的《江宁府志》中。

如果说像南京这样的旧都，图像在当时可能还有其他意义的话，那么，周边一些小城市有着类似的努力，就很难给出别的解释。比如说《六合县志》中就有十二景图，包括龙津桥、灵岩山、龙池、关圣庙等。从晚明到清初，南京城里这类图像的数量非常大，比如松江画家沈士充画了《南京十景图》，其中包括燕子矶，这是金陵风景中非常具有代表性的一处。到了康熙年间，石涛移居南京后，也画过《金陵十景图》。

差不多相同的时间，山东地区的北朝摩崖刻石开始进入旅行者的视

明　沈士充　《南京十景图·燕矶》　故宫博物院藏

野。虽然我们说在宋代就有文人关注到这些题刻，但是在明代嘉靖、隆庆以后，文人的到访与题刻明显增多。我的讨论将从两个方面展开，首先是“文字和山林”，其次是“观览和阅读”。

二　文字和山林

泰山上差不多有2500多处题刻。当然，泰山不仅仅是一座有题刻的山，它跟政治、道教也有极大的关系，更不用说它的自然风光了，但是这

2500多处题刻仍然是游览者无法忽略的。巫鸿先生在《五岳的冲突——历史与政治的纪念碑》这篇文章里，曾经说泰山不是一个历史事件的纪念碑，而像是历史自我堆积起来的一个纪念物。他的说法与泰山的题刻有关，他注意到了这些漫山的题刻文字，山脚下的铭文时代相对比较晚，越往山上去，时代就越久远。游客沿着这些题铭攀登而上，会是什么感觉呢？他说仿佛是在一步一步地踏寻岁月的痕迹，深入历史。因为到了山顶，就是我们熟知的泰山无字碑，那便是沉寂无声的历史的源头了。他的讲述非常有趣，是很浪漫的一种说法，从山下到山上，好像我们处在一个深入历史的过程中。

晚明时期，一位非常有名的小品文作家张岱（1597—1689）曾经游历泰山，留下了一篇《岱志》。他的说法跟巫先生完全相反，他非常反感这些题刻。《琅嬛文集》卷二《岱志》云：

> 又有进香姓氏，各立小碑，或刻之崖石，如"万代瞻仰""万古流芳"等字，处处可厌。

> 由祠左礼青帝宫、玉皇殿，看唐玄宗磨崖碑、苏颋《东封颂》，《东封颂》字大如拳，莆田林焯以"忠孝廉节"四大字劖盖之，怒不欲观。再去，则无字碑也。碑高丈许，石润如玉。

> 余入泰山，见磨岩勒字，无一字堪入眼。而林焯劖盖苏许公颂，亦胸中有此四字作祟，故余反以无字碑为寒山一片石。

他说这些题刻处处令人生厌。他也去看了唐玄宗的摩崖碑、苏颋《东封颂》，其中《东封颂》的字被明代人刮掉了，并在上面重新写上了"忠孝廉节”，他很生气，不愿意看。等到了山顶，看到了泰山的无字碑，他说石头湿润如玉，因为没有字，他只做了物质性的描述。最后他总结说，到了泰山以后见到的摩崖题刻，都不堪入目，只有山顶的无字碑才是“寒山一片石”，所谓寒山片石，就是罕见好物的意思。张岱的理解和我们今天大不相同，他不认为这些题刻构成了历史，而是从他个人审美的角度，指出它们是对山体的戕害。

明人对于山水的观看，以及对山水中文字题刻的理解，与清代金石学和碑学兴盛以后人们的看法也有很大的差异。在明代，一个文人、一个社会精英、一个有身份的人，如何将自我区别于普通的游客？选择什么样的时机去游玩，是他们将自己与普通游人区别开来的方式。比如，沈周是在夜里去苏州虎丘千人石的，张岱是在下雪天去看西湖的，他们都不会选择游客扎堆的时候。这是明代文人非常特别的地方。到了清代，尤其是乾嘉以后，金石成为一种时尚，文人开始关注各种各样的金石文字，寻访碑刻常常成为旅游的重点。这和我们前面讲到的张岱的时代形成了一个很大的反差。

一个典型的例证就是，清代中叶以后，我们看到了各种“登岱图”的出场。过去登泰山，看松啊，观日出啊，登了山就结束了，常常会以一个图像的方式来加以呈现，这是一种纪念性的绘画。而“登岱图”以及相关的题诗中，常常会有观览摩崖题刻的内容。比如一件黄易（1744—1802）名下的《铁桥先生登岱观摩崖碑》，铁桥先生是济宁当地人，名叫李东琪，是一个碑刻收藏家，同时也倒卖碑刻拓本。黄易在济宁运河上做官，和他成了朋友。我们在画上可以看到，两个人站在唐玄宗摩崖碑的前面，一边观看一边讨论。这幅画不一定是黄易的真迹，但我相信应该有所本。

类似的“登岱图”在乾嘉时期的诗文中常常作为吟咏对象，而且非常多。我这里只举三个例子。第一个是当时的御史阎泰和的《登岱图》，应

清　黄易（款）　《铁桥先生登岱观摩崖碑》　北京匡时 2010 年秋拍

该是黄易所绘；第二个是翰林院检讨李鼎元的《登岱图》，黄易、罗聘都画过；第三个是画家罗聘的《登岱图》，是他自己登岱，还是画的别人，不清楚。我们看清人诗文集中的相关题诗：

何人镌巨石，名字将毋同（山半镌“鲁瞻”二字，适与银台表字合）。（张百龄《守意龛诗集》卷十六乙卯《题同年阎墨园侍御泰和登岱图》）

秦之松，汉之柏，八分唐代磨崖石，元气淋漓纸上收。（吴锡麒《有正味斋集》诗集卷十《题李墨庄鼎元登岱图》）

我从粤峤适齐鲁，篮舆曾陟云峰巅。今兹二十有一载，仿佛秦碑汉碣罗胸前。（赵希璜《四百三十二峰草堂诗钞》卷十四《题李墨庄检讨登岱图》）

独立松花中，看碑悄无语。（法式善《存素堂诗初集录存》卷四《罗两峰登岱图》）

这些诗，提到有人在巨石上镌字（“鲁瞻”二字，恰恰是登山人阎泰和的表字，平添了一份乐趣），提到了秦碑汉碣，提到了唐玄宗八分书摩崖碑，提到了游客在那里悄无声息地看碑。这些碑，与日出云海、秦松汉柏共同构成了泰山的景观。

其实，宋代就有人关注到泰山的题刻，陈国瑞曾经在泰山的经石峪那里观看《金刚经》，且在旁边留下了一段题刻，他说：

莆阳陈国瑞子玉校学奉高，游石经谷，熟视笔画，字径尺余，非人所能，历千百年曾不磨灭，岂非神力护持以遗观者。政和丁酉（1117）春。

这是宋徽宗政和年间（1111—1118）的一个题刻，那时人们称经石峪为石经谷，也就是一个山谷中刻了佛经。在宋代，泰山的《金刚经》还不那么引人注目，最引人注目的是江南的《瘗鹤铭》。《瘗鹤铭》在镇江焦山，焦山是镇江的一座江心洲，铭文是一位隐士为一只死去的鹤所作的纪念文字，有点类似“葬花”的意味。这个鹤可能跟道教有关，书写者是“上皇山樵”，没有留下具体名字，有人推测可能是陶弘景，陶弘景是与道教有相当关系的一个人物，而鹤是道教所尊崇的；也有人说字写得太好，可能是王羲之的，大多数宋代人认为是王羲之书写的；此外还有认为是唐人顾况、皮日休书写的不同猜测。这个石刻在焦山西侧的崖面，曾经坠到江中，碎成了好多块，到清康熙年间，江宁知府陈鹏年把它打捞上来，所以又有落水之前和落水之后的不同拓本系统。对于作者和版本的讨论，使得焦山《瘗鹤铭》名气越来越大。

唐宋以来，文人前往焦山的一个主要目的，就是观摩《瘗鹤铭》，他们称之为“右军碑”。乾隆年间编纂的《焦山志》，充斥着关于《瘗鹤铭》的故事，无论是皇帝御制墨宝与碑刻，如《游焦山歌》《瘗鹤铭并跋》，还是唐宋以来的碑刻、题名，如刘龟年、张克从、许介卿、陆游等人观访《瘗鹤铭》的题刻，以及吴琚的《游焦山观瘗鹤铭》诗等。今天可以看到，陆游题名的周边还有大量的题刻，他们构成了今天我们称之为“焦山摩崖”的文化景观。陆游题刻用的是楷书，这种字体在陆游传世墨迹中是没有的，因此有极高的书法价值。

跟一般的碑刻相比，摩崖有一个特征，它是在山体上镌刻的，不可移动，是一种真正嵌入自然山水之中的文字，所以与名胜的关系要比碑刻更加密切。我们知道陕西的西安碑林，宋代就把当地的各种碑刻全部集中到了一个地方，到了清代乾隆年间，毕沅在那里做巡抚时，又进行了一次大规模的修建，这些碑刻都移动过，与我们今天讲的摩崖有区别。所以，白谦慎教授在他的一篇文章里面说："（摩崖）继续与特定的历史时间和地理空间联系，从而成为一个地区的历史文化遗产。"

关于摩崖的研究，比较重要的是商伟教授的同事韩文彬（Robert E. Harrist）教授出版于2008年的一本书，我想它的标题应该叫《文字的景观：早期与中古中国的摩崖石刻》（*The Landscape of Words: Stone Inscriptions from Early and Medieval China*）[1]，除了陕西石门摩崖以外，他讨论的主要是山东境内的摩崖，比如四山摩崖、云峰山摩崖、泰山摩崖，他的研究旨趣在于这些摩崖群形成了一个新的意义空间。他提到的石门摩崖非常特殊，石门是打通秦蜀的通道，南端像个隧道一样，汉代永平年间凿通完成以后，就不断地有各种题刻，当中最有名的是汉建和二年（148）的《石门颂》。可是，在1969年到1971年之间，这个地方变成了一个水库，现在这个隧道在水下80米的地方。为了保护这些石刻，当时就把它们全部切割开了，不是整片的切割，而是一片片的切割，与山体分离以后再进行粘合，集中移置于汉中博物馆。这些刻石形状是不规则的，因为隧道内壁是带有弧形的，所以这些摩崖刻石离开了隧道环境以后，形制上就显得非常怪异、令人费解。

在这个意义上，韩文彬提出了一个非常有趣的说法，他说因为文字的加入，实现了空间到地点的转型（transformation of space into place）。他指出，摩崖以书写文字为媒介，将地理地貌信息转化为包含有文学、意识形态和宗教意义的风景。韩先生作为西方汉学家，他所关心的不仅是语义内容与书法形式的意义，更是题刻如何通过所在地点以及它们与自然环境产生互动，从而形成某种生态。这有一点地理风景学的感觉，摩崖好像是

[1] 该书中文版《铭石为景：早期至中古中国的摩崖文字》2024年5月由北京大学出版社出版。——编者

处在某种生态之中。这是他研究的旨趣。

我这里简单介绍他书中的两个例子。一个是关于唐玄宗《纪泰山铭》的研究。《纪泰山铭》在泰山的大观峰，海拔大约 1000 米，铭文高 13 米多，宽 5 米多。我们可以看到顶部“纪泰山铭”四个大字，相当于一个碑的碑额。如果说建一个六七十平方米的碑，那将是相当巨大的，所用的成本不可估算。但是它不是碑，而是摩崖。韩文彬认为唐玄宗在泰山封禅，利用石刻这样一个公共性的媒介来宣扬统治的合法性。他提到了几个非常有意思的点，他说《纪泰山铭》的位置在大观峰，非常醒目，铭刻南向，则代表了帝王之尊，70 平方米左右的面积和 16 厘米高的单字，都非常巨大，他认为在建造之初，字就被涂上了金色，又刻得比较深，当光线照过来的时候，形成一种 3D 的光影效果，给观众某种震撼感。而清代金石学家所关心的拓本，则将三维的效果又变成了二维的。值得我们思考的是，唐玄宗最初书写的就是二维的、纸面的，他是不是想过要获得三维的光影效果？拓本将石刻转换成了二维的，他是不是因此会变得不满意？下面还会谈到这些问题。

另外一个例子是韩文彬对铁山摩崖的研究。铁山是山东邹城四山摩崖当中的一处。相比起《纪泰山铭》，铁山摩崖的面积就更大了，它处于一个坡角 45 度左右的坡面上，面积有 1000 多平方米，单字的字径大约在 40 厘米到 60 厘米，完成于北周大象元年（579）。内容分成四个部分，包括经文的部分，写着《大集经·穿菩提品》第八卷的一部分，后面有《石颂》颂文、题名。经主也就是捐钱的人叫匡喆，书写的人叫僧安道壹，应该是一个僧人书家，颂文当中有两句话：

> 缣竹易销，金石难灭。托以高山，永留不绝。寻师宝翰，区悬独高。精跨羲、诞，妙越英、繇。

唐玄宗《纪泰山铭》（薛龙春摄），山东泰山大观峰

其动机显然是让佛教的经籍在山间、在摩崖、在石头上永垂后世。为了引起大家观看、阅读的兴趣，经主匡喆请了僧安道壹来书写，他评价僧安道壹的书法“精跨羲、诞，妙越英、繇”，与之相提并论的，是王羲之、韦诞、张芝、钟繇这样书史上的名家，这当然是一种修辞。总之，他的目的一是保存佛教经籍，另外一个就是书法要好，让人乐于观看诵读。对此，韩文彬说：“把佛经中的文字直接刻在铁山的山体表面，由此，这些地理位置变成了神圣的。”他注意到颂文中对于铁山摩崖的位置有这样的描述：“瑕丘东南，大岗山南岗之阳，前观邾峄峨峨，睹拂汉之峰。却瞻岱巘魏魏，眺排云之岳。”他认为峄山、泰山都是秦始皇封禅的地方，用它们来比拟方位，可见经主对于刻经位置是有极强的选择性的。铁山是很矮小的，与峄山、泰山在高度上无法相提并论，铁山《石颂》的海拔在150米左右。此外，1000多平方米的文字面积，看起来好像任何一个游客到这来都没有办法阅读，可是如果不到现场，又不能体会摩崖石刻的意义。韩文彬甚至把这个跟金字塔以及巨型佛像相比较，他说，虽然刻石不是无边的，但视觉感受就好比我们无法理解的无边的佛法奥义，其中渗透着广大这一概念，宗教中的宇宙观驱使着他们“往大处思考”。这是韩先生的一个阐释。

比韩文彬走得更远的，是德国的汉学家雷德侯（Lothar Ledderose），研究美术史的人对他应该非常熟悉，他著有《万物：中国艺术中的模件化和规模化生产》，他在山东工作过数年，研究当地的石刻，是位非常重要的学者。他发表过几篇中文文章，其中一篇是《岗山：佛陀说法之山》，岗山也是四山摩崖中的一处，完成于北周大象二年（580）。岗山刻经跟铁山摩崖有所不同，它是由数十块石头组成的经文，有的石头比较大，比较平整，有的很小，就刻了几个字，非常简陋，甚至凿平石头时只处理了部分地方。岗山刻经上面的文字也非常有意思，字形跟铁山摩崖非常像，但

岗山刻经的石面处理（薛龙春摄），山东邹城

岗山刻经中的鸡嘴石（薛龙春摄），山东邹城

是我们可以看到它的起笔、收笔，尤其对于芒角、对于残缺的强化，根本不可能是毛笔书写的趣味，非常特别。

但是，这些特别之处似乎并没有引起雷德侯的注意，他所关心的是岗山刻经的石头位置及其内容，他做了一个分类，说石头的内容大概包括五个方面，包括《入楞伽经卷第一》《观无量寿佛经》的一段经文、佛名、经主姓名及纪年铭刻。他尤其强调了《入楞伽经卷第一》中的一段，这一段覆盖面积最大，第一部分讲述楞伽城摩罗耶山迷人的风景，第二部分是佛陀和菩萨教谕会众的盛大集会。他认为在岗山有一个环形坛场，刻经活动让岗山变成了新的摩罗耶山，最后，朝圣者来到佛的身旁。这个解释其实是有一个对话的对象，雷德侯将此类比为西方的基督受难之路：从耶路撒冷城走向他受刑的骷髅地山丘。在基督教传统中，这条小径被奉为圣路，共分 14 站，每一站都有一段特殊的故事，在每一站信徒都要祷告。事实上大多数信徒并不能去耶路撒冷，因此各地就有了替代性的复制品，也就是基督受难公园，他称之为“场所置换”。而在这里，印度楞伽城置换到了岗山。这是雷先生的一个研究。

雷德侯关于泰山经石峪也有一个特别的阐释，他认为明代以后，这里“从佛教道场”转化成为“文人场所”。为什么这么说？因为本来经石峪这里刻的是《金刚经》，明隆庆年间，兵部左侍郎万恭经过这里，他修建了一个亭子，叫“高山流水亭”。雷德侯说万恭修亭的目的是将观众的目光吸引到另外一个方向，让大家尽量不去看佛经。亭旁还有万恭题写的“高山流水”及题记，内容与音乐有关，一个本来的佛教场所就这样转换成了一个有文人趣味的东西。万恭在《高山流水亭石壁记》中说：

余既表泰山之巅，掠泰麓而南下，则憩晒经之石，石广可数亩，遍刻梵经，皆八分书，大如斗。不知何代所为。近有好奇者，则刻《大学》

> 圣经于上端以胜之。余乃大书“暴经石”，字皆博可六七尺刻深三寸，垂不磨，以助其胜。

他说《金刚经》摩崖占地数亩，刻的是八分书，也就是隶书，字大如斗。就在明代，有人在附近刻了儒家经典《大学》，万恭自己又题了“暴经石”三字。七年之后，都御史李邦珍再题“经正”二字，与石亭相对，跋文说：“石上之经亦经也，今以圣经反之，故曰经正。”雷德侯指出，这里体现出一种竞争的关系，好像文人要摒弃佛教。这是他关于《金刚经》与周边题刻的一个理解。

“经正”这样的字，我想就是张岱看到之后“怒不欲视”的字，写得极其庸俗。事实上，雷德侯关注的问题，从明代后期开始，所有经过那里的文人都注意到了，比如张岱在《岱志》里就说：

> 至石经峪，下而复上。山峡中有石，五倍虎丘。传唐三藏曝经于此，又名曝经石。石上镌汉隶《金刚经》，字如斗，随石所之，尽经而止。闻秋时有水铺过，晶映可读。傍有儒者刻《大学》圣经一章敌之，辟佛尊儒，此刻石人意也。

可以看到，张岱对于佛经与儒家经典刻石的描述是非常客观的，并没有说一定要把《金刚经》给掩盖掉或者说摒弃掉。万恭讲到刻《大学》时，也不是十分赞赏的态度，而是称从事者为“好奇者”。到了清代乾隆年间，聂鈫《泰山道里记》对此也有记载：

> 为石经峪，宋陈国瑞题名石经谷。石坪广亩许，古刻隶书《金刚经》于上，字大如斗，不记姓名年号，残毁过半。……隆庆间侍郎万恭云：

泰山经石峪《金刚经》摩崖及周边刻石（薛龙春摄）

> 近人刻《大学》圣经于上端，以胜之。今佚。汪坦刻《诗·般》一章在焉。北为水帘，崖多题识。稍西石壁中分，曰仙峡石，又名试剑石。万恭磨壁为记，并建石亭，额曰高山流水。亭西上旧有听雨轩。

他去经石峪，《大学》的摩崖已经不见了，而有汪坦刻《诗经》一章。我到现在其实也没想明白，为什么一片摩崖，并不是一个单独的字，怎么会突然就消失了，反正今天看不出任何痕迹。雷德侯关于岗山摩崖、泰山经石峪《金刚经》的研究，都注意到它们与周边环境的关系，以及与其他石刻所构成的新的意义空间。

我刚才介绍了韩文彬和雷德侯两位先生的研究，都非常有意思，刺激了我的好奇心。我也就沿着他们的思路继续做了一些思考：

比如，《纪泰山铭》的制作会不会着眼于光线下的3D汉字的趣味？前面我们讲到《纪泰山铭》，阳光照射进来，文字形成了三维效果，是二维拓片所不能替代的。关于涂上金色的行为，我向赖飞先生请教，他告诉我，刷成金色、红色是二十世纪八九十年代以后的事情。韩文彬的证据，是《纪泰山铭》中“磨石壁，刻金记。后之人听词而见心，观末而知本”这句话，用以说明文字被涂成了金色，代表了皇权。但是，“金记”是指道书，与金色无关。

铁山摩崖与泰山、峄山的位置关系到底有无特别的意义？因为铁山非常矮小，我想这种描述，更可能是中国过去介绍某个地点的惯例，通常会介绍此地东南西北都是什么地方。铁山是否有其他意识形态的意义在里面，在这里刻佛经，是否有与皇帝封禅并驾齐驱的意思，是不清晰的。这方面还要继续考虑。

岗山刻经的每块石头是不是经过挑选与设计？每段经文是否都有特别的故事？岗山在六世纪到底是不是一个说法之山？认为石头的位置都经过

刻于六世纪末的泰山经石峪《金刚经》摩崖局部（薛龙春摄）

精心挑选，并尝试对这些石头的位置关系进行解析，这种观点是建立在今天的石刻现状之上的。可是我们知道，雷德侯先生自己也注意到了，很多经文石头已经不见了，为什么不见了，或许是地震，或许是其他原因。如果有一些石头滚到山下了，滚到别的地方去了或者砸坏了，那么，今天的石头所在的位置，是不是还是刻经时所在的位置？我想这是一个很重要的问题。如果不是，那么“环形坛场”的说法难以被证实。

每一位学者在提到泰山经石峪《金刚经》时，都说到了“震撼感”，其实，我觉得他们提到的这种震撼，跟文字涂了红色有很大关系。但这些刻石文字是不是当初就涂了红色？如果不是，还会那么醒目壮观吗？我自己有一个亲身的经历，1995 年我第一次到访铁山，站在铁山摩崖上面的时候，还在问人家铁山摩崖在哪里，人家说就在你的脚下，那个字很大，但是很浅，我当时根本没有看见。摩崖文字的着色，很可能是晚近吸引游客的行为。如果一个人懂书法，就会知道，那个颜色其实涂得极其拙劣。

再有，万恭建亭是不是意欲将观众的视线从《金刚经》引开，从而实现对佛教的排斥？今天亭子位于进入经石峪的入口处，据说是从高山流水石壁的边上是移建的，这个亭子在万恭建立以后，它的位置有没有改动过，路线有没有改动过？我们都不十分清楚。万恭的文字、张岱的文字，似乎都没有强烈地对于佛经的排斥，他们只做客观的描述。晚明是一个三教合流的时代，儒佛是否存在一种非此即彼的竞争关系？所以我想，刻经本身是不是才是这片摩崖真正的旨趣所在？我提这些问题的原因，是因为中国古代的金石学者，还有我们生活在这个文化环境里的学者，可能对于摩崖的理解与西方汉学家有所不同。尽管我们都关注物质性，但是关注点还是有很大差别的。比如从我的角度，四山摩崖（铁山、岗山、尖山、葛山）在后代非常有名，尤其在晚清碑学中，铁山摩崖与泰山《金刚经》代表了“圆笔”的笔法系统。相反，岗山因为石头大多直立，故剥蚀最少，被视为“方笔”的笔法系统。岗山刻经的“方笔”非常多，可是跟它同在一处的葛山、铁山以及离它不远的泰山经石峪，刻经为什么都是“圆笔”呢？换个角度看，是不是岗山摩崖的保存状况更好，而其他地方的刻经剥蚀更为严重呢？还值得充分注意的是，岗山摩崖的文字设计感最强，有些点画是莲花的形象，有些起收极富装饰感，没有书写性。

这里我首先要讲的是，碑和摩崖有很大的不同。过去人们对于建碑是非常重视的，尤其对碑材的选择也是极为讲究的。汉代营造一个碑常常要选石，不是随便找一块石材来就能刻的，有时石质上有黄斑都不行，叶昌炽《语石》中有一些相关的描述：

铁山摩崖（薛龙春摄），
山东邹城

岗山刻经中的装饰性笔画
具有设计性（薛龙春摄），
山东邹城

> 盖古人树碑，必先选石。《华山碑》杜迁市石，与郭香察书并列，固矣。《泰山都尉孔宙碑》末云：陟名山，采嘉石。

与此相比，摩崖的情况大不一样，它是就地取材，成本大大降低。泰山上面为什么有这么多的摩崖，而不是碑，是因为方便就地取材，磨出一块平的石面就可以刻字，而不是说要在别的地方买一块石头，经过精心挑选、刊刻，再运到泰山，树立起来，刻碑的成本是非常大的。所以，从这个角度来说，石头的质地、面积、打磨、技术、书刻成本等，都得纳入磨崖刻石的考虑之中。

雷德侯在过去的演讲中，曾经提到摩崖和大地艺术之间的关系。我想，像大地艺术那种把一座山、一个海湾或者一个峡谷包裹起来，形成了艺术和大自然之间的结合，构成了一种情景化、视觉化的形式，可能与我们今天讲到的摩崖的情况不太一样。

以泰山经石峪《金刚经》为例，我们可以看到《金刚经》所在之处，坡面角度在 30 度左右。我们视线的远端，是一个瀑布的出口，这个瀑布不是常年都有的，每到秋季瀑布下泻，《金刚经》的字便会漫在水里。水流冲刷对于文字有很大的影响。那为什么还要选这样一个地方刻经？我想，可能是不得已的。因为这个位置在海拔 500 米的地方，不到泰山的半山腰，算是比较低的位置，作业的人抵达比较容易，另外经石峪《金刚经》不像《纪泰山铭》那样是直立的，书写、刊刻都无须架设工事，相对而言也是比较节省成本的。而且，这片摩崖似乎都没有经过打磨，它们也不是为远观设计的，你必须站在这个石头上，才能看这个字。我为什么会这么说呢？比如经石峪里面有一个部件落差大概在十几厘米的“罗”字，刊刻时没有避开断面，如果垂直站在石头上，当视线跟地面垂直的时候，这个字一点都没有变形，可是如果远远地看这个字，就会觉得相当怪异。

泰山经石峪《金刚经》中的“罗”字正处在山体崖面落差之处（薛龙春摄）

因此，在刻字之前，人们并没有将这片山谷打磨平整，历年的流水甚至将石面冲刷出了一个脊骨般的形状来，这里是石质最坚硬的地方，许多文字只双钩了边缘线，而没有经过剜刻。同样，在这片摩崖的最后，有一些文字没来得及刻完，也只双钩了字的外轮廓，赖非认为可能与遇到紧急情况匆忙收工有关。如果不涂上颜色的话，根本看不清楚是什么字。

如果要说摩崖和环境的关系，前面引用的两段话倒是很有意思，万恭说“水澌澌淅字上，字隐隐匿水中，斯泰山之至奇观也”；张岱的说法是“闻秋时有水铺过，晶映可读”。我们今天如果要讲当代艺术，这才是当代艺术，只有水漫过石面时，人们才能看到上面的文字，平时是看不到字的。看不到字，又何来那种所谓震撼的感觉呢？当然我是开玩笑，那时可没有观念艺术这回事。书写与刊刻，都是费时费钱的劳作。

为了节省成本，书刻工艺可能与我们想当然的也不一样。以“非”“萨”两个字为例，今人是根据当时刊刻的痕迹涂色的，但从拓本看，这两个字显然还没有刻完，只刻了字体的一个外轮廓。刻刀所留下的痕迹，让我们注意到了笔画的叠压，比如“非”，横画都是叠压在竖画上的，“萨”则反之，显示出了前后的笔顺，由此我可以推测，《金刚经》摩崖很可能根本没有经过书丹。为了节省成本，刻工就用朱色或者其他颜色的硬笔，比如用粉笔、炭条之类的东西勾勒出了一个轮廓，因为勾勒轮廓的时候是有笔顺的。如果是书丹的话，刻工只可能勾勒出外部轮廓，而无法体现笔画叠压的情况。离泰山经石峪不远的山东东平洪顶山，“大空王佛”四个字也是这种情况，每一笔的叠压顺序跟我们书写顺序完全一致，甚至一个笔画如何插入另一个笔画、形成什么样的形状，刻工都夸张地表现了出来。“大空王佛”四个字大约有 5 米高，如果书丹的话，到底要用什么样的毛笔？要耗费多少朱砂或者墨？如果以粉笔双钩轮廓，则既省工又省钱。所以，我推测，无论是书写——不经书丹，而是勾勒笔画，还是打磨、选

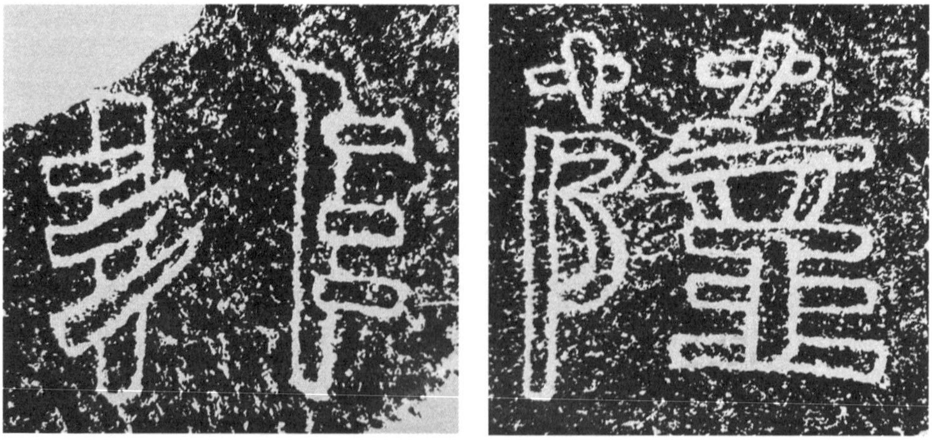

泰山经石峪《金刚经》中“非”“萨”二字拓本

山东东平洪顶山“大空王佛”摩崖
（薛龙春摄）

“大空王佛”摩崖拓本（高甫摄）

址——选择较低的海拔与较平缓的斜坡，都可能出于成本的考虑。

这是我的看法，可能与西方汉学家的立足点、出发点、研究旨趣有一些差别。总体而言，地理景观学的研究立场，往往包含了非时间、非历史的因素，而且容易将历史上累积生成的景观理解为事先的整体设计，甚或是艺术创作。

中国古人并非不关心摩崖所处的环境问题，嘉庆二年（1797）春，黄易访碑岱麓，在日记与访碑图题跋中，他也常常谈到环境，但这个环境并未与金石形成对话的关系，而是混杂在一起的。《岱岩访古日记》（嘉庆二年一月）云：

（二十一日）同秬香、李婿叔侄驰马三十余里，至龙洞，径转峰回，峭壁苍翠，岩悬古柏，颠峙浮图，侧视横看，奇态万状。洞中凿数巨佛，秉烛可行半里，溪流奔迅，穷源幽远，历下奇观也。……坐看工人拓碑。洞后得后魏天平四年《骠骑大将军汝阳王叔□造像铭》、宋元丰《韩铎祈雨题名》及元延祐造像数碑。《县志》云，洞后壁间有隋刻及墨书数行，遥望壁上模糊，路险莫能逼视。宿山馆，夜起看山，别有景象。

（二月一日）同江秬香、李婿叔侄登岱，磴转高危，愈上愈妙。至对松山，两崖浓碧，石势尤峭，至十八盘，望南天门在云际，过此始履坦途。拜元君上庙，瞻明皇磨崖刻，计廿四行，行五十一字，其左宋赵德甫题名下得开元二十年道士董灵宝题名，其右唐东封时从臣诸名，及宋元题名甚多。稍东石壁，拓得乾封元年设醮题名三。登玉皇顶，憩浴日养云亭，俯视诸山，俱在足下，云物旷远，天下奇观。……看岱顶无字碑，厚大光润，相传此石非山所有，余视其质与磴石无异，传者妄也。右边得一行书“帝”字，类宋初院体，疑好事者所为（偃师有宋仁宗书“帝”字刻，此或真宗之笔）。

我们可以看到，在黄易这里观看风景与观看题刻是不断转换的，这就是中国人眼中的山水和金石的关系。他们一会儿看自然奇观，一会儿看题刻文字，这种交替观看的模式，说明了在中国人眼中，山水与金石是一种互相衬托与提示的关系，诚如聂鈫在《泰山道里记》中所称：

> 余又谓：山水从金石中见，金石自山水中来。今是编既出，犹有《泰山金石考》六卷，凡历代遗迹、碑制、方向及间有断缺者，须分别存佚，各为跋语剖晰以注之，《恭纪国朝东巡金石录》为卷首，窃附《泰山道里记》于卷末，是山水与金石所宜并著者也。

聂鈫此书既记载泰山的山水，也记载泰山的金石，在他看来，山水与金石都是泰山必不可少的风景。

一方面，文字的题写借助政治、宗教、文学、书法，参与塑造了人文风景，但题刻之于山林是从属的、嵌入的、拓展的，不处于任何强势的对话地位。另一方面，有些后世题刻相当于山水画中的题跋，比如万恭、李邦珍等人在《金刚经》周边留下的文字，但题跋亦不能争夺本幅的地位。

三　观览和阅读

接下来我们进入“观览与阅读”。碑刻跟环境的关系，事实上并不是只有现代西方学者在关注，宋代金石学兴起之后，就有一些亲历访碑活动了。到十七世纪以后，访碑活动更加频繁，也更加立体化。乾嘉时期的金石学者都会有一本碑目——“收藏”或“待访”碑刻的目录，相当于一本工作手册，碑目通常会记载每一块碑刻的详细位置。

包括我们刚才所提到的访碑日记，也会对碑刻的位置和环境有所记载，此外还有一些访碑图像，会对碑刻环境有视觉性的呈现。我们知道，诗歌离开书写载体是没有办法收藏的，也没有办法被观看，所以在与名胜的关系中，题刻是能够联系历史的唯一的物质性的存在。聂鈫在《泰山道里记》中谈到泰山一地两称或名同地异的现象，正名只能通过题刻：

岩谷险阻，向有题刻，惜为苔蔽莫辨者，近乃竖梯，亲加刮磨以核之。（乾隆壬辰 [1772] 序）

为了纠正景点的名称之误，需要查勘原有的题刻，只不过题刻被苔藓藏起来了，不容易被发现，于是聂鈫架起梯子，亲加刮磨，寻找那些题刻。在乾嘉金石学中，发现一个字乃至发现一个笔画，常常让文人们“何快如之”。乾嘉学派的大儒钱大昕（1728—1804）在给何元锡《涤碑图》的题诗里，写了几句非常妙的话：

能于没字中寻字，始信今人胜昔人。
一斛清泉三尺帚，谁知瓦砾有金银。

杭州人何元锡是山东曲阜孔氏的女婿，没事就到孔庙里寻找碑刻，拿到一块石头就去洗刷摩挲，最终发现了一些早已湮没的汉碑。没字的地方都能找出字，从这里可以看到乾嘉时期人们对于金石遗文的迷恋。

另外，我要举一个《郭有道碑》的例子。这块碑相当有名，郭泰的碑文是蔡邕（132—192）撰文，字也被认为是蔡邕书写的，可是现在这个碑上面一个字都没有了。不过翁方纲（1733—1818）并不甘心，希望能够找出一个字、半个字。他怎么办呢？翁方纲在给黄易的一封信中写道：

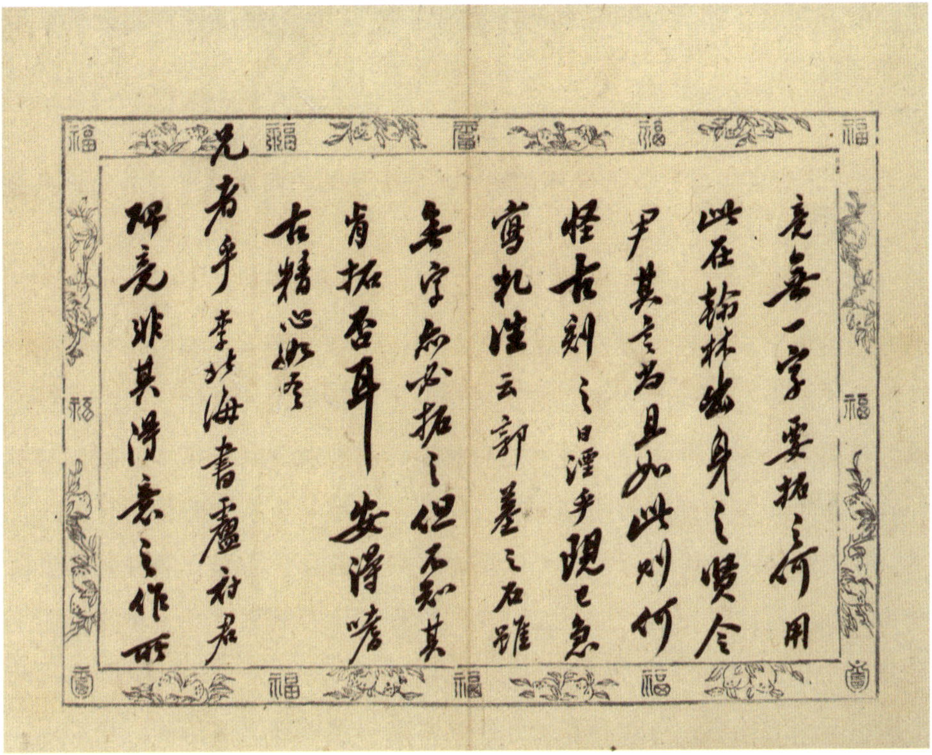

清　翁方纲　《致黄易》　故宫博物院藏

原石的闻有之，盖已被人磨去，希冀拓来，或谛视露一半字也。……祝云现存庙中有汉隶者翁公不要，而郭墓之石竟无一字，要拓之何用？……现已急写札往，云郭墓之石虽无字，亦必拓之。

他找到了介休县的知县祝德全，写信跟他索要拓本，祝德全觉得很奇怪，说庙里面有很多汉隶的碑刻，翁方纲都不要，郭泰墓石上一个字没有，他却非要完整拓取下来，实在想不明白他要拓这个干什么用。但是翁方纲坚持说，虽然没有字，还是要全部捶拓下来。终于有一天，祝德全把拓本寄来，翁方纲看了半天，只见到碑上面有“穿”，认为是汉碑形制无疑，不过并没有字：

> 正背俱实有穿，是汉碑无疑，而磨去竟无一画半画可辨者矣，虚费吾辈一段怀想之意也。

翁方纲为这个东西寝食难安，就是想得到一个字半个字，哪怕一个笔画，结果什么都没有。他的失望之情跃然纸上。对拓本尤其是精拓本的无厌追求，是因为石刻并非观摩一番就能有收获，必须通过制作拓本、阅读与考证碑文，才能够达到理解所刻文章、书法、文字乃至装饰图样的目的。

韩文彬批评清代金石学研究以拓本（图文信息）为媒介展开，学者研究与赏玩的对象是拓本，而不是石刻的物理环境及其物质性。事实可能不是韩先生讲的这样，比如在嘉庆元年（1796）以前，黄易至少得到过两套嵩山三阙的拓本，可是在嘉庆元年九月他仍然前往嵩洛访碑。在嵩山，汉代的三阙他拓出了更多的文字。也就是说，金石学者重视原物及其环境，不过其目的不是探究物与环境形成了怎样的意义空间，而是原物本身完整的文化信息。在这里，环境更多是地理指引的作用。

正是通过不断地寻访、发现与研究，题刻以及题刻的衍生物才共同构成了金石学的丰富图景。从这个意义上，也可以说金石学塑造了一种新的名胜。和其他塑造名胜的媒介有所区别的是，题刻——古代的文字遗迹不仅需要观览，更需要阅读。

在这个方面，魏斌教授《“山中”的六朝史》中有一篇论文特别强调碑铭的作用，他甚至通过这些残破的碑铭来重构当时的情境。无论是考证性阅读，还是鉴赏性阅读，都涉及一个字的考释乃至一个笔画的辨识；它有可能涉及一个人，也有可能涉及一群人；有可能是同代人之间的对话，也有可能是代际之间的对话。显然，这些都是无法当场完成的，都离不开拓本。那么，拓本的制作就成为重要的中介。在清代乾嘉以后，精拓本的制作越来越受到重视，巫鸿先生和白谦慎先生都讨论过拓本的“即时即地性”，所谓的原真性，每一张拓本与别的拓本都有一些微妙的差别，与本雅明以来所讲的“机械复制”还是有差别的。拓本不同于机械复制，这种手工复制品相对于原作而言，常常也具有权威性，比如我们通常所说的宋拓本，承载的信息可能比清代的原物更多。作为“胜迹”的复制品或替代品，拓本进入研究与收藏领域，使得人们对于风景不止于历史的沉思与文学的想象，而拓本本身也是一个物质性的存在。

乾隆五十一年（1786）八月，黄易在从开封回济宁的路上，经停嘉祥，在那里他发现了武氏祠，并制作了大量拓本。他的发掘与重建活动持续了好几年，在乾隆五十一年至五十九年间不断有新的发现，其间也有许多人向他索要拓本，例如乾隆五十八年四月十一日，王昶（1725—1806）在给黄易的信中说：

> 武氏祠堂画像，究共有若干纸？前已致明，尚欲乞一付，不审可得否耶？

王昶当时正在编辑《金石萃编》，显然他得到过黄易惠赠的武氏祠画像拓本，但他担心不是全本，于是再次索要全套拓本。从今天留下来的文献和书札，我们可以知道有几十个人与黄易有这方面的往来，有时是黄易主动送给他们拓本，有时是他们向黄易索取，包括赵魏、何元锡、翁方纲、宋葆淳、潘有为、洪亮吉、江德量、金德舆、梅镠、邓石如、钱泳、董诰、赵怀玉、吴骞、张方理、桂馥、李鼎元、袁廷梼、郑辰、武亿、钱大昕、王昶、王念孙等人。黄易的武氏祠拓本有诸多不同的形式，有全拓的，比如故宫博物院藏《武氏祠画像卷》，拓本包括图像与榜题，是一幅连续的长卷；有局部拓的，像上海图书馆藏《武氏祠画像榜题》拓本剪裱本，没有画像，只有榜题。即使拥有了新拓本，黄易也没有感到满足，他还千方百计地寻找旧拓本，乾隆五十六年（1791），他获赠一件曾为汪畬收藏的所谓的唐拓本，今天看来，这更可能是宋代以后的拓本，旧拓本与新拓本互有优胜之处。另外，他还将武氏祠画像与榜题钩摹到木板，再将它们刊印成书，这就是《小蓬莱阁金石文字》中所收的武氏祠画像。无论是旧拓、新拓，还是由拓本钩摹刊印的图书，都促使武氏祠所在的紫云山成为一个有名的风景。

观看风景转换为阅读风景，进一步强化了名胜的人文意味。拓本给无法到现场的人提供了游览的机会，古人常常通过绘画“卧游”山川，而拓本也能帮助他们实现纸上的游览。对于这一点，我们今天有些难以想象，但在当时这却是普遍的情形。比如嘉庆三年（1798）六月，翁方纲知道黄易去了嵩山，得到了嵩山三阙的拓本，便向他借观拓本，在此后所写的信中，翁方纲报告了在家中展观的情景与感受：

> 前借赏之嵩阙全幅，通计十丈有余，计所见人家房宅无能容者，十笏小斋更形局脊矣。因分数间，内外四面悬挂，日日与坐客谛观，咸谓如游嵩山也。

这些悬挂在房间四面的拓本，翁方纲与友人谛观之下如游嵩山。当天的“坐客”中也有后来书名很大的伊秉绶（1754—1815），其《留春草堂诗钞》卷二《黄小松司马拓〈嵩阳三阙文〉寄苏斋索题》云：

> 苏斋忽变嵩阳观，凭空列嶂分郭郛。

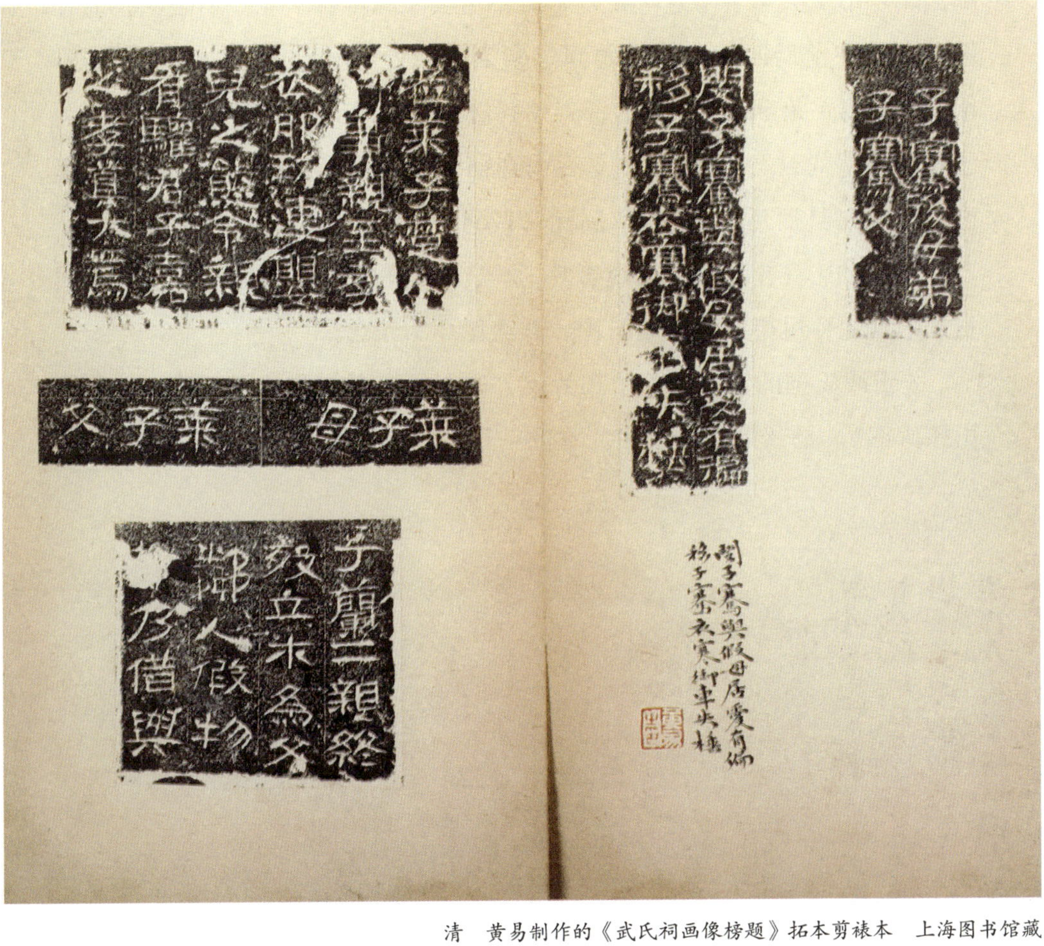

清　黄易制作的《武氏祠画像榜题》拓本剪裱本　上海图书馆藏

伊秉绶认为这些悬挂的拓片，将翁方纲的书斋置换成了嵩山的嵩阳观。可见，看拓片如同游览原地，不是翁方纲一个人的感受，而是大家的共识。那么，是不是大家看了这个拓片，就不用去原地再看了呢？不是的。翁方纲、阮元在前后四年中，都曾到过紫云山，去观看武氏祠的实地。翁方纲《致黄易》有云：“再求示者，弟到济之前一日，欲到武氏石阙处（前已告知邑宰刘君矣），但不知紫云山在何处？还是先到紫云山，而后至嘉邑？抑是先县而后紫云山？”阮元（1764—1849）《致黄易》也曾询问：“闻在紫云山，未识可一往观否？”嘉庆元年（1796）正月，黄易还陪同初来乍到的孙星衍游览了紫云山，并绘图作为纪念。

关于武氏祠的发现，除了拓片以外，黄易也有一些绘画。例如《紫云山探碑图》，是《得碑十二图》中的一件，绘制了他和友人在紫云山寻访

清　黄易　《得碑十二图》之一《紫云山探碑图》　天津博物馆藏

碑刻的场景。这个图像甚至衍生出大量伪作，被收藏在今天著名的博物馆里，这些画作及其伪造品也助长了紫云山成为名胜的可能性。

拓本是兼具文本性与物质性的媒介。拓本首先是文本，文人得到拓本的目的是认字，同时也有艺术的欣赏。由碑刻到拓本、到诗文、到图像化、最后进入金石志，摩崖题刻不断地被经典化，无疑有助于提升风景的内涵及其知名度。所以有的时候，即使碑没了，只要拓片还在，访碑图还在，那么景点就还在。就像商伟教授前一场讲座所说，即便景点根本不存在，作者本人也没有到过这个地方，但是只要有诗在，那么风景就还在。

我讲的"阅读"的对象，还包括前面已经提到的访碑图。访碑图是访碑行踪的视觉记录，记载的是碑刻和环境之间所构成的关系。我这里以黄易《嵩洛访碑图》中的"少室石阙"为例，《嵩洛访碑图》一共有二十四张，中间有一张描绘的是黄易在嵩山少室寻访汉代的石阙。画中标识了石阙在山水中的位置，如果把这尊石阙拿掉，便跟一般的山水画没什么区别。但《嵩洛访碑图》其实只是黄易的一个粉本，他常常以这样的图式，再画若干张卷轴，每张只有很小的改动，送给朋友。他后来送了一幅《少室石阙图》给伊秉绶，原先粉本中的两人变成了三人，伊秉绶得到画作后请翁方纲题诗，翁诗写得特别有意思：

> 一人手拓纸，二客如寻诗。借问黄伊翁，二客其一谁？
> 墨卿让不肯，曰貌覃溪为。然而此伊字，实与君夙期。
> …… ……
> 此画归墨卿，此客黄伊宜。其一拓纸者，覃溪乐忘疲。

画中三人，其中一人手中持拓纸准备拓碑，旁边两个人在构思写诗。翁方纲说寻诗的二客是黄易与伊秉绶，而手持拓纸的是自己。作为当日最有声望的金石学家，他一生中很少有机会前往山野访碑拓碑，因此非常乐意自己成为画中的拓碑人。这样，访碑人就成了风景的一部分。另外一幅类似的绘画，是黄易乾隆五十七年（1792）为桂馥（1736—1805）所作《筇屐访碑图》，图中四人，桂馥写信给黄易称，是“我两人与覃溪（翁方纲）、芝山（宋葆淳）二公也”。这些例子都说明，没有到过实地的人，阅读访碑图，仿佛也亲历了风景实地。而这些诉诸视觉的图画，也将其他观众引入了具体的风景之中——不管那风景是真实的，还是虚构的，在看画的过程中，观众仿佛与访碑者一道，踯躅于崎岖的山间。

有些访碑图也被认为是黄易的自我写真与形象投射。比如乾隆五十七年的《云峰拓碑图》，翁方纲在题诗中说：“秋盦写剔云峰石，恐是秋盦自写真。磨墨自营千载上，拓碑人即画图人。”事实上，黄易并没有去过云峰山，他由桂馥介绍，请掖县的知县汤惟镜帮忙督工拓取。这幅画就是黄易酬谢的赠礼。所以曾蓝莹认为，黄易利用绘画让远离山东的友人以文学想象的方式参与了碑刻的发现。通过阅读与题跋画作，黄易的友人也参与了人文风景的塑造。

访碑图对清代知识阶层影响巨大，只是我们关注还不够。比如阮元对黄易的访碑图极其感兴趣，认为别开蹊径。嘉庆初年，他在杭州府学中摹刻《石鼓文》时，特地写信给黄易说：能不能绘制一幅画，描述我摹碑的场景，你虽然不知道我这个地方是什么样子，但我附寄的信笺上有府学“西园”简略的场景图，你就将我放在这样的环境里吧。可以看到，访碑图对当时知识精英视觉旨趣的塑造，有非常大的作用。从晚清到近代，吴大澂（1835—1902）、黄宾虹（1865—1955）等人大量临摹黄易的访碑图，并为友人绘制符合他们身份的访碑图，比如黄宾虹的《德风堂主人校碑图》就是广义访碑图中的一个类型。

清代中叶以来，学者的游览重点由自然风光转移到了文字，游览山川

清　黄易赠桂馥《笻屐访碑图》　中国嘉德 2010 年春拍

时对金石文字关注与否，成为区分文士与普通旅游者的新的指标。这在一定程度上也启发了近代的旅游开发者。近代名山旅游的开发与碑刻、摩崖关系甚大。我举两个例子，都跟黄宾虹有关，黄宾虹对金石非常有兴趣，他除了是一位画家，也是一位重要的古玺印研究专家。我的朋友叶康宁最近在做一项研究，就是关于黄宾虹访碑图跟近代旅游的关系。他提到黄宾虹是促成黄山在近代成为旅行名胜的重要推手之一，江振华开发黄山旅游得到了黄宾虹的点拨。黄宾虹的《黄山析览》第六篇专记金石摩崖：

> 前海摩崖，以汤院至文殊院为最多，灵谷及始信峰亦尚不少，其余寥寥无几。今可见者，皆三五百年以内诸人而已。故考订遗文，搜罗名迹，常有金石不如纸之慨。然板本留存，残缺散佚，历劫已多，难稽故实，志乘所载，十不二三。

可惜他去黄山访碑的时候，发现很多碑刻都丢失了，与地方志所记载的相差甚远，尽管如此，这些摩崖仍是黄山的重要景点。黄宾虹的另一位友人蒋希召（1884—1934），是雁荡山旅游开发的先行者，曾经编撰《雁荡山志》，只是这本书后来未能刊行。1944 年底，《永嘉县志》总纂刘景晨重修《大若岩志》，他提到了蒋氏的贡献：

> 余友乐清蒋叔南希召，生平经营雁荡山甚力，山中闳区及荒碑冷碣，因之先后发见者不少。……尝重修《雁荡山志》，稿而未梓，余甚惜之。

《雁荡山志》中的“金石”部，蒋希召一共编了六卷。前面三卷是他的父亲收集的，后面三卷是他自己历年搜集的。可见，开发雁荡山旅游的时候，他们所发现的碑刻、摩崖，全部编到了地方志中。

在乾嘉以后地方志的编纂中，金石是非常重要的一门，甚至这些金石的内容，脱离地方志而成为独立的金石志。《关中金石记》《中州金石志》《山左金石志》也都是这个时候编纂的。胜迹的文本化与文本化的胜迹，不仅体现于诗中，也体现于方志对金石的记录。

拓片与访碑图可以帮助没有到场的观众来参与游览，金石志也具有类似的功能，人们通过阅读，神游于胜迹之中。乾隆三十八年（1773），长清知县高怡在《泰山道里记》序中写道：

> 岁己丑，擢长清令。间于公务之暇，辄据《记》稿复为审定，付诸剞劂。他日者弛于负担，旋归故里，或即借是以当卧游，则又不异与剑光芒鞋竹杖，登陟五千余仞间也。

高怡说，我很快就要解组归田，回到我的老家铁岭去了。但是有了聂鈫的这本书，我可以借此卧游，阅读他对泰山山水与金石的描述，仿佛自己就在登山，在山中观看风景，也观看那些摩崖题刻。

四　小结

最后，我简单做个小结：一、由于摩崖题刻是就地取材，其意义须从功能、成本、技术以及最终的形式中探求，与环境的对话当然不无意义，却难以论证；二、文字的辨识与推求，使得观览风景在清代金石学的环境下转换为阅读风景，这是一种独特的塑造名胜的方式，拓本在其中起重要作用；三、金石学的兴起，塑造了一些新的名胜。但与文学、宗教、民俗等相比，摩崖题刻对胜迹的塑造仍是附属性的，是一种“点缀”。虽是一种点缀，却又不可替代。

评议与回应

商　伟（主持人）：

薛龙春教授的研究领域主要包括明清书法史、金石文化，最近集中在书法家王宠、王铎等人的研究上。此外他还策划了“金石不朽：书写、复制与文化衍生”等展览并主编出版同名图录。薛教授在讲座中，回应了中外学者关于摩崖石刻的一些基本观点，同时也提出了他对这些现象的不同看法。我们常说，不破不立，有破而后有立，而且大破才能大立。薛教授长期研究书法篆刻，他本人就是出色的书法家，所以他对摩崖石刻的考察和论述有许多个中人的独到之处。例如，他会设身处地，从刻写者的角度来着想：他们为什么选择了某一处地点，他们关注的方面包括凿刻的工具、制作的成本、石头的质地、周围的环境，以及刻写是否方便。也由此揭示了造成某些石刻字体、风格和布局的物质环境与技术条件。此外，薛教授还从拓印、鉴赏和收藏的角度来考察摩崖石刻，特别强调了摩崖石刻通过拓片和拓本的流通，在泰山的现场之外开辟了一个可以移动的名胜空间。而以拓片和拓本为媒介的摩崖石刻“胜迹”，不仅脱离了泰山而广泛流传，还形成了自身一整套的制作、把玩、鉴赏和阅读的规则。金石学是一门比较成熟的学科，但从“移动的胜迹”这一角度入手，我想是大有可为的。

接下来就请白谦慎教授和尹吉男教授发表评议。白谦慎教授主要研究中国书法史。尹吉男教授的研究领域非常广阔，专著和论文涉及了中国美术史、考古学、书画鉴定等诸多方面。

白谦慎：

我的评论分为两个部分：第一个部分是评议薛龙春教授的演讲；第二个部分从商伟和薛龙春的演讲出发，结合我目前的研究，借题发挥，介绍一下晚清时期“名山揽胜”中的一个现象。

薛龙春教授刚才讲到了山东、河南的访碑。我这里举个例子，是张充和女士在1936年写的一篇散文《崂山记游》，张充和是安徽人，曾在苏州生活过，她写道：

> 山东人的好处在不酸气。无论什么好石头、好流水，总不在石壁上乱涂字。要是把崂山的石头任何一块搬到苏州去，总有无千无万的诗句题在上面。这些杀风景的事还全托孔子之福，山东人不常做。因为苏浙的诗人实在多如牛毛，山水胜地活活地让他们糟蹋了。我以为那些诗人，还应该多出来看一些山，听一些泉水，多管一句诗也做不出了。

她当时的阅历可能还不够广，实际上山东人的碑刻是最多的，特别是黄易做官所在的济宁，不夸张地说，天下的汉碑一半出自济宁。泰山上2500多处刻石，应该做一个统计，看看里面有多少不是山东人。待会儿我还会讲到泰山刻石的问题。

薛龙春教授的演讲有三个要点，他在最后也做了一个总结，内容非常丰富。第一部分，实际上是回应两位西方学者关于中国摩崖石刻的研究，一位是哥伦比亚大学的韩文彬教授，一位是海德堡大学的雷德侯教授，他们各自对中国摩崖石刻的文化现象做了解读。

薛龙春教授对他们的解读持有一些不同的看法。他的第一个观点：由于摩崖题刻是就地取材，其意义主要体现于文字的文本与形式，而不体现于其与环境的对话。我基本上也是赞同他这个观点的，我和薛教授是同事，2018 年我们还一起组织了山东的访碑活动，带着我们的研究生，像泰山经石峪、邹城的四山摩崖，我们都去观看过，收获很大。我觉得，他的研究有一个特点，就是出于对历史文化的基本熟悉的情况下，做出了比较符合我们日常知识的推断，而不是以一个理论的议题来引发研究、达到结论。这是一个相当朴实的研究方法，从这个角度来讲，是具有历史性的，结论是非常可信的。他的第二个观点：文字的辨识，使得观览风景转换为阅读风景，这是一种独特的塑造名胜的方式。这是跟雷德侯先生对话的一个延续，薛教授提到了阅读的作用。他的第三个观点：与文学、宗教、民俗等相比，摩崖题刻对名胜的塑造是附属性的、拓展性的，是一种“点缀”，虽是一种点缀，却又不可替代。薛教授给了摩崖题刻名胜一个历史的定位，也就是说即便有了唐玄宗《纪泰山铭》这种题刻，也很难改变名胜本身，比如改变泰山是五岳之首的功能属性。所以题刻主要还是附属性的、拓展性的，是一种点缀物。他特别提到了清代碑学兴起以前汉中石门摩崖、山东云峰山摩崖所在地原本是不太有名的，这和商伟教授讲的崔颢的黄鹤楼、李白的凤凰台一样，题诗以后，便一直在传颂，不管那个东西在还是不在，但是诗歌传了下来，名胜也跟着留下来了。薛教授特别提到了书法的作用，像石门、云峰山，如果不是因为摩崖后来在碑学或金石学里变成了著名的书法经典的话，那么它的名气也不太可能如此之大。从这个角度来讲，恰恰是书法变成了经典，让摩崖题刻所在的山变成了大家要去的地方，但是这个观看的群体可能并不是广泛的，什么样的人会专门去汉中看《石门颂》，是需要统计的。石门、云峰山这两个地方的名胜，是由于书法而胜的，艺术有时候具有让一个地点变成名胜的功能。

商伟教授的《题写名胜：从黄鹤楼到凤凰台》我已经拜读过了，写得非常细致，他从崔颢和李白的两首诗歌出发，讨论了诗歌的互文关系，以及强力诗人作为“迟到者”对之前的占有者的挑战。薛龙春教授在演讲中谈到了乾嘉时期的一位重要的金石学家——黄易。关于黄易，他写了《古欢：黄易与乾嘉金石时尚》《黄易友朋往来书札辑考》两本书，他把能见到的黄易的书札都汇集在一起，并进行考证，对我们研究乾嘉时期的金石学有非常重要的文献意义。

现在我借题发挥，讲一讲晚清时期的名山与一位“迟到者”的相关书画印，主要是借着演讲做个延续，很多问题也没想得特别清楚，主要是给大家介绍一些情况。

黄易对后世的影响很大，他在当时就是知识圈、艺术圈中的名人，他是一位很会利用当时的传播手段进行运作的金石学者，到了晚清，同光时期的人称其为“小松司马”。此时有一位深受其影响而又想与其争锋的“迟到者”。在商伟的演讲中，李白（701—762）作为晚于崔颢题咏黄鹤楼的“迟到者”，另辟蹊径，作《登金陵凤凰台》，与之抗衡。崔颢（704—754）和李白是同时代人。而我说的 “迟到者”，则比黄易（1744—1802）晚了一百年。这个人就是吴大澂（1835—1902），他生活的年代主要是道光、咸丰、同治、光绪四朝，他在同治后期和光绪前期比较活跃，官做得也不错，做过翰林院编修、广东巡抚、河道总督、湖南巡抚。他是一个著名的学者、收藏家、书法家。

光绪十四年（1888）冬，黄易的《嵩洛访碑图》在北京的古董市场现身。在河南郑州任上的吴大澂在写给友人的信中说：

> 黄小松《嵩洛访碑图》廿四开，倪豹翁曾见之，梦想已久。如可得之，亦文字缘也。

但是他没有成功买下，这件清代金石史上的名作最终被吴大澂的友人费念慈买走。吴大澂对此耿耿于怀。光绪十七年，他向费念慈借了黄易的册页，仔细地临了一遍，甚至连题跋、印章都完全模刻了，并装裱得十分好。

吴大澂作为一个“迟到者”，不仅仅是临摹了一遍画作，还发愿画出一套自己的访碑图，他宦游四方，游踪比黄易广得多。吴大澂给友人的信中说：

> 《嵩洛访碑图》为屺怀得去，竟不获一见。因拟自画《访碑图》三十二页，每页后附书考据一页，共成六十四页，可装四册，内分：直隶、山东、吉林为一册（以太学观石鼓为弟一页，岱庙观秦刻石为弟二页）；陕甘十六页，分为二册（加考据十六页，为三十二页矣）；龙门、伊阙、洛阳及粤中各碑八页为一册（吴中绝少金石，以焦山瘗鹤铭、虎丘经幢附于此册之后）。日画一开，现已成七幅，重阳前计可告竣。他日流传海内，欲与小松司马相抗衡也。一笑。（岱庙、孔庙、华岳庙规模甚大，不易着手。）

除了画访碑图，吴大澂还创作了一系列和名山相关的书画印。光绪十二年（1886），吴大澂登临泰山，在数个月之前，他在吉林和俄国人勘察中俄边境，勘察完回到北京之后他被任命为广东巡抚，他请了二十天的假期回到苏州，路过山东境内时登临了泰山。吴大澂在泰山的摩崖刻石并不是登临时书写和刊刻的，而是事后托人把字寄到山东请人刻的。他委托了结拜兄弟、山东巡抚张曜，在信中附上自己写的字，请刻工为他在泰山刻字，一共花了51两。这笔钱在他登临时便付给了刻工，这位刻工同时也是带他上山的向导，当时可能一同选好了地方，等他回家把字写好后寄送过

清 黄易 《嵩洛访碑图·中岳庙》 故宫博物院藏

清 吴大澂临摹之作 私人收藏

清　吴大澂大篆杜甫《望岳》石刻（白谦慎摄），山东泰山

来刻石。他所刻的内容分别是：他临摹的秦始皇时期的小篆、大篆的“虎”字和杜甫《望岳》诗。此时，中日已有摩擦，中法战争结束不久，国际环境日趋险恶，但新任广东巡抚的吴大澂还是踌躇满志。吴大澂刻石旁还有一个空白的刻模，实际上很可能早就有人在这边留了位置，只是最后没有人刻上去。从刻模可以看出，摩崖刻石在当地应该是集旅游、刻石为一体的，像工作坊一样，是有组织地在进行。导游带着吴大澂上山的时候可以选地方，然后收取费用，把字刻下来，刻工甚至还可以帮忙做一些拓片。

事后，光绪十三年吴大澂当了广东巡抚，去广东惠州境内时登临罗浮山。他在罗浮山是否留下了摩崖刻石，不详。他在广东的时候绘制了一幅《海上三神山图》，画的左下角一方印章，上面刻着“曾览泰、华、空同、祁连、长白、罗浮、蓬莱、员乔、方壶之胜”，吴大澂提到了九座名山，泰山是五岳之首，所以放在了最前面。在上述名山中，吴大澂最早登临的其实是西岳华山。“庚午（1870）仲春薄游鄂藩，适吾师合肥师相奉督师入陕之命，部署诸军，添招马队，越一月，武毅、盛仁各营次第拔队先驱。师相于二十四日启节，招大澂入幕府襄理文墨。”他在那次入陕时登临了华山，华山莲花峰上可以见到他最早的篆书刻石。空同，即崆峒，在甘肃境内，吴大澂约在同治十三年（1874）登临，那时候他任陕甘学政，崆峒山的石头不宜刊刻，吴大澂请陕甘总督左宗棠在其他地方（应该是兰州）找好石材，刻好题名，运到崆峒，嵌入石壁。这一行为可以被赞为“风雅如此”，也可以被批评为“劳民伤财”。左宗棠致吴大澂信札云：“大著《安西颂》饬递廿本，奉寄。（外空同题名十幅）如需分致，当令续拓奉上。”《安西颂》是吴大澂撰文并书写的碑刻，连同崆峒题名，左宗棠都为吴大澂做了拓本。这是一种传播方式。祁连山在今甘肃境内，吴大澂约在同治十四年登临，是否留下摩崖题名，不详。长白山在今吉林境内，吴大澂十九世纪八十年代登临，是否留下摩崖刻石，不详。但是吴大澂在

清　吴大澂　《长白积雪图》　1886 年　台南市石允文先生藏

清　吴大澂　《海上三神山图》　1887 年作于广东　台南市石允文先生藏

吉林留下了一些刻石，他在日记里说光绪十二年（1886）路过的时候，看到了自己以前的刻石。这一年，他还绘制了《长白积雪图》。

印章中还提到了“海上三神山”，也就是蓬莱、员乔、方壶。《列子·汤问》：“（渤海之东）有五山焉，一曰岱舆，二曰员峤，三曰方壶，四曰瀛洲，五曰蓬莱。”吴大澂号称自己去过海上仙山。那么，他怎么去的呢？他说：“光绪十有二年丙戌春正月，奉命赴吉林，会同俄使巴勒诺复查勘中俄边界，补立图门江界牌。八月事竣，并于珲春东边中俄交界处所建立铜柱，勒铭于其上，遂由海参崴乘轮内渡。道出朝鲜，东南海上见有三山，突兀奇峭，孤立海中，四无人居，虽轮船亦不能近。上有古木数丛，白云红叶，缭绕其间，世所传海上三神山，惟此足以当之。”他从海参崴坐船回来，路过朝鲜时，看到了海上的山，他认为是“海上三神山”。

光绪十八年（1892），他又登临庐山，是否留下刻石，不详，但是他画了《庐山海会寺》。该年闰六月，吴大澂任湖南巡抚，次年他登临了南岳衡山，是否留下摩崖刻石，不详，但是吴大澂在湖南留下了不少碑刻，光绪二十年绘制《衡岳纪游十图》，是在甲午战争爆发的五个月前。在湖南巡抚的任上，他又刻了一方印，这方黄杨木的印中，他加上了衡山、匡庐。这是他游览的大概情况。

吴大澂在他的时代，并不是游历最广的。他的友人曾纪泽（1839—1890）出使欧洲，他的另一位友人张荫桓（1837—1900）出使美洲。但是，在大清帝国广袤的领土上东南西北壮游，是他引以为豪的。所以，他才会刻了上述两方纪游印。吴大澂的壮游主要和他的宦游（除了庐山那次不是）相联系。作为政府官员，他的宦游又和大清帝国所面临的国际环境、当时的地缘政治相关。他实际上是有国际视野的，他任广东巡抚的时候要和英国人、葡萄牙人打交道，他去过中俄边境，去过朝鲜，代表清政

“曾览泰、华、衡山、空同、祁连、长白、罗浮、匡庐、蓬莱、员乔、方壶之胜”印章　约在光绪十九年（1893）作　吴大澂后人收藏

府和日本人在那里谈判。他去过最远的地方是安西，这附近也是出汉代碑刻的地方，他曾经通过左宗棠等人索要碑拓，新疆收复以后，朋友寄给他摩崖刻石的拓本。光绪十二年，他到了中俄边境，和俄国人勘定边界时留下了石刻，比如他在珲春的龙虎刻石，与泰山的大篆“虎”书于同一年。中俄边界勘定之后，他还做了一个铜柱，立在中俄边境上，效仿汉代的马援在交趾立铜柱，铭曰：“疆域有表国有维，此柱可立不可移。”

李白和崔颢生活在盛唐，李白晚年虽经历了“安史之乱”，但毕竟主要生活在盛世。黄易生活的乾嘉，也被称为盛世。吴大澂生活的同光时期，虽然有“同治中兴”，但却处于“千年未有之大变局”的时代，危机感自然深重。所以，他的名山之游，有着特殊的政治背景。他在登临泰山之后，集了一些对联，应该是光绪十三年以后，可以看到政治意涵是比较强的，如“登泰山而小天下，惟中国有大圣人”，“西域来宾天马献，东方朝日衮龙华”，与他的心态、他对世界的认识有一定的关系。虽然他不是强力诗人，但也是一个有成就、有雄心的官员。

现在，让我们回到胜迹。吴大澂所游览的名山中，有几座一般人很难抵达的山：一是长白，二是崆峒，三是祁连，四是所谓的海上三神山。这是他引以为傲的。

那么，他的题名有什么特殊性呢？泰山的摩崖刻石以隶书、楷书、行书为主，除了秦代的摩崖石刻，后世的篆书摩崖石刻稀少。而吴大澂用秦代以前的大篆来刻在摩崖上，很有特色。即便如此，这种刻石，和唐代的诗歌不同，和黄易的拓片不同，传播的范围有限。这也不是出经典的时代，诗比拓本容易流传，拓本比绘画易于流传，摩崖刻石如果不做成拓片，它和绘画、印章一样，流传不远。所以，吴大澂和名山相关的书画印，能传播多远，有多大的关注度，和他本人的名声有关。在这里吴大澂书画中的“名胜”也就和他的“名声”挂上了钩。作为一个喜欢艺术的高官，吴大澂曾引用《旧唐书·阎立本传》中的一段话：“左相宣威沙漠，右相驰誉丹青。”唐高宗李治（650—683 年在位）朝有两个宰相，左相姜恪是战场上屡立功劳的武将；右相阎立本却以画名世，为后人所讥诮。

吴大澂很明白，他的书画印，和他个人的历史定位有关，而他的历史定位又基于他在政治上的成就。光绪二十一年，吴大澂带兵在东北与日军作战，战败后被罢官，政治生命以失败告终。因此，今天的泰山登临者，很少有人知道吴大澂是谁。吴大澂的刻石，也就成了点缀山林的一个文字遗迹。只有特殊的观者对他会有兴趣。

商　伟：

白谦慎老师对薛龙春教授的讲座做了很好的概括和延伸论述。薛龙春教授讲的第一点，在我看来，是我们应该从艺术媒介生态学的角度来研究摩崖石刻——我觉得可以用这样一个概念来概括。艺术媒介生态学考察的范围包括一个具体地点的物质条件、石刻的制作技术和手段等等。也就是从制作、生产的技术过程和地理环境入手来展开媒介生态的研究。这与我们通常所说的地理景观学有所不同。

第二点是关于拓本的重要性。确实，观看摩崖石刻并不一定要到现场去，他可以在书房里面观看拓本。而且，在书房里观看时，不同的时间点都被保留在了拓本上，这反而是现场看不到的。拓本改变了我们对于作品原件与复制品的关系的认识，改变了我们对于现场与拓本的关系的理解。这也是一个非常重要的、很有潜力的并且可以持续拓展的研究领域。

最后，白老师讲到了吴大澂。这是一位百科全书式的人物，他就像一个锦囊一样，随时可以从里面掏出宝贝来。感谢白老师提供的后续性的叙述，为今后的研究提供了新的材料与可能性。

尹吉男：

虽然说书画是一家，我也长期在关注书画史或者书法与绘画的互动关系，但其实这不是我研究的主要领域，刚才薛龙春教授所谈到的泰山问题，很早的时候，我收藏了沙畹关于泰山研究的书——法文版的《泰山》。当时这本书还没有翻译成中文，我看了后有很多感触，很想写一部关于泰山的研究著作。我最近出版了《知识生成的图像史》一书，在绪论中我谈道："本书在写作之初，曾计划要做，但没有完成的两个个案研究，都不属于过去意义的美术史研究——其中一个是《泰山概念的知识生成》，由于曾经翻读过法国汉学家沙畹（Emmanuel-Edouard Chavannes，1865—1918）1941 年版的《泰山》，萌生过讨论泰山图像的想法。"这是一个在图像、政治、文化、宗教方面有着复杂的知识生成的案例。在知识类型中有一些类型必须涉及，当然后来没有写出来。绪论中，我还提到了另外一个类型，我想商伟教授可能也会涉及的——杜甫草堂，它在当时应该是子虚乌有的建筑，但是却在历史上产生了非常大的影响。杜甫草堂产生了很多新的文学写作，成为历代文人之间的心灵交流。我很感兴趣，因为它完全是文学性的，在文学与图像之间发生关联的知识生成，与我们一般所说的绘画史和书画史的生成还不太一样，是在更大的传播空间里实存的东西。

刚才我听了薛龙春教授的讲座，我觉得他有很多新颖的想法。他主要关心的是碑刻拓片，从文化传播的角度来展开讨论的。听的过程中，我也在想一个问题，如果我们把泰山的碑刻置换为西安碑林，当两个场地之间发生了互换之后，这些碑其实还是具有它原来的意义。这些碑刻不会因为景观的变化而发生本质性的变化，关于这个，薛教授后面关于传播方式和理解方式的讨论很重要，如果是以阅读为主要功能的话，那么观看的功能是会削弱的。

也就是说，一个不同类型的艺术，我们在研究它的时候，会发现它的含义不一样。比如说，我们研究一座山脉或者是一个风景，它们是一个整体，到了局部的时候，可能有亭子或者碑刻。无论碑刻是佛教的、道教的或者完全是一篇诗文，它们其实都是分裂的；即它们不是大自然在设计山川的时候所产生的，而是在历史中叠加的。在黄易以前，有很多我们现在认为是名碑的碑刻，在当时并不有名，也就是说名碑的概念也有个知识生成的历史过程，是生成的结果。因为我们现在是一个百科全书式的观察方式，当我们进入历史，是可以从各个角度来进入的，我们现在的学术确实有点像“上帝视角”，由于我们目前能利用的知识和图像非常便捷，很多学者是全功能的。

我注意到，比如说从晋唐的贵族时代，到了中小地主崛起的宋元以后，还是有些变化的。我还没有来得及详细阅读商伟教授的《题写名胜》，不过我以前跟商伟教授有很多讨论，大概知道他的想法。这里我举一个例子，像滕王阁或者岳阳楼这些名楼，后来都进入了文学写作中，变成了胜景，我查阅过一些名楼成名之前的历史资料，我发现其实早期很多名楼都是军事设施，主要用于军事的观察，因为那时候没有望远镜，望远镜是十七世纪荷兰人发明出来的，在没有望远镜的时代，登高望远是最主要的军事功能，所以才会有“欲穷千里目，更上一层楼”的说法。这些带有军事功能的楼，到了宋代变成了一般文人可以随便游历、欣赏甚至交流的一个场域，这是一个特别大的功能性变化。

我刚才受到白谦慎教授的启发，谈谈我最近的研究。我最近在关注明代前期江西文官集团的视觉经验，比如说以“三杨”之首的杨士奇为考察点，想讨论明代首辅的视觉之旅。这样一位明代首辅、江西文官集团的领袖人物、“台阁体”文学的领袖人物，他的视觉经验到底是什么？他看到了哪些胜景？我们知道他早期在武昌，看过黄鹤楼，也去过南岳衡山，去过岳阳楼，在善化县看过贾谊井。他两次在运河线往返，除了著名的胜景，还访过名人墓和碑刻。

碑学问题有点复杂，为什么呢？因为你看江西文官集团的文集中，有大量的关于碑拓的收藏，来源其实比较复杂，在墨迹本不流通的时代，碑拓变得很重要。我大概可以排出序来，杨士奇收藏过欧阳询的《仲尼梦奠帖》，在他去世前一年还写过题跋，现在藏于辽宁省博物馆。当然，他首先对墨迹本非常重视，第二看重阁帖，第三才是这些碑拓。我以前了解过杨士奇的墨迹本的世界、阁帖的世界还有碑拓的世界，发现他也看了很多胜迹，游览了很多地方，这些地方根据他的视觉经验衍生了很多复杂的写作，用诗文的方式呈现出来，还有各种礼品的交换，这是一个很有趣的东西。当然，我们现在利用了很多功能视角，比如把一个整体的胜景做了观察上的切割，切割以后形成了各种功能。但是，这个山本身，它作为一个文化、自然合一的山，是非常立体的，基本上我们会从一个非常专业的角度，比如文学的、书法的角度来整体阅读一座山，但是可能会忽略另外一个问题。我在前几年，留意了荷兰十七世纪的艺术，发现一个很有意思的问题，像维米尔、霍赫、鲁伊斯达尔这些大师们，他们作画时正处于三次英荷大海战的背景下，是在炮声隆隆下创作的。今天看画的人，已经听不到这个声音了，只是在欣赏这些作品。我查出来好多作品，都绘制在三次大海战期间，想想看，上百条船，每一条船都有上百门炮，船舷的一侧也有四五十门炮，这个轰鸣所产生的震动是极大的。今天的研究不太会还原这样的基本语境了。

所以，无论是被登临的山川，还是这些登临人，都不仅是处在大的政治语境当中，还有非常小的个人叙事的上下文。这不是单纯的一个书法、一个风景的并置，里边有更多的混合意义，荷兰那些大师在作画时所听到的隆隆炮声，它们形成一个更加复杂的场域。当然，今天的讲座已经注意到了这样的现象，通过绘画、书法和胜景、自然的山水发生关联，我们可以开辟很多新思路。但是，往下走的这些道路可能也会更加崎岖，因为它更加复杂。我相信，未来可能会有更多有趣的、新的学术叙事。

商　伟：

尹吉男教授提示了一些很有意思的现象，很多名胜的阁楼最早是军事设施，尤其是六朝时期。唐代以后，变成了观景楼。而且，这些楼在历史上很可能缺少真正意义上的连续性和同一性。往往不过是在过去楼阁所在的地方再盖一栋楼，沿袭过去的名称而已。这些楼之间形成一个连续性的历史，主要是靠书写，而不是建筑本身。此外，刚才白老师谈到吴大澂的游历，包括他的访碑、留下的摩崖石刻，都是在一个大的时代变局里见缝插针。这里面有大叙事，也有小叙事。二者之间的关系是一个可以切入的视角。

薛龙春：

白老师刚才的评议拓展了我对黄易的研究，他延伸到了吴大澂，吴大澂时代的视野与乾嘉时期大不相同，这一时期的文人必须对当时特殊的政治环境和国际环境，对他们所受到的挤压做出回应。吴大澂提到了一个很有意思的问题，当他讲到阎立本时，好像有玩物丧志的焦虑感。也就是说，一个文人即便具有艺术方面的才华，包括收藏活动，但还是要建立在建功立业的基础之上，这就和宋代以来“书以人传”的理论传统结合了起来。白老师对吴大澂的研究持续了很多年，这里讲的摩崖石刻或者景观的研究，只是他很大的文化议题中很小的一部分。

尹老师讲到了碑刻及其所处环境之间的关系，与我们讨论的问题关联比较大。尹老师提到把碑刻从原初环境中移置集中存放之后的情况。比如西安碑林，北宋时候开始兴建，其本意是使得碑刻得到更好地保护，但由于碑刻集中在一处，前来拓碑的人越来越多，反而破坏更大。清代毕沅任陕西巡抚时，开始修建我们今天意义上的西安碑林，当时立了一个很有意思的规定，想兼顾保护与利用：将元代以前的古碑锁起来，元代以后的碑，碑估可以自由去拓。但随着时间的推移，元明的碑刻有朝一日也会成为“古碑”。各地学官搜集、存放碑刻的情况与西安碑林很相似，很多人拓碑，必须要找地方官帮忙，到了清代后期，没有地方官帮忙，拓取集中保护的碑刻变得越来越困难。但只要钥匙有人管着，后门就永远会开，所以碑林与学官里捶拓的击扑之声总是彻夜不休。

确实，碑刻本身自有它的意义，但是，是否可以说理解摩崖题刻或者碑刻，主要意义还是在其本身，而不在于它跟环境的关系呢？还是有关系的。但碑刻与摩崖情况可能有所不同。例如南朝陵墓前面的墓阙，也称华表，上面的题刻与方位就有特别的关系。巫鸿先生有一篇论文讲到梁文帝萧顺之建陵神道上相对的墓阙，铭文完全相同，但左边的铭文是正常的格式，正书、左行，而右边的铭文是反书、右行，左右两边的铭文形成一种镜像的关系。从阙门之内向外观看，反书就变成了正常的格式，于是厚重的石板就变成了“透明之石”，这种礼仪性的书写暗示了生死的对立。事实上石板不可能“透明”，巫鸿这种解释，也是建立在这对墓阙是面对观者左右放置的这一布局之上的。但从较早研究南朝陵墓的朱偰（1907—1968）的研究来看，墓阙与神道石兽、碑刻一样，是对称放置的，也就是说，神道两侧墓阙上的铭文是相向的，并不面对观者。[1]这样的话，左右镜像般的铭文，沿着谒陵的方向前进，观者正好都能顺序阅读，绝对对称所显现的庄重的陵墓礼仪，应是关于墓阙铭文样式的唯一解释。左书有可能受到当时南朝宫廷里流行的反左书的启发，墓阙铭文左右对称也可能就是所谓的左右书，只是不具备杂体书的表演性。也就是说，南朝陵墓神道中墓阙铭文在环境中的角色，它放置的方位，对于我们理解它的意义有着重要的作用。相比之下，摩崖题刻脱离了它的环境，像《石门颂》被切割后搬迁到汉中博物馆后，因为离开了原先隧道的环境，我们会疑惑这个石刻为什么会带有弧形，但它作为纪功碑的意义不会改变。

再比如说，《龙门二十品》里有一块《郑长猷造像记》，康有为认为字体在隶楷之间，是分书别子，真书鼻祖，评价极高。其实《郑长猷造像记》书刻相当拙劣，与同在古阳洞的《始平公造像记》《杨大眼造像记》等形成鲜明对比，乃至于沙孟海（1900—1992）等人都认为是未经书丹，直接由工匠刻凿。华人德先生的一项研究特别有意义，他的着眼点是《郑长猷造像记》的位置，与《始平公造像记》《杨大眼造像记》《孙秋生造像记》等不同，这块造像记位于洞窟顶部，除了《郑长猷造像记》，这个位

[1] 关于这一问题，我后来请教了南京博物院的邵磊先生，他认为南朝石柱的形制与设置，显然不是一开始就完善了所有的仪制，是有一个不断发展变化或者说是微调的过程。从大的方面来说，朱偰先生“左右相向”的认识是不错的，但具体的细节不断有变化。

置还有《贺兰汗造像记》和《马振拜造像记》，这三块造像记恰恰是《龙门二十品》中最为拙劣的，可以想象其书写、刊刻都是仰身操作，远比其他在下面洞壁的造像记困难，“不书而刻”的阐释完全出于想当然，而没有考虑到环境的因素。又因为功德主意在造像，对于题记书法往往并不在意，他们也不会登高去检核，于是就出现了《郑长猷造像记》这样“隶楷之间”的“名品”，可以想见，康有为完全是用他的当代趣味来解释历史。从这个角度看，位置对于我们理解一块碑刻确实有特别的意义。所以尹老师所谈到的问题，也就是碑刻、摩崖与环境之间的关系，我觉得二者的情形可能不太一样。像《石门颂》的搬迁，最多是指认性题名的意义发生了改变，但是不影响我们理解它的文本、风格与基本意涵。这是尹老师所说的问题，我能够回应的地方。

另外，商伟老师也提到了一些重要的看法，对我很有启发。商老师的这本《题写名胜》我读了一段时间，印象最深的是诗歌之间互文关系的研究，这个研究更多的是来自于文本细读。我试图将这种细读的方式运用到石刻研究与艺术史研究中。面对面积惊人的古代摩崖石刻，我们不能老是说觉得震撼，觉得有神圣感，或者说这是一个家族的纪念碑，好像把神仙都请到这座山上来开会了，这样的研究，其实是缺乏文本细读的。我觉得，无论是商老师所在的文学领域，还是艺术史领域，都需要细读文献，我们尤其需要细读实物与图像。艺术史领域的细读工作并不充分，当然困难也多。比如研究诗歌，需要对诗歌基本的格律、典故运用都很熟悉，研究书法与绘画，也需要对于“手法”有充分的经验，没有经验，细读能力便会丧失或者打折扣。所以，刚才白老师、尹老师、商老师的讨论都不断在提醒我们，未来对艺术品的研究，还是要回到情境本身。以摩崖题刻为例，所谓的情境，不仅仅是碑刻与环境之间的关系，还在于它是如何被生产、制作与消费的，回答这样的问题，除了一些必备的社会历史的知识之外，我们还要成为能够读懂书写、刊刻、捶拓以及书法的美学趣味的内行，否则我们会忽略很多有价值的细节。

白谦慎：

薛龙春教授讲的细读方法非常重要。如果说对比商老师的研究，我们都知道崔颢和李白在当时就是大家所公认的大诗人，这是没有疑问的。但是今天我们研究的《石门颂》也好，《龙门二十品》也好，大家把它们当作名品，但是当时人是如何评价的，我们是不知道的。这里面的研究，很多都是今天的感受，这与商老师所研究的、当时就被认为是最好的诗人，还是非常不同的。所以，细读书法文本的过程中，有原来就是经典的，还有原来是非经典的作品，这是我们遇到的非常大的困难。

商　伟：

经典与非经典这个问题很值得讨论，我们今天常见的地理景观学也需要做一些方法论的探索与反思。在从事景观学研究时，我们往往会不自觉地把现在所看到的场景，与历史上的场景混同起来。实际上，这涉及了刚才尹老师说的知识生成学。胜迹景观不是设计景观，而是在历史累积的过程中逐渐生成的。在历史的某个时间点上产生的景观，与我们今天所见到的是很不一样的。正像薛老师所说，有的石头不在原来的位置上，有的亭子曾经挪过位置，还有一些题刻是后来才出现的。因此，重要的是如何在地理景观学中去恢复一个历史的时间维度。泰山有2500多种石刻，这是我们今天看到的，但是每一代人去那里所看到的情况都是不一样的。怎样去重构历史经验、重构历史上摩崖的某个时刻，我们一方面要借助于历史文献的记载与诗文描述，另一方面还有赖于拓本，因为拓本是具有时间性的，它把历史上每一个时期的石刻状况都保留了下来。

这是对现场观看的一个补充，也恰恰是我认为艺术媒介生态学可以大展身手的地方。地理景观有一个形成和改变的历史过程，对此我们也应该采取历史主义的态度，并且从不同的方面做出综合性的考察。摩崖石刻研究是一个综合性的研究领域。这次讲座和对话给我们留下了很多可以思考的问题，谢谢各位的参与和贡献。

北魏洛阳的汉晋想象

空间、古迹与记忆

魏斌

一 引子：都城的风景

城市是人类最重要的生活空间之一。尤其是都城，往往萃集了一个王朝最为精华的政治和文化资源。汉晋文献中，有时会用一个词语形容，“帝京翼翼，四方之则”。都城具有王朝的象征意义，是人文风景中重要的构成部分。

概括来说，都城的风景分为三个层面：第一个层面是“王朝权力空间”，即都城之所以成为都城的那些政治和权力元素，比如宏大的宫殿、密集的官署、优美的皇家园林等，是王朝国家和政治权力的象征。第二个层面是“民众生活场所”，包括街巷、商铺、娱乐场所等，都城同时也是一个巨大的消费城市，往往是当时最为繁华的民众生活之城。前两个层面是“活着”的都城。第三个层面则是“废墟、古迹与怀古、纪念场所”，任何都城的繁华都不会永远持续下去，伴随王朝灭亡，都城变为废都，成为承载着王朝历史的废墟、古迹，是怀古凭吊的重要对象。

对于都城的重要性，古人有着非常清楚的认识。最典型的是南朝梁昭明太子萧统（501—531）选编的《文选》，前六卷就与都城有关，“京都赋”中收录了班固（32—92）的《两都赋》、张衡（78—139）的《二京赋》、左思（约 250—约 305）的《三都赋》。通过这些赋作不难理解，京城或都城作为帝国象征在王朝生活中的重要意义。如班固《西都赋》说：

建金城而万雉，呀周池而成渊。披三条之广路，立十二之通门。内则街衢洞达，闾阎且千。九市开场，货别隧分。人不得顾，车不得旋。阗城溢郭，旁流百廛。红尘四合，烟云相连。于是既庶且富，娱乐无疆。都人士女，殊异乎五方。游士拟于公侯，列肆侈于姬姜。乡曲豪举，游侠之雄。节慕原尝，名亚春陵。连交合众，骋骛乎其中。

这段文字的前面部分描述了西汉都城长安的人文景观，如“披三条之广路，立十二之通门”，后面部分叙述了长安民众生活的繁荣，如“既庶且富，娱乐无疆。都人士女，殊异乎五方”。班固笔下如此繁华的西汉都城长安（他也只是想象），因为西汉和新莽王朝的结束，最终变成了废墟。过了约两百多年后，西晋潘岳（247—300）在《西征赋》中这样描写：

街里萧条，邑居散逸。营宇寺署，肆廛管库，蕞芮于城隅者，百不处一。……尔乃阶长乐，登未央，泛太液，凌建章。……徘徊桂宫，惆怅柏梁。鹫雉雊于台陂，狐兔窟于殿傍。何黍苗之离离，而余思之芒芒。洪钟顿于毁庙，乘风废而弗县。禁省鞠为茂草，金狄迁于灞川。

潘岳曾做过长安令，在长安期间，他访问和凭吊了秦都咸阳和西汉长安的历史古迹。《西征赋》后半部分，叙述的就是他在长安访古的情形。在潘岳的时代，早已不再是都城的西汉长安城，“街里萧条，邑居散逸”“洪钟顿于毁庙”“禁省鞠为茂草”，呈现为一幅废墟城市的景象。

承载着荣耀、权力的都城繁华和萧条破败的都城废墟，二者之间巨大的美学反差，使都城成为中国古代人文风景书写的重要主题，也是故事想象的舞台。这种感觉，就像贝塔妮·休斯在《伊斯坦布尔三城记》中所说的那样：

这座城市同时拥有两副面孔——它既是一个真实的地方，也是一个故事。……这就是伊斯坦布尔，是故事与历史彼此融合的地方，是一座以理念和信息罗织自己记忆的城市。它是众人竞逐的目标，意味着理念和梦想，也意味着现实。

在中国都城史上，北魏都城洛阳占有非常重要的地位。一来是因为它处于汉唐之间的历史大变动中，华夏传统、北族习惯、佛教信仰等多层次的元素交织在这座城市里。洛阳的里坊制城市布局，城中大量的寺院和佛塔，都是中国都城的新景象。二来是因为洛阳是一座空间叠压的都城，北魏的洛阳城是在汉晋洛阳城的基础上带有某种重建性质的都城，空间的叠加感带来了历史的层压，使洛阳在中国史上具有非常独特的意义。

近年来，围绕着这些方面，历史学、考古学、艺术史等领域的学者做了很多工作，包括宫城和郭城空间、寺院与佛教空间、里坊制度、城市生活面貌的复原，以及近一个世纪以来墓志的不断出土和丧葬文化的研究。都城空间的复原，迄今一直在推进，钱国祥先生从2019年至2020年连续发表了3篇论文，对洛阳的外郭城、内城、宫城重新进行了复原，是目前最新的工作。尽管相较于隋唐以后的都城史，我们对于北魏洛阳的都城空间和社会了解得还是不够详细，但如果对照同一时期的南朝建康城，北魏洛阳在空间复原和细节研究上的推进，已经显得十分可贵。而我们现在能够对洛阳有如此程度的复原，很大程度上要感谢两个人，一个是在东魏武定五年（547）撰写《洛阳伽蓝记》的杨衒之；另一个是撰写《水经注》的郦道元（？—527），他在《水经注》的《谷水》篇中，非常详细地记述了北魏洛阳的城市景观。

此次讲座，我打算在以往研究的基础上，探讨三个问题：第一，太和十七年（493）孝文帝迁都之时，洛阳城作为一座荒废了约一百八十年之久的废都，获得了“重生”，但如何处理与“过去”的空间关系？第二，在北魏后期华夏化的语境下，生活在北魏洛阳时代的都城人群，如何看待

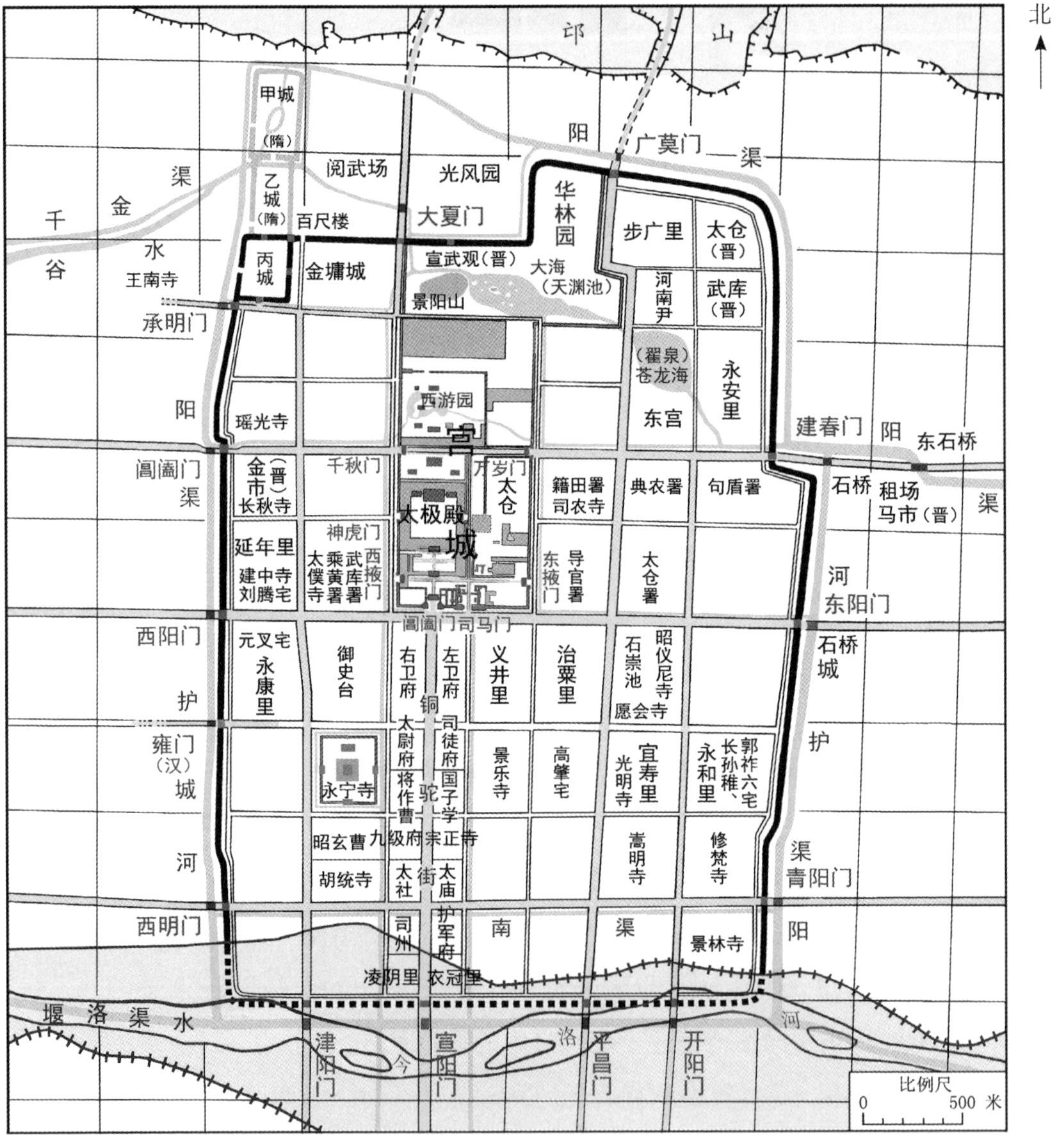

钱国祥　北魏洛阳内城的空间格局复原示意图（《北魏洛阳内城的空间格局复原研究》，《华夏考古》2019 年第 4 期）

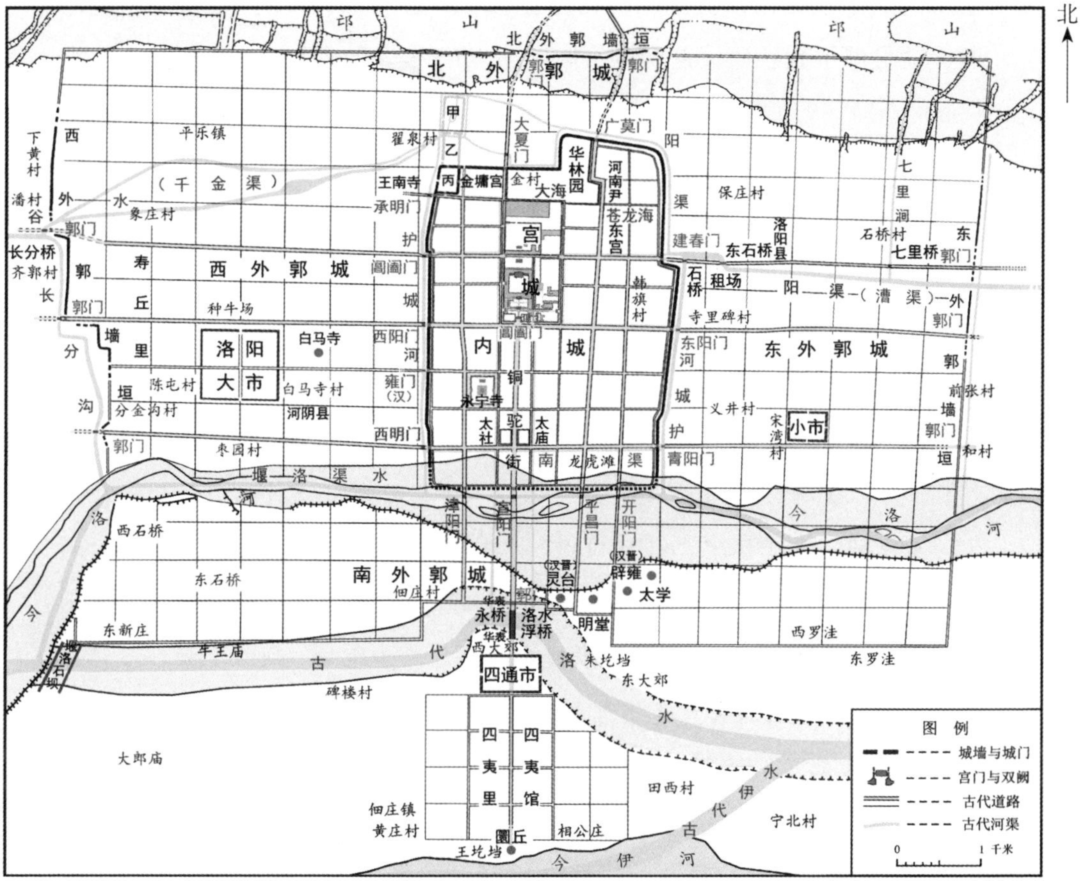

钱国祥　北魏洛阳外郭城坊市格局推测复原图（《北魏洛阳外郭城的空间格局复原研究》，《华夏考古》2019年第6期）

自己城市中留存的汉晋遗迹？第三，传统的华夏性“风景”与新兴的佛教性“风景”同处于一个都市空间中，二者的关系如何？探讨上述问题，最基本的文献就是前面提到的《洛阳伽蓝记》和《水经注》。这次讲座的内容，就是源于我在研读这两种文献时生发的一些非常不成熟的想法。

二　赵逸的古迹指认

首先我想从一个人说起。此人名叫赵逸，是一位颇具传奇性的隐士。《洛阳伽蓝记》卷二记载了他的身世由来：

> 时有隐士赵逸，云是晋武时人，晋朝旧事，多所记录。正光初来至京师，见子休宅，叹息曰：“此宅中朝时太康寺也。”……好事者遂寻之，问：“晋朝京师，何如今日？”逸曰：“晋时民少于今日。王侯第宅与今日相似。”……帝给步挽车一乘，游于市里。所经之处，多记旧迹。三年以后遁去，莫知所在。

赵逸声称自己是晋武帝时期的人，十分清楚西晋时期洛阳的旧事。正光初年，他出现在洛阳，看到杜子休的宅邸，叹息说此宅是西晋时期的太康寺。正光（520—525）是北魏孝明帝的年号，晋武帝265年至290年在位，也就是说，上述记载中赵逸的年龄已经差不多二百五十岁，相当于现在的北京城里出现了一个自称是乾隆时期的人。赵逸的到来，引起了人们的兴趣，一直追问他西晋时候的“京师”（洛阳）是何种模样，跟北魏时期相比有何区别。赵逸回答说，西晋时人口更少，但是王侯邸宅与北魏时期相似。孝明帝知道后，给了他一辆车，让他在洛阳城里游走，记下所经之处在西晋时期的“旧迹”。

赵逸指认的洛阳古迹，《洛阳伽蓝记》提到了六处。第一处是上文所提到的城东杜子休宅，他说“此宅中朝时太康寺也”。第二处是城东建阳里的土台，他说这是西晋的旗亭，建筑共两层，与市场的开闭有关，“此台是中朝旗亭也。上有两层楼，悬鼓击之以罢市”。第三处城东晖文里诸宅，他说：“晖文里是晋马道里。（李）延寔宅是蜀主刘禅宅。延寔宅东有脩和宅，是吴王孙皓宅。李韶宅是晋司空张华宅。”第四处是城西宝光寺，他说是西晋时期的石塔寺，“晋朝石塔寺，今为宝光寺也”。第五处是城内太尉府前的古佛塔，他说是“晋义熙十二年，刘裕伐姚泓，军人所作”。第六处是城内昭义尼寺的池子，他说“此地是晋侍中石崇家池，池南有绿珠楼”。

城市里突然出现这么一个自称二百五十岁的人，来指认古迹，人们本能地会对他的说法产生一些怀疑。六处古迹中，有两处记载比较详细，记录了当时确实有人对赵逸有所质疑。那么，赵逸是如何回应时人的怀疑呢？《洛阳伽蓝记》“杜子休宅”条记载：

> 时人未信，遂问寺之由绪。逸云：“龙骧将军王濬平吴之后，始立此寺。本有三层浮图，用砖为之。”指子休园中曰：“此是故处。”子休掘而验之，果得砖数十万，兼有石铭云：“晋太康六年岁次乙巳九月甲戌朔八日辛巳，仪同三司襄阳侯王濬敬造。”时园中果菜丰蔚，林木扶疏，乃服逸言，号为“圣人”。

赵逸指着宅子的后园说，这里原来是西晋龙骧将军王濬平吴之后建立的寺院，曾立有三层佛塔。随后杜子休去发掘，结果发现了数十万枚砖，还发现了西晋武帝太康六年（285）的铭文。赵逸指认时，园子里的植物十分茂盛，按常理来说，一个长满了植被的地面，地下是否有古迹，是无迹可寻的。正是这一点让时人大为惊叹，人们不再怀疑他，甚至把他称为“圣人”。

通过这个方法，赵逸取得了指认古迹的权威性。《洛阳伽蓝记》“宝光寺”条与“杜子休宅”条的叙事结构十分接近：

> 人问其故，逸曰：“晋朝三（四）十二寺尽皆湮灭，唯此寺独存。”指园中一处曰：“此是浴堂，前五步，应有一井。”众僧掘之，果得屋及井焉。井虽填塞，砖口如初，浴堂下犹有石数十枚。当时园地平衍，果菜葱青，莫不叹息焉。

赵逸说，西晋时期洛阳有寺院四十二所，都已经遗迹无存，仅仅剩下这一处寺院遗址。他随后指着园中的一处说这里是浴堂，前方还有一口井，结果时人发掘出来，与赵逸说法相一致。当时地面覆盖着植被，因此大家都特别信服。很显然，赵逸印证自己权威性的方法，在这两处是一样的。特别是杜子休宅，发掘出了铭文，杨衒之又是在“杜子休宅”条下记载了赵逸的身世由来，由此推测，赵逸在洛阳的登场，第一个地点很可能就是杜子休宅。

赵逸的指认在当时产生了很大影响。孝明帝特意赐予其一辆车，专门让他在城中指认古迹。孝文帝的儿子汝南王，听闻后拜他为义父。步兵校尉李澄也询问他关于古塔的事情：“太尉府前砖浮图，形制甚古，犹未崩毁，未知早晚造?”洛阳的“学徒”们，原本都认为昭仪尼寺的池子是周代的翟泉，等到赵逸指认该地为石崇家池和绿珠楼后，大家恍然大悟，经过时都开始幻想绿珠的容貌了。

从《洛阳伽蓝记》的记述可以判断，正光以后的一个时期内，赵逸的古迹指认应当是广为人知的。如果沿着这个思路去想，那些没有注明是他指认古迹的记载，也很有可能来自赵逸。郦道元《水经注·谷水》中也提到了几处洛阳西晋宅舍遗迹，如宣武场之西是“贾充宅”，永宁寺是曹爽旧宅，我推测这两个说法可能也是来自赵逸。此外，赵逸在宝光寺时，提到西晋时期洛阳有四十二所寺院，相同的记载也出现在《魏书·释老志》里，“晋世，洛中佛图有四十二所”，《魏书》的撰写者魏收（507—572）年轻时在洛阳生活过，这让人怀疑，这种说法或许也是来自赵逸。

赵逸当然不可能真的曾经生活在晋武帝的时代，活到两百五十岁。那么，他关于洛阳古迹的这些知识，究竟是从何而来的呢？这里有几种可能性值得考虑：一种是他读书得来的，但目前我们看到的北魏以前的史籍和地记，很少记载洛阳宅舍、寺院的情况，这个可能性似乎不是很大；第二种是永嘉之乱以后，一些生活在洛阳的遗民，可能口传着关于这个城市过去的印记，赵逸通过某种途径知道了；第三，这些知识，或者说至少有一部分，是赵逸编造的。

正光开始的三年间，为什么会在洛阳出现这么一个神奇的人物呢？赵逸在洛阳活动的这个时间段，正好是元叉（乂）执政期。我们都知道，北魏孝明帝神龟三年（520）七月，掌握兵权的领军将军元叉发动政变，囚禁了胡太后，改元正光。元叉控制朝政一直到正光六年（525）二月，胡太后复政，六月改元孝昌。元叉执政之后，一度“矫情自饰，劳谦待士，时事得失，颇以关怀”，当时的士人对于元叉是抱有一些期待的。

赵逸出现在洛阳，是否与正光前期洛阳的某种动向有关？元叉执政后，最重要的文化活动之一是建设明堂。洛阳出土的《魏故使持节侍中骠骑大将军仪同三司尚书令冀州刺史江阳王元公之墓志铭》（《元叉墓志》）说：

> 虽秩班近侍，而任居时宰，朝权国柄，佥望有归。类公旦之相周，等霍侯之辅汉……于时三雍缔构，疑议纷纶。以公学综坟籍，儒士攸宗，复领明堂大将。公斟酌三代，宪章汉晋，独见卓然，经始用立。

北魏迁都洛阳之后，并没有马上建设明堂。直到宣武帝后期的永平、延昌年间，才开始讨论建设明堂的问题，在建设之初，围绕明堂形制采取五室还是九室，产生了诸多争论。《魏书·礼志二》记载：

> 世宗永平、延昌中，欲建明堂。而议者或云五室，或云九室，频属年饥，遂寝。至是复议之，诏从五室。及元叉执政，遂改营九室。值世乱不成，宗配之礼，迄无所设。

明堂是一种想象的建筑。有几种形制，“五室”的依据是《周礼·考工记》，可以理解为是周制；“九室”的依据是《大戴礼记》，西晋长安的明堂、东汉魏晋洛阳的明堂都是采用九室，可以理解为汉晋之制；还有一种是“一屋”，这是西晋出现的新说，没有“室”，只有一个殿，南朝建康采用的是这种，可以看作南朝之制。因此，“五室”还是“九室”的争论，意味着复古周礼抑或沿用汉晋制度。

胡太后执政时，最终决定采用“五室”，也就是复古周礼。等到元叉掌权后，推翻了之前的决定，将明堂形制从“五室”又改为了“九室”。简单地说，这意味着建设理念转变为了恢复汉晋之制。此前的北魏太和十年（486），平城曾经建设过一个明堂，采用的是汉晋传统的上圆下方和“九室”之制。但也有很独特的地方。东汉魏晋时，明堂、辟雍、灵台是分开的一组独立建筑群，平城的明堂、辟雍和灵台却合而为一，是三位一体的建筑。因此，迁都洛阳后，当宣武帝后期开始讨论建设洛阳明堂的时候，其实面临着多种选择——是复古周礼，还是沿用汉晋制度，还是照搬平城之制，抑或采用南朝之制。这背后实际是北魏在华夏化的过程中，面对几种可供选择的政治与文化资源时的理念与取舍问题。

元乂重新建设的明堂，是要恢复汉晋之制。那么，他如何建设这个明堂呢？汉晋时期的洛阳明堂早已毁坏，当时没有人见过，元乂手上能够依据的，只是李冲在建设平城明堂时的图纸，而这个图纸是李冲自己的“发明”。

这个时候，隐士赵逸的重要性就显现出来了。按照赵逸自己的说法，他曾生活在晋武帝时代，这就意味着，他是一个曾“亲眼”见过西晋洛阳明堂的人。那么，他见过的明堂是什么样子呢？西晋时期，住在洛阳城南的潘岳写过一篇《闲居赋》，提到他住宅的东边就是明堂辟雍：

> 其东则有明堂辟雍，清穆敞闲。环林萦映，圆海回渊。聿追孝以严父，宗父考以配天。祇圣敬以明顺，养更老以崇年。若乃背冬涉春，阴谢阳施。天子有事于柴燎，以郊祖而展义。张钧天之广乐，备千乘之万骑。服振振以齐玄，管啾啾而并吹。煌煌乎，隐隐乎，兹礼容之壮观，而王制之巨丽也。

如果赵逸真的曾经生活在晋武帝时代，那么他就亲眼见过潘岳所描述的明堂辟雍。这种“目击者”身份，使得他在明堂细节上有了很大的权威。这种“知识”，无疑是元乂重新启动明堂建设时所急需的。

赵逸会不会正是在这种氛围之下，应景出现的一个虚妄之人呢？当然这还只是一个猜想。但不管如何，他指认的北魏洛阳城里面存留的那些西晋“古迹”的真实性，包括前面提到的《水经注》或者《魏书·释老志》中隐含着的可能跟赵逸有关的古迹问题，是值得我们重新审视的。今天研究中古城市史、佛教史的学者，往往会直接使用赵逸的这些指认，作为研究西晋洛阳城市史的史料依据，可能是有问题的，需要进行仔细辨析。

赵逸的言行让我想到葛洪（约281—341）在《抱朴子·祛惑》中的记述：

> 余昔数见杂散道士辈，走贵人之门，专令从者作为空名，云其已四五百岁矣。人适问之年纪，佯不闻也，含笑俯仰，云八九十。须臾自言，我曾在华阴山断谷五十年，复于嵩山少室四十年，复在泰山六十年，复与某人在箕山五十年，为同人遍说所历，正尔，欲令人计合之，已数百岁人也。于是彼好之家，莫不烟起雾合，辐辏其门矣。

葛洪见到很多杂散道士奔走于“贵人之门”，声称自己已经四五百岁了，并由此得到了豪贵之人的崇敬和优待，通过这种形式获得资源和支持。汝南王拜赵逸为义父之后，曾经问他为什么这么长寿，赵逸说：“吾不闲养生，自然长寿。郭璞尝为吾筮云，寿年五百岁。今始余半。”然后他还说：“自永嘉已来，二百余年，建国称王者，十有六君，皆游其都邑，目见其事。”赵逸的这些说法和葛洪提到的这些道士妄言，是很像的。

还有一点值得注意，是关于赵逸取得权威性的关键之点——出土铭文。实际上，在《洛阳伽蓝记》里，还记载了好几处关于北魏洛阳发掘出铭文的故事。比如城内元叉宅中，“掘故井得石铭，云是汉太尉荀彧宅”；城内段辉宅里，发掘出两个铜菩萨，趺坐上铭云“晋泰始二年五月十五日侍中中书监荀勖造”，当时人认为这是荀勖的旧宅；城东永和里，据说是汉太师董卓旧宅，北魏名将邢峦在这里发掘出了钱数十万，有铭文说是“董太师之物”。在这些发掘的铭文中，城东永和里发掘的时间比较明确，邢峦是北魏延昌三年（514）去世的，也就是说在赵逸到洛阳之前，洛阳已经有过铭文发掘的事迹了。城南高显略宅里，据说发掘出了苏秦（？—前 284）的黄金，上面有铭文说“苏秦家金，得者为吾造功德”，于是“显略遂造招福寺”，杨衒之记载时觉得有点不可思议，解释说苏秦时还没有佛法，这个“功德”指的不是建造寺院，而是给苏秦建碑。但实际上也完全存在另外一种可能性，就是这些出土铭文是伪造之物。

三　北魏洛阳城的古迹景观

赵逸“出现”于洛阳及其古迹指认活动，归根结底，是因为北魏洛阳城是在汉晋洛阳城原址上叠加、重建而形成的。太和十七年（493）九月，孝文帝到洛阳后“巡故宫基趾”，感慨于宫殿“荒毁”，曾“咏《黍离》之诗，为之流涕”，接着又“观洛桥，幸太学，观石经”，令李冲和将作大匠董爵“经始洛京”。可见，从一开始，北魏洛阳城的建设就带有一种强烈的历史空间怀古情绪。

洛阳的宫殿旧址与残存的文化遗迹，是“重建”的重要坐标。关于这一点，北魏以儒学著称的刘芳曾说：

> 今既徙县崧瀍，皇居伊洛，宫阙府寺，佥复故趾，至于国学，岂可舛替？校量旧事，应在宫门之左。至如太学，基所炳在，仍旧营构。

他指出，迁都到洛阳之后，宫阙府寺是按照汉晋洛阳城的宫殿和官府遗址来重建的。这方面，洛阳考古研究者做了很多值得重视的工作，比如阊阖门、太极殿遗址的发掘，证实了汉晋洛阳城和北魏洛阳城的层叠、叠压关系。

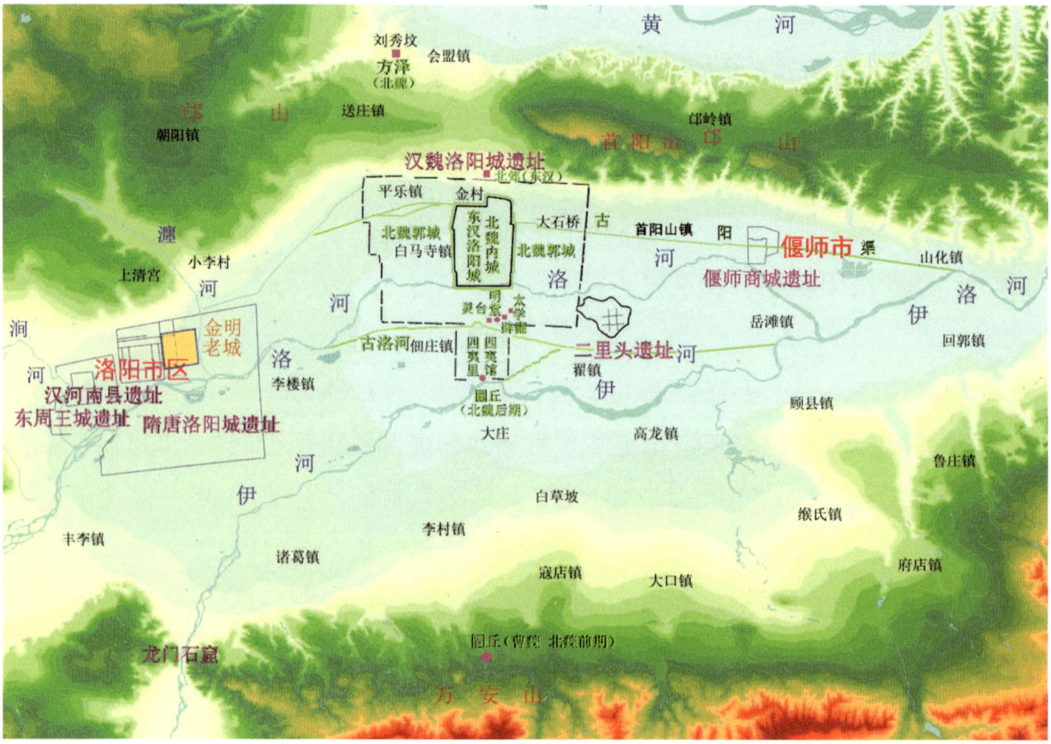

钱国祥　北魏洛阳城遗址与汉魏洛阳城遗址叠压关系示意图（《汉魏洛阳城的祭祀礼制建筑空间》，《中原文物》2022年第4期）

在北魏洛阳城重建的过程中，除了地面残留的基址之外，也参考了另外一些东西。其中一种是“图”。永平元年（508），宣武帝发布的一个诏书说：“可依洛阳旧图，修听讼观。”可见他们在建设听讼观时，依据的是“洛阳旧图”。这个“洛阳旧图”的具体所指不太明确，《隋书·经籍志》里面记载有东晋杨佺期所撰的“《洛阳图》一卷”，唐人张彦远的《历代名画记》里面也有著录，说“《洛阳图》，一名《杨宫图状》，杨佺期撰”。此外还有一种可能性，是指李冲等人“经始洛京”时绘制的规划图之类的。如后来东魏迁都邺城后，在都城建设上就曾经绘造图纸作为施工依据，文献记载说：“召画工并所须调度，具造新图，申奏取定。庶经始之日，执事无疑。”

北魏宣武帝时，在确定国学、太学的位置关系时，刘芳引用过《洛阳记》的内容，说：“国子学宫与天子宫对，太学在开阳门外。”又说：“由斯而言，国学在内，太学在外明矣。案如《洛阳记》，犹有仿像。”当时可以成为都城洛阳建设过程中参考资料的，有陆机、华延儁、杨佺期等多种《洛阳记》文本。这类地志类文献对于都城建设的价值，从后来东魏建设邺城过程的记载中，也可以得到佐证：“今邺都虽旧，基址毁灭，又图记参差，事宜审定。”重建邺城的过程中，一方面是要调查“基址”，一方面也要参考“图记”，通过两者的勘察比较，最终确定施工方案。

关于这一点，郦道元注《谷水》引用过的三十余种文献，很值得注意。这些文献大致可以分为历史典籍、地志、诗赋、书信、制度文献、人物传及评论、笔记小说等七类，如《河南十二县境簿》、陆机《洛阳记》、《晋中州记》、刘澄之《永初（山川古今）记》、《洛阳故宫名》、《晋宫阁名》、潘岳《西征赋》、阮籍《咏怀诗》、《文士传》、《竹林七贤论》、《释法显行传》等。这些郦道元能够看到并征引的文献，都可以成为洛阳都城重建过程中参考的知识资源。

这些文献与洛阳城里留下来的遗址之间，形成了对照“考证”关系。最有趣的一个例子是“翟泉”。赵逸指认时提到了这个地点。当时有两个说法，一说是在太仓，另一说是昭仪寺附近的池子。杨衒之在《洛阳伽蓝记·城内》中，先有一个考证，然后又引用了赵逸的说法：

> 昭仪寺有池，京师学徒谓之翟泉也。衒之按，杜预注《春秋》云：“翟泉在晋太仓西南。”按晋太仓在建春门内，今太仓在东阳门内，此地今在太仓西南，明非翟泉也。后隐士赵逸云：“此地是晋侍中石崇家池，池南有绿珠楼。”于是学徒始寤，经过者想见绿珠之容也。

郦道元在《水经注·谷水》里面也有考证，他举出了三条证据：

> 渠水又东径杜元凯所谓翟泉北，今无水。坎方九丈六尺，深二丈余，似是人功而不类于泉陂，是验非之一证也。……泉源既塞，明无故处，是验非之二证也。杜预言翟泉在太仓西南，既言西南，于洛阳不得为东北，是验非之三证也。稽之地说，事几明矣，不得为翟泉也。

从杨衒之和郦道元的考证可以看得出来，他们都是根据方位，也就是太仓和翟泉的空间位置关系，来确认这个说法的正误。最终解决这个问题的还是赵逸。当赵逸认为这是石崇家池和绿珠楼之后，这个争议才平息了。从这一点我们可以看出正光年间赵逸出现在洛阳的意义所在。

地面遗迹与“出土”遗迹，共同构成了北魏都城洛阳的古迹景观。现在保存有汝南王元悦在正光五年（524）修古塔的铭文《汝南王修治古塔铭》：“磨诃大檀越、清信士、侍中、太尉公、汝南王元悦敬修古塔毁坏形像，更加功力，在饰令新，使如初妍。”这个古塔，我怀疑就是步兵校尉李澄提到的太尉府前浮图。此外，北魏郑道昭（？—516）上表说：

> 今国子学堂房粗置，弦诵阙尔。城南太学，汉魏《石经》，丘墟残毁，藜藿芜秽。游儿牧竖，为之叹息。

这个叹息跟后来杨衒之在东魏武定年间回访洛阳时的感触很像，只不过杨衒之感叹的是寺院，而郑道昭感叹的是太学。宫城建设过程中也有一些出土发现，最有名的是在熙平中永宁寺建造过程中，发掘出一个窟室，被视作曹爽故宅。郦道元注《谷水》曰："其地是曹爽故宅。经始之日，于寺院西南隅，得爽窟室，下入土可丈许。地壁悉累方石砌之，石作细密，都无所毁，其石悉入法用，自非曹爽，庸匠亦难复制此。"当然了，这个指认很有可能也是来自赵逸。

地面古迹和地下发掘相印证，加上各类地图与文献的阅读，多种元素的叠加造就了北魏时代洛阳特定的怀古情绪。这大概是孝文帝很期待的一种都城氛围。他自己原本便是带着对洛阳的历史想象迁都的，刚到洛阳时，他就访问了一些古迹，之后还做了一个梦，梦见了嵇康（224—263）的儿子嵇绍："陛下徙御瀍、洛，经殷墟而吊比干，至洛阳而遗嵇绍，当是希恩而感梦。" 相关的，还有当时的著名文人常景，因为出任过长安令，当时人就把常景比作同样曾任过长安令的西晋潘岳。北魏的拓跋氏宗室互相斗富，往往会提到石崇（249—300）："不恨我不见石崇，恨石崇不见我！"其中最有趣的，是我们刚才提到的例子，那些"学徒"听赵逸指认石崇家池和绿珠楼之后，经过时就不由得会想起绿珠的容貌。

北魏洛阳的建设当然并不只是重建过去。事实上前面也提到，北魏面临着在汉晋之制、复古周制乃至南朝制度之间的取舍。而且即便是汉晋之制，原本也并不是一成不变的。以洛阳宫殿题额字体为例，东汉一律用大篆，曹魏北宫用八分体（隶书），南宫用古篆书，北魏迁洛后起初是用隶书，到宣武帝时期则改为大篆，“始令中书舍人沈含馨以隶书书之。景明、正始之年，又敕符节令江式以大篆易之，今诸桁榜题皆是式书。”——书体的转换，体现出北魏统治者对古代文化资源一种微妙的文化选择。

四 移动的都城装饰景观

接下来看一下那些本来在洛阳城里，却被移动到其他地方去的遗迹，我把它称之为“被移动的都城装饰景观”。

永嘉之乱（311）以后，石勒和石虎先后将洛阳的一些大型铜铸装饰设施迁移到了他们的新都城襄国、邺城。石勒“徙洛阳铜马、翁仲二于襄国，列之永丰门”，到石虎时，又“徙洛阳钟虡、九龙、翁仲、铜驼、飞廉于邺”。《水经注·浊漳水》也提到，石虎时期曾迁移长安、洛阳铜人来装饰国都邺城——“又徙长安、洛阳铜人，置诸宫前，以华国也”。到了前秦建元十八年（382），这些铜铸装饰又被迁徙到了长安，最后被熔铸为铜钱。

这些铜铸设施来源复杂，最早可追溯到秦始皇时期。秦始皇二十六年（前221）的时候，“收天下之兵”，铸造了十二个铜人，因形象是夷狄的样子，故而又名金狄、翁仲。两汉时期，这些铜人一直在长安。东汉末年，董卓据长安，大部分铜人被熔毁用以铸钱，仅剩下两个。曹魏明帝曾想把长安的一些铜铸物搬到洛阳来，《魏略》记载了这个计划，包括“诸钟虡、骆驼、铜人、承露盘”，其中承露盘在迁徙过程中损坏，铜人则由于太重而未能迁移成功——“盘折；铜人重不可致，留于霸城”。可能就是因为未能迁徙成功，曹魏明帝下令在洛阳重新铸造了两个铜人——“大发铜，铸作铜人二，号曰翁仲，列坐于司马门外”。这对铜人就是石赵时期迁移的洛阳铜人（翁仲）。

洛阳的铜马和飞廉，与汉武帝有关。铜马原本立于长安宫城金马门外，飞廉是长安上林苑飞廉观的装饰物。东汉明帝永平年间，铜马和飞廉被搬到了洛阳上西门外的平乐馆，“至长安迎取飞廉并铜马，置上西门外，名平乐馆”。张衡《东京赋》也提到了被迁移到洛阳之后的铜马和飞廉，称之为龙雀和天马——“其西则有平乐都场，示远之观，龙雀蟠蜿，天马半汉”。

九龙和承露盘，应该是魏明帝时期在洛阳建造的。前面提到，他本来想迁移长安铜露盘，但途中折断了，应该也是因此而在洛阳重新铸造。据说他花费了巨大财力，铸造了规模很大的“黄龙、凤皇奇伟之兽”“九龙、承露盘”，花费相当于宫殿建设所需的三倍——“其功参倍于殿舍”。其中，黄龙、凤凰分别高四丈、三丈余，放在内殿之前。承露盘“茎长十二丈，大十围，上盘径四尺九寸，下盘径五尺。铜龙绕其根，龙身长一丈，背负两子。自立于芳林园”。从这些记载来看，可以说是极尽豪华。

钟虡类似于编钟支架，是秦汉时期很常见的一种铜铸设施。西汉长安、东汉洛阳的宫殿和陵墓里均有钟虡。魏明帝也计划过迁移长安钟虡到洛阳，从史料记载来看，至少平陵和杜陵的铜钟，由于太重而没有迁移成功。东汉末年，曹操在邺城时也铸造过钟虡。刘逵注左思《魏都赋》说：“文昌殿前有钟虡，其铭曰：惟魏四年，岁在丙申，龙次大火，五月丙寅，作蕤宾钟，又作无射钟。建安二十一年七月，始设钟虡于文昌殿前，所以朝会四方也。”陆翙《邺中记》提到石赵时期邺城有铜钟四枚，“如铎形，高二丈八尺，大面广一丈二尺，小面广七尺。或作蛟龙，或作鸟兽绕其上”。

最有名的铜铸设施，应该是铜驼。可以说，在西晋以后的文化想象中，铜驼和铜驼街已经成为了西晋王朝和都城洛阳的标志性文化景观之一。现在我们去洛阳旅游，还可以看到被重铸的铜驼作为一个重要的唤起文化记忆的符号而存在。西晋洛阳的铜驼是一对，是汉代铸造的，应该是西汉长安的旧物，被魏明帝迁移到洛阳来的。根据记述，这对铜驼"高九尺，脊出太尉坊"，"旧魏明帝置铜驼诸兽于阊阖南街"，阊阖门南街因此而被称作"铜驼街"，是西晋洛阳最重要的街道空间之一。被迁移到石赵邺城的铜驼，在陆翙《邺中记》中有记载："二铜驼如马形，长一丈，高一丈，足如牛，尾长三尺，脊如马鞍。在中阳门外，夹道相向。"石赵时期邺城的"中阳门外"，空间位置大致相当于西晋洛阳的"阊阖门外"。

翁仲（铜人）、铜马、飞廉、钟虡、九龙、承露盘等铜铸物，构成了汉晋都城独特的装饰文化，背后象征着华丽与夸耀，以及帝王权力与功业。如张衡在《西京赋》里所说："惟帝王之神丽，惧尊卑之不殊。"汉明帝、魏明帝、石赵与前秦对这些铜铸物的迁移，很可能也有类似政治心理的推动。东晋时期，曾经一度收复洛阳的桓温，在迁都未果之后，也想过迁移洛阳的钟虡到建康去，可惜后来被否定了。在这种政治文化心理的脉络之下，之前这些铜铸物被熔去铸钱后，又会被重铸。根据记载，赫连勃勃兴造统万城时，就重新铸造了一批——"复铸铜为大鼓，飞廉、翁仲、铜驼、龙兽之属，皆以黄金饰之，列于宫殿之前"。赫连勃勃所继承的，正是秦皇汉武以来夸耀性的都城装饰文化。

这里有一个非常有意思的问题，这些象征着汉晋时期"帝京翼翼"的都城铜铸装饰文化，在北魏洛阳城中其实是缺失的。这也成为北魏洛阳与汉晋洛阳最重要的景观差异之一。

这些汉晋铜铸物的基址，北魏时期仍然存在于洛阳，但是北魏朝廷并没有尝试去在这些基址上复建、重铸它们。郦道元在《水经注·谷水》中记述，"门南屏中旧有置铜翁仲处，金狄既沦，故处亦褫，惟坏石存焉"，"董卓销为金用，铜马徙于建始殿东阶下，胡军丧乱，此象遂沦"。"铜驼街”这个名称在北魏洛阳被延续使用，但铜驼并没有被重铸，只剩下空空的底座了。后人也注意到这一现象——“此谓旧置铜驼于南街，知郦氏时无铜驼矣”。这是不是说明北魏朝廷对这种铜铸装饰文化缺乏热情呢？可惜的是这方面的记载很少。目前找到的唯一例子，是宣武帝永平四年（511）五月迁移平城的铜龙到洛阳，安置在天渊池中，“迁代京铜龙置天渊池”。这是北魏为数不多迁徙铜铸设施的例子。这对平城铜龙的来历不详，此外是否还有其他的铜铸物被迁徙，也没有记载。

还有一个值得注意的现象——石经的迁移。东魏武定四年（546），高澄曾迁移洛阳石经到邺城，《北齐书》提到“往者文襄皇帝所运蔡邕石经五十二枚，即宜移置学馆，依次修立”。我们都知道，洛阳石经有两种，即东汉一体石经和曹魏三体石经，“太学在洛城南开阳门外。讲堂长十丈，广二丈。堂前石经四部，本碑凡四十六枚”，“魏正始中，又立古、篆、隶《三字石经》”。

永嘉之乱以后，这些石经成为华夏王朝的文化象征。东晋北伐随军入洛的裴松之、郭缘生、朱超石都观览过石经。《魏书·冯熙传》说：

> 洛阳虽经破乱，而旧《三字石经》宛然犹在，至熙与常伯夫相继为州，废毁分用，大至颓落。

冯熙一方面是在破坏石经，另一方面却动用大量的财力和物力去建构佛寺。神龟元年（518）崔光上表说：

> 寻石经之作，起自炎刘……昔来虽屡经戎乱，犹未大崩侵。如闻往者刺史临州，多构图寺……官私显隐，渐加剥撤……由是经石弥减，文字增缺。

曹魏　正始石经（又称三体石经）残石　洛阳博物馆藏

北齐灭亡之后，石经先是被运回洛阳，隋开皇六年（586）又运至长安，已经非常残破。如同前面提到的那些汉晋铜铸装饰物一样，随着政权更迭，洛阳的汉魏石经也经历了一个颠沛流离的迁徙过程。

这就出现了一种对比。从永嘉之乱到东西魏分立，都城遗迹的迁移对象，似乎从铜铸装饰物变成了石经。这两种东西的背后，蕴含着两种性质的都城风景，一种是政治夸耀性的，另一种是礼制教化性的。铜铸装饰物象征着帝国的华丽和赫赫权力，石经则与儒学有关，背后是明堂、辟雍、太学这样的教育设施。两种风景的象征意义，实际上也是班固《两都赋》和张衡《二京赋》里所表达的主题。他们谈到西汉长安时，极力铺陈和描写华丽的宫殿、城市景观、园林等，而写到东汉洛阳时，强调的是洛阳的礼制设施。

相比铜铸装饰物，明堂辟雍、汉魏石经等城南文化遗迹，至少在表面上更受北魏朝野的关注。其间的原因十分复杂，但不管如何，历史在此似乎显示出一种变化，儒学石经的意义超过了象征着“帝京翼翼”的铜铸装饰文化。班固在《东都赋》里写道：

> 建章甘泉，馆御列仙。孰与灵台明堂，统和天人？太液昆明，鸟兽之囿。曷若辟雍海流，道德之富？

班固强调，洛阳城南礼制建筑要优于长安那些富丽堂皇的宫殿园林，表达的正是儒家学者对于两种帝国风景的认识。但不可忽略的是，夸耀性“风景”其实乃是帝国都城的本能。北魏时代也是如此，比如一位拓跋宗室就说：“晋室石崇乃是庶姓，犹能雉头狐掖，画卵雕薪；况我大魏天王，不为华侈？”北魏洛阳的夸耀性“风景”同样是存在的，只是重心转向了佛教，从大型铜铸装饰变成了寺院、佛塔和造像。特别是大型佛塔的建立，比起铜铸装饰来说，无论是体量、高度和视觉冲击感，都要更为强烈。

这里也有一个值得我们思考的问题：建造佛塔和造像，需要耗费相当多的铜料，会不会正是由于佛教对于铜料的大量消耗，导致了没有多余的材料再去建造传统的铜铸装饰物，还是说，在佛教景观的冲击之下，原来的那些铜铸装饰已经显得黯然失色？

五　尾声：汉晋文化元素的意义

这个问题启发着我们继续思考：“汉晋遗产”，或者说汉晋王朝的文化元素，在北魏洛阳究竟意味着什么？究竟什么才是北魏洛阳城中更有活力、更吸引人们注意力的内容？

刚才提到，汉晋都城中有两种文化风景元素，一种是夸耀性的装饰风景，一种是教化性的礼制风景。而相比明堂、太学等教化性的礼制风景，北魏时代的人们显然将更多的热情与资源投向了佛教信仰。北魏迁洛后，明堂、太学等礼制设施的建设进度是非常缓慢的，王公贵族们大量的财力投向了佛教寺院。我们怎么样来理解这个问题呢？

以往的历史叙事往往形容他们是“佞佛”，批评他们不应该把国家大量的财富投向到佛教，将此视为一种奢华的浪费。这样说没有错。不过，我们也可以反过来想一想——究竟是什么原因，使得他们愿意把大量资源投向佛教？北魏迁都洛阳之后，在华夏传统、北族习惯、佛教信仰等多元因素中，在总体朝向华夏化的趋势下，如何理解佛教在这一过程中所扮演的角色？这是理解中古都城很重要的一个观察点。当然，北魏洛阳只存在了四十年的时间，而且差不多后十年是在混乱中度过的。这是一座未完成的、不具备长时间积淀性样本意义的都城，如果它能够延续两百年甚至三百年，就像南朝建康和唐朝长安一样，这座都城未来的景观形态，或者说都城内部的几种交错性风景，会朝着什么样的方向发展，无疑是值得我们去假设、去思考的。

不管如何，历史空间的叠压性，引发了时人对于“过去”的好奇和热情，由此造成了北魏都城洛阳的特殊空间氛围，当脚下日常生活的土地是文化典籍中那些历史故事的发生地，就不免引人遐想。这种空间氛围在无形中强化了拓跋政权与汉晋国家的连续性。

这让我想到贝塔妮·休斯（Bettany Hughes）《伊斯坦布尔三城记》里的一句话：

> 这是一座用自己的传说与轨迹刺激人们产生幻想的城市。

不只是我们今天讨论的北魏洛阳城，许多伟大的都城可能都会有这样的情况。人们通过自己的观念和信仰塑造了都城的风景，而都城的风景又包裹了后来生活在其中的人，通过文献阅读刺激着他们产生对过去的幻想，以及对当下自我行为方式的定位。未来的中古都城史研究或许值得从这个方向更加措意，因为这不仅是一个历史命题，也密切关乎我们当下的生活。

评议与回应

陆 扬（主持人）：

魏斌教授在中古史领域（三至九世纪）有非常卓越的贡献，尤其是他近年的著作《“山中”的六朝史》，为六朝人文社会景观的研究带来了全新的概念，形成了一个以山林包围城市的局面。魏斌教授的讲座从阅读《洛阳伽蓝记》等耳熟能详的文献中得出新的想法，内容非常丰富。这是一场非常细腻、丰富的讲座。正如讲座主题“北魏洛阳的汉晋想象”，这样一座“叠加”的都城在中国古代史上可谓罕见，恐怕只有江南的建康可以一比。讲座如同研究对象一样，有很丰富的层次感，我们可以看到，从汉魏到北魏都城景观转换背后的文化选择。大家都阅读过《洛阳伽蓝记》或《水经注》，但是很少会注意到这个问题。令人意想不到的是，赵逸这个“神人”成为了我们的引路人。历史研究本身需要相当的想象力，魏斌教授的想象力更是建立在对丰富的历史内容的解读上。内容很有幽默感，赵逸的例子让我想到今天中国的旅游文化，我们的导游实际上有非常深厚的历史文化根源。如果哪一天，中国的导游需要建立一所祠堂，恐怕赵逸应该居于祭拜对象的核心位置。可以说，全世界没有一个地方像中国这样，具有深厚的历史再造能力。

我们请到了郑岩教授和仇鹿鸣教授两位在中古史领域很有代表性的学者作为评议人，两位是魏晋南北朝隋唐历史与考古的专家。此外，系列讲座的策划者商伟教授也来到了现场。接下来的时间就留给几位评议人。

郑　岩：

我非常粗略地谈一点感受。我读过魏老师《“山中”的六朝史》，原以为讲座是以“山林”为基础，进一步发挥“人文风景”的概念，没想到魏老师把我们带回了城市空间。这次讲座在很大程度上对人文风景的概念有了一个重新的定义，或者说至少扩展了这个概念。最近我们都在居家办公，只能“卧游”。不用说“山中”，连对城市的感受也都是通过这样一种方式。风景作为人们的一种理想，心游万物与眼下空间的局限产生了一种矛盾、焦虑。这种张力永远在人类的生命中。

与以往的研究相比，魏老师对人文风景梳理的角度是非常不一样的。首先，他更加综合地去描述洛阳城。《洛阳伽蓝记》和《水经注》中记载了人文风景构成的元素，包括遗迹、雕塑、石经、建筑，乃至城市的格局、人们的记忆。一方面文本中遗留了很多耐人寻味的信息，赵逸的传说显现出了一种心灵的风景，另一方面还具有美术史研究所关心的“物质性”和“视觉性”，这也呼应商伟教授关于胜迹的研究、陆扬教授关于文本性和物质性的主张，这是近年来史学界非常重要的转向，我们的视角更为立体，运用了历史、考古、文学和艺术史等多种工具。

其次，讲座更新和提升了我们对洛阳城的认识。以前我学考古时，对洛阳城的感受是在平面图上展开和叠加的，除了时代的叠加，还有小城和外郭城的复杂关系，考古测绘的平面图上用不同颜色、粗细的线条叠在一起，现场的地层叠压实实在在摆在那儿。考古学偏重物质的层面，讨论时会努力把东汉、曹魏、西晋、北魏的堆积一层层剥离开来，像慢慢剥开一本泡在水里、书页粘连在一起的书本，然而魏老师进入到另一个层面，告诉我们这个书本原来就是粘连在一起的，如果完全悬隔了时间的概念，就会失掉很多的东西。

“叠压”和“叠加”，既是空间上的，也是时间上的关系。这样一种历史研究，还能看到文学史、艺术史、考古学之间的交错和叠压。宇文所安教授《追忆：中国古典文学中的往事再现》谈怀古诗对城市的描述，其中提到一首关于长安城的诗，讲唐代一个人在终南山俯瞰长安城，看到的却是汉代的长安城中的宫殿。可以说，诗意和怀古是紧密联系的。在艺术史上，巫鸿教授曾讨论废墟的意象。从这个角度上来说，洛阳城是非常合适的例子。北魏洛阳是发生过剧烈变化的一个城市，它的景观与以往、与周遭大有不同。在考古平面图上北魏城的中轴线、里坊制承接了曹魏时期的邺北城，影响了后来隋唐的长安城和洛阳城的布局。最重要的是，当时以永宁寺为代表，城内、城外上千座寺院带来了城市天际线高度的剧烈变化。高塔林立，洛阳城就像二十世纪的芝加哥、纽约，成为了一座向着空中发展的城市。这在中国城市史上是史无前例的，更不用说鲜卑政权入主中原带来的文化变迁、冲突、融合等。

顺着这个角度进一步思考，我们可以重新认识中国城市，更多地做一些类型的划分。比如作为一个重建、叠加的城市，洛阳是一种类型；还有一种类型则像复制品，如平地起建的北魏平城。太和十五年（491），孝文帝派遣李道固与蒋少游出使南朝的齐国，蒋少游的任务就是“摹写宫掖”，偷偷地观摩建康城的城市建设以及宫殿设计，以便建设平城。这是两种完全不同的类型，代表着城市在物质层面继承、发展、改造的不同范式。从这个角度，邺北城可以视为两种类型的交错，它的修建既利用了一段东汉的城墙，也是一座另起炉灶的城市。也就是说，从这些角度，我们可以在时间、空间概念上重新认识中国城市史。

除此之外，我还有两点建议。

其一，作为研究基础文献之一的《洛阳伽蓝记》还需要进一步推敲。《洛阳伽蓝记》是东魏迁都邺城后杨衒之重游故地所作，他来的时候，此处已经是黍离麦秀的废墟了。因此，文献本身也是一种追忆，而并非记者对事件的即时报道。如果说文本本身就含有怀古与追忆成分，那么有关赵逸的记述便成为记忆之记忆、追忆之追忆，或许会被有意识地强化。

其二，或许可以将邙山与洛水也纳入城市怀旧的整体意象之中。洛阳城的地理环境非常特别。北边是邙山，南边有洛水、谷水，洛阳作为一座山水之间的城市，自身的自然环境也和人文景观发生着密切联系。我们过去谈洛阳时，往往会谈到邙山，说“生在苏杭，死葬北邙”，到邙山上俯瞰洛阳城，会发现二者是紧紧联系在一起的，外郭城已经到了北邙山的脚下了。孝文帝迁洛的一个重要措施，就是让贵族们改族姓、“死葬北邙”，不再归葬故里。我想，北魏重新营建洛阳城的时候，邙山一定是被纳入视觉景观中的，这里出土了不少墓志、墓室壁画，迁洛后北魏皇帝的陵墓就在邙山，与不远处的东汉帝陵相望，鲍照的诗“歌妓舞女今谁在，高坟垒垒满山隅”，就描写了这种过往的意象。另外就是洛水，唐代洛阳城跨洛水而建，江南的鱼米通过洛水运送而来。北魏的时候，洛水也是非常重要，很多重要的事件与洛水有关，修建龙门石窟，也是跨过了洛水。所以，山和水是否可以同时纳入城市的怀旧意象中，更加整合地进行研究？

仇鹿鸣：

魏斌教授的讲座有很多有意思的地方。《洛阳伽蓝记》是一部非常特殊的著作，从我自己的阅读经历来说，当年读到永宁寺毁灭的那段著名的描写，“火初从第八级中平旦大发，当时雷雨晦冥，杂下霰雪，百姓道

北魏静陵神道石瓮仲
洛阳博物馆藏

俗，咸来观火。悲哀之声，振动京邑。时有三比丘，赴火而死。火经三月不灭。有火入地寻柱，周年犹有烟气”，让人感到喘不过气，非常伤感。时移世易，《洛阳伽蓝记》这类对伟大城市走向衰败极富场景感的描写，仍然能够唤起今天读者的感受。刚才我和魏老师的共同好友孙正军发来一条微信，化用了一首歌《错位时空》来描述今天的主题：“走过你走过的路，算不算重逢？吹过你吹过的风，算不算相拥？”今天我们每个人都被“时空伴随”这个概念包围着，对于每一个研究者来说，不但存在如何回到历史时空的问题，更需要注意到古人同样面临着在同一空间中，如何与“更古的人”对话、建立联系的问题。从这个角度而言，魏老师题目选择的切入点非常巧妙。

这次讲座，魏老师从某种意义上离开了此前关注的山林，第一次真正进入了大城市的讨论。如果我记得不错，之前他有两次写到城市，一篇是《城楼、沙洲与寺院：南朝夏口的城市风景》，是他在2020年武汉封城期间完成的；另一篇是《钟山与建康东郊》。这两篇主要在城市边缘，今天可以说是真正走进了城市。我们大部分人写论文主要是面对具体问题的考证，而魏老师十分擅长勾勒空间感、场景感，把一个二维平面的论文写出3D效果，这在同龄学者中是非常突出的一个特点。因此，他的工作是很难被定义的，近十年来，他主要涉及的面向是宗教史，但是和传统宗教史研究非常不一样，过去的宗教史研究，内部讨论比较偏向僧团、义理，外围角度则关注僧人和政治，或者说宗教和皇权的关系。而魏老师的宗教史研究，重在展示宗教活动的空间感。

回到讲座内容上，我有一些“短兵相接”的问题。

首先，是关于赵逸的研究，这是极为漂亮的切入，不过对于赵逸指认遗迹的真伪问题，可能问题更为复杂。早年我写博士学位论文的时候，为了复原“高平陵之变”，也注意过曹魏洛阳城的遗迹问题，最初偶然翻检到徐松辑《河南志》里关于西晋洛阳城的宫殿、园林等具体位置的记载，最后将这些材料的源头落实到《洛阳伽蓝记》《晋书》。我想要补充说明的是，如果要从实证的角度去证伪赵逸的说法，一个比较有力的证据就是曹爽府的位置，这在《晋书·杨骏传》中有明确记载，武库位于洛阳的东北角，曹爽府在武库的南边，杨骏选择曹爽故府作为府邸，也是为了便于控制武库。《三国志》引《世说新语》也提到政变时司马懿自领一支人马去占领武库，曾途经曹爽府。这些都属于一手材料，可以坐实。

然而需要谨慎考虑的是，如果从实证角度把赵逸视为一个不可靠的历史记忆，进而从赵逸和明堂的关系来突出他的政治目的，这样的解释稍有受传统政治史“余毒”影响的感觉。不难想象，北魏时代，曾有不少所谓的大师或异能之士活跃在民间乃至庙堂。甚至距离我们不太远的时期，民间活跃着一位叫海灯法师（1902—1989）的人，自称有异能，在北魏这样的人存在更多。赵逸是一位凭借某些灵验事迹，成为高度竞争中留存下来的异人代表。从这个层面来说，当时人是信服赵逸活了两百多岁的。今天，我们受到小说这一概念的影响，多半认为唐代传奇故事是虚构的，但很多材料证明，唐人觉得这些故事是真实存在的，比如唐临《冥报记》，当中有些故事和新出土的墓志可以相互印证。由此来看，赵逸可能是在孝文帝迁都这一大变动的历史背景下自然出现的某类异士的代表，成为北魏重建洛阳时寻找过去、尝试与过去建立联系（这一过去象征着孝文帝想要仿效的“华夏”）的关键性人物，其活动不一定具有太强的政治目的。

我还想提出进一步思考的是：如何看待北魏重建洛阳城过程中遗迹指认活动的性质，这类活动通过《洛阳伽蓝记》和《水经注》的记录被部分保存了下来。从形式上看，这与后来清代士大夫比如阮元等人的访古有相近的一面。从现代考古学角度来说，古人根据封土、碑刻或可靠性不一的文献来判断遗迹归属的这类访古活动，很多结论都存在问题，但并不意味着是有意造假。因此，赵逸这样一个神异人物，与国家礼制建设这样的官方活动，如何在研究中将两者建立有效的解释？我也想听听魏老师的看法。

另一个问题是关于讲座后半部分。魏老师揭示了汉晋洛阳城与北魏洛阳城的景观差异，特别是两者在铜铸装饰上呈现的鲜明变化。以往我们更倾向于汉晋洛阳城和北魏洛阳城的连续性，我非常赞同魏老师说到的这个不同点，这是既往研究者没有讨论到的地方，但是我认为还需要更深入地理解与考察。

秦皇汉武时期，大型铜铸装饰作为城市景观的标尺，是帝王威仪的象征，到了北魏洛阳出现了完全不同的面貌。我们如何来理解这样的变化呢？

我有两个粗浅的想法。第一点，铜铸景观在汉晋时代延续中仍然有变化。目前对汉魏洛阳城的考古发掘，大大凸显了魏明帝时代改造洛阳城的意义。通过对太极殿遗址的考古发掘，可以确认北魏太极殿是在曹魏太极殿基础上营建的，尽管传统上倾向认为，北魏孝文帝进来的时候，近两百年的战乱使得西晋洛阳城破败不堪，但太极殿的考古发现提醒我们多数宫殿是原址复建的。宫城之外，目前比较明确的是对铜驼街的改造，汉代洛阳城，南宫宫门（司马门）是重要的空间标识，因此明帝把新铸的两个铜翁仲，放在了司马门外，这是秦汉的旧传统。铜驼街则代表了新的传统，阊阖门在司马门靠西的位置上，明帝对洛阳城的改造中，阊阖门正对的是太极殿，中轴线实际上发生了偏移。中国社科院考古研究所汉魏洛阳城考古队最近二十年来重要的考古工作，就是复原了魏明帝对铜驼街、阊阖门至太极殿的轴线的营造，这条轴线为北魏所继承。因此，魏明帝时代，铜铸装饰作为城市景观，仍然是发生了改变的。

第二点是关于魏斌老师提出的佛寺取代传统铜铸装饰的说法。从整体的城市景观来讲，这一看法大致可以成立，还需要更进一步思考的是，铜

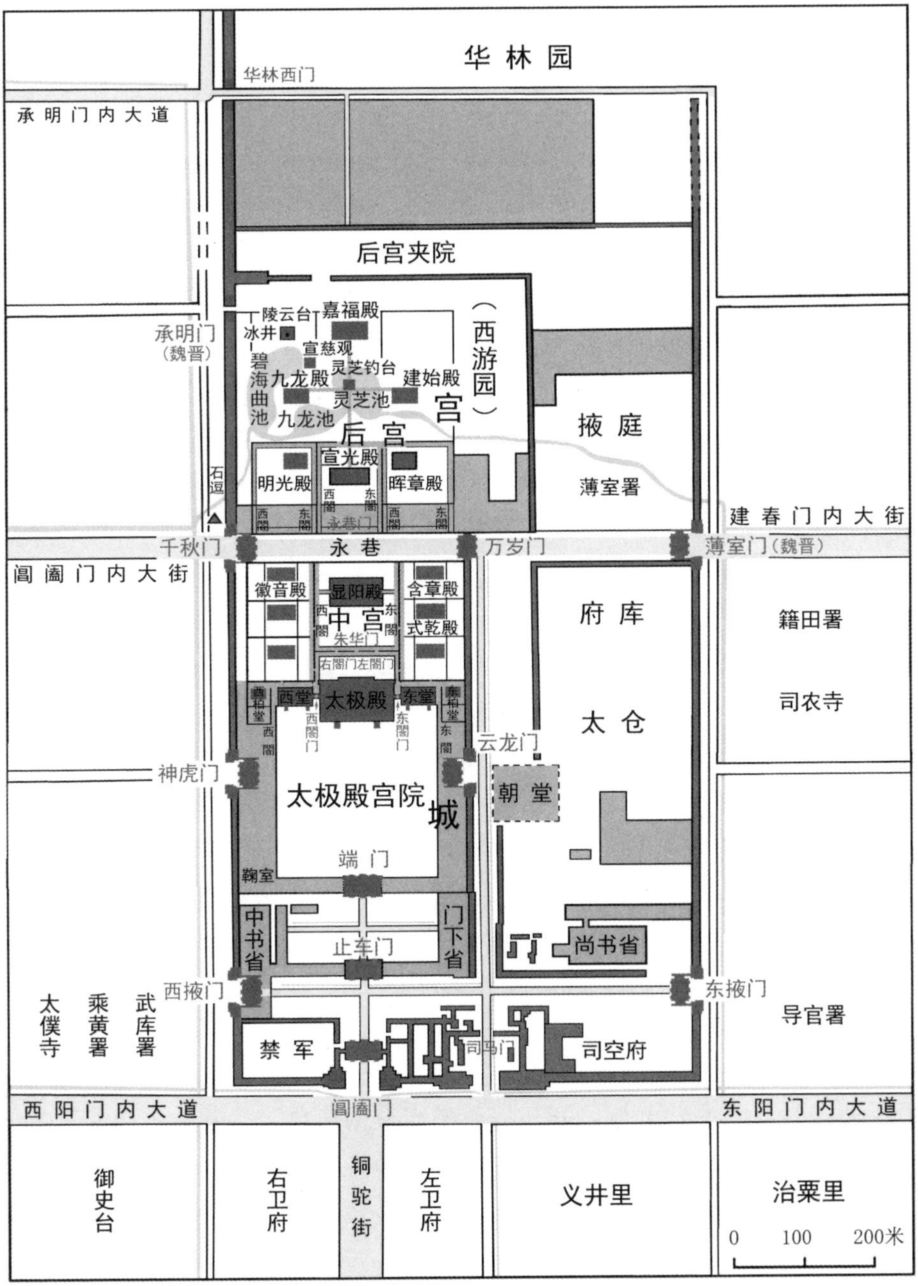

钱国祥　北魏洛阳宫城的空间格局复原示意图（《北魏洛阳宫城的空间格局复原研究》，《华夏考古》2020 年第 5 期）

铸装饰作为帝国景观是完全官方化，但是南北朝到唐代的大量佛寺哪怕有皇家背景，性质却是公私交错的。皇家背景的寺院并不等同官寺，稍微往后看，唐代有很多太子、皇后、公主、亲王舍宅为寺，这里还是有私人的面向。因此这两种景观未必能放在都城景观变化的层面进行对等的讨论。与其说北朝到唐代洛阳都城的佛教景观是皇家化，不如说是贵族化的。

最后我想稍微再提的是，如何理解实用性与象征性的关系，还值得进一步思考。除了铜铸物迁徙反映都城兴废的象征作用，我们不能忽略古人迁移建筑材料的实用目的。十六国时代，记载确实强调翁仲、铜驼这些作为城市象征物的意义，但很多时候，搬迁铜铸物在内的各种建筑材料是为了营建新的都城，比如东魏拆毁洛阳城的建筑去营造了邺城。这种迁移，究竟哪些是带有塑造景观目的的行为，哪些仅仅是建筑材料的重新利用？我们不能说古人没有“景观”意识，但现在是否过于强调这种象征物的兴废对历史记忆的影响，而忽略了实际功用的一面？

商 伟：

我们最初设计这一讲座系列的时候，希望有一位学者能从都市的角度进入历史景观的研究。魏斌老师在这里做了一个跨学科的讲座，既不完全是我们通常所熟悉的城市史，更不同于政治史，而是涉及了王朝政治、都城制度、传说与书写、物质建筑和视觉景观等诸多方面，并且最终指向了旧都遗迹、历史记忆与王朝的合法性等相互交叠的重要问题。洛阳这座废弃了约一百八十年的都城，在拓跋氏手中得到重建，这是一个不同寻常的历史事件。从空间的角度切入北魏重建洛阳城的时间点，可以开掘出丰富的意义层面。正如魏斌老师所形容的那样，这是空间和时间的双重叠加的一个历史过程。一方面，从前的一些建筑和其他物质形态的前朝遗址和遗迹都一度被废弃了，或埋入地下，而又在某一个时刻被发掘出来，加入了正在展开的当下的王朝时间。另一方面，另外一些之前的建筑和各类器物遗存了下来，并且也不可避免地与时俱变。所以，洛阳的过去并没有完全销声匿迹，其中的相当一些部分还存活在当下，被纳入北魏的都城景观，成为北魏王朝的政治生活的一部分，也与洛阳居民的日常世界息息相关。出现在北魏洛阳的上述现象，未必能划入今天学术体制所界定的任何一个具体学科的研究范围，但它们又正是广义历史学的题中应有之义，因此大有深入拓展的余地和前景。这里我就魏斌老师的讲座简单地谈几点印象。

第一点，关于赵逸的传说。魏斌老师从史料中钩稽出来的赵逸，既是前朝遗址旧迹的指认者，又是它们的见证人。他在古都洛阳的历史和建筑方面大概做了一些功课，有过实地考察，还多方收集了相关的传闻与记载，但也不免真真假假，故弄玄虚。他所指认的前朝遗址，有的是可以通过结果来验证的，有的则“死无对证”。例如绿珠楼，即使当时人想出别的办法来佐证这一发现，可是绿珠本人，以及她的同时代人，都早已不在了。此地与彼楼，又有谁说得清楚呢？赵逸的不同之处在于他自称是一位过来人：他之所以能够指认绿珠楼，正是因为他是晋武帝时代的人，恰好见证了绿珠和石崇的故事，并且完整地保存了自西晋以下有关洛阳的历史记忆。不难想见，当时也不乏其他的指认者，但终究难以取信于人。于是，像赵逸这样自诩的见证人便应运而生了。从这个意义上说，他实际上是与他的受众“合谋”的产物，因为他的出现满足了当时的普遍需求与共同期待。这样的人物或许还不仅仅赵逸一人，他的事迹广为流传可能是因为他更成功、更令人瞩目；也可能是有关的记载将许多类似的指认故事都归在他的名下，把他的名字变成了一个集体的符号。因此，在他名下发生的事情共同形成了一个“赵逸现象”。

如何理解赵逸这样的人物及其所作所为？魏斌老师引述了葛洪《抱朴子·祛惑》里面提到的那些妄言惑众的道士，可供参考。不仅如此，我们还可以参照六朝的志怪作品中一些常见的叙述范式。即便是最离奇的志怪故事，到了结尾也需要有一个合理化的解释，或者结束在真相大白、“原来如此”的时刻上，因此往往离不开人证或物证。比如说，这个故事是从哪里听来的，谁曾经目睹其事，或者当事人留下了什么证据。指认从前的遗址遗物也是志怪作品中常见的一个母题，这类故事除了借助道士、神仙一类的人物，还不得不利用托梦、占卜和预言等超自然的手段。赵逸自称是过来人或当事人，所以一劳永逸地解决了人证与物证的问题。

关于绿珠和石崇还有不少传说，构成了洛阳古都的历史想象的一部分。赵逸一方面将这些传说附会在他发现的遗址上，另一方面又通过自己的发现接续了这些传说。这一遗址指认是否可靠，并非问题的关键。重要的是，一旦这一遗址被指认为石崇家池的绿珠楼，它便产生了预期的效应，关于绿珠和石崇的历史传说从此进入了当代人的生活空间。如魏斌老师所说的那样，那些“学徒”听赵逸说这里就是绿珠楼，以后经过此地就不由得会想起绿珠的容貌，尽管他们谁也没见过绿珠，谁也不知道她长什么样。历史不只是与记忆相关，还包括想象，乃至私密的幻想。我曾经读过一本后代编纂的解梦书，其中的一些问题匪夷所思，例如梦见了王昭君或赵飞燕究竟预示着什么，只是不记得是否提到了绿珠。

第二点，魏斌老师在讲座的第四部分，谈到了“被移动的都城装饰景观”。与难以移动的建筑不同，作为都城景观一部分的铜铸等器物，是可以拆开来，可以搬迁移动，可以收藏或重新陈设的。就像圆明园被毁以后，其中的两个华表被移到了旁边的北京大学的校园，变成了校西门景观群的标志性建筑。这些铜铸器物不仅具有装饰景观的意义，还具有政治象征意义和实用意义。同时，它们也直观地展现了洛阳古都的历史。这些器物在挪位之后，就失去了与原初环境之间的关系。而设置在新的环境中，它们的意义也发生了改变。其他的器物在无法搬迁的情况下或被毁坏之后，易地再造，又似乎是为了保存它们原来所具备的象征意义。这一切都需要做出语境化的分析，因为动机、目的与实际的效果都未可一概而论，而是因人而异或因事而异。此外，仇鸣鹿老师刚才还强调了这些器物的实用性功能。的确，这也是不该忽略的一点——除了石经和铜铸器物之外，故都建筑遗留下来的许多材料都是可以不断地回收利用的。这在世界城市史上屡见不鲜，例如耶路撒冷城墙的“百衲衣”现象——其中的石头原本来自不同的时代、王朝和不同的地方，上面分别刻着阿拉伯文、拉丁文、希伯来文等等，但屡经变乱，弃而不毁，于是又被回收起来，颠倒错落地组成了我们今天看到的城墙。这样一座城墙以最直观的物质的和视觉的方式，呈现了耶路撒冷的层累构成的复杂历史。北魏洛阳的重建情况如何，今天主要是通过文字记载来重构，失去了物质材料的直观性。但北魏利用旧都残余的材料和器物来构筑新的宫殿和城市建筑，这样的情形也是不难想象的。

第三点也是最后一点，魏老师说到都城风景的三个层面：王朝权力的象征、民众的生活场所，以及由废墟、古迹等隐而不显或残缺不全的空间所组成的怀古指向的层面。而这三个层面又是相互交叉，相互补充的。对于北魏的拓跋氏来说，无论是缅怀汉晋，远绍东周，还是古都重建，恢复旧制，都具有政治性的象征意义。当然事实上，北魏没有也不可能在当时的洛阳完全恢复汉晋的都城旧制，而是在重建洛阳都城时参照了其他北朝都市的设计。陈寅恪先生曾经指出过这一点。但正因为如此，孝文帝致敬汉晋旧都的行为更具有象征性和姿态性，而象征性和姿态性本身的政治价值是无论如何都不应该低估的。比如魏老师提到，太和十七年（493）九月，孝文帝到洛阳后“巡故宫基趾”，有感于宫殿“荒毁”，曾“咏《黍离》之诗，为之流涕”，接着又“观洛桥，幸太学，观石经”，令李冲和将作大匠董爵“经始洛京”，并于次年迁都洛阳。《黍离》相传为周大夫

东汉　熹平石经（又称一体石经）残石　洛阳博物馆藏

所作，伤悼王室东迁洛阳之后，镐京长安的宗庙宫室尽为禾黍。而在六朝的历史语境中，又有所谓衣冠南渡——西晋兵败于匈奴，分别于311年和316年失去了洛阳和长安，被迫迁都建康。一百八十年后，孝文帝来到西晋故都洛阳，借《黍离》抒发朝代兴亡陵替的感慨，这显然又不仅仅是大发思古之幽情而已。毕竟，他是作为胜利者来到洛阳的，他的心里不能不想到他打下的北魏江山与上一个在此定都的西晋王朝之间究竟是怎样的一个关系。孝文帝接下来“观洛桥，幸太学，观石经”，观览的不只是城市本身，还包括宫廷的教化设施。而他在太学中观看的东汉熹平石经和曹魏正始石经，则象征着王朝合法性的依据与基础。关于石经的文本选择校订、凿刻制作与复制传播，以及其在经学史、书法史和广义文化史上的地位与影响，学界已有详尽的论述，其重要性无论如何估价都不为过。

“幸太学，观石经”是一个重要的政治姿态——孝文帝将汉晋王室的政治文化遗产接收了下来，并且以此来帮助确立北魏在王朝谱系中的正统地位。这一姿态因此又具有了实质性的内容，与他的一系列汉化举措形成了内在的一致性。孝文帝出自北方的鲜卑拓跋部，但在教化的问题上却当仁不让，而入主洛阳又助了他一臂之力。与南方的金陵相比，作为中原古都的洛阳，占尽天时地利之便；尤其是在王朝的合法性叙述中，它具有了地域的和历史的双重优势。谁占下了洛阳，谁的政权就拥有了某种天然的合法性，至少是有了这样一种可能性。相形之下，江南地区被纳入儒家的文明版图是相对晚近的事情，金陵的重要性与地处中原的洛阳是难以相提并论的。如何打造出“江南佳丽地，金陵帝王州”的都城形象，还有待于南朝帝王和文人的协同努力。魏老师在讲座中提到，北魏在洛阳建都时，除了恢复周制和汉晋之制以外，还参考了南方的都城设计，但是他们并没有选择南方的方案。实际上，东晋和南朝的帝王在设计规划金陵时，都不得不因地制宜，并且从头开始。这原本是无可奈何之事。但即便如此，他们仍不失时机地挪用长安和洛阳的地名和宫殿名，也就是通过命名的方式，将金陵纳入古都的历史谱系。孝文帝建都洛阳，恢复旧制，一方面以中原古都的新主人自居，另一方面又把自己推上了汉晋王朝的合法继承者的位置。在跟南方的齐梁王朝的政治抗衡与合法性论辩中，拓跋氏无疑占据了一个有利地位。

如果引入南北对照的视野，我们还可以看到北魏与梁朝的都城都逐渐出现了佛教化或佛教景观化的趋向。洛阳的重建可以划分为回归汉晋的华夏化与佛教化这两个基本阶段，其间当然也有相互重叠的部分。而同样都是佛教化，北魏洛阳与齐梁时期的建康之间的联系与区别是什么，分别体现在哪些方面？它们的佛教景观能否视为同一风气的产物，而在同一风气的影响下形成了彼此竞争的关系？王室和贵族的参与是否为都市的佛教化带入了政治的象征意义？从都城的宗教景观及其背后的制度设置与观念基础入手，能否对政权与佛教的关系这个我们都十分熟悉的老问题做出新的理解？

陆　扬：

魏老师回应之前，我再提一两点我的听后感。参加我们这次活动的同行非常多，就在刚才，在美国德堡大学研究罗马史的刘津瑜教授发来信息，提到魏老师和商老师讲到的关于文物“挪用”问题，这种旧物的挪用在罗马史上也很常见。我跟她的看法不谋而合，罗马从古典时代，到后来教廷掌控，再到文艺复兴，在旧址上重新复建的情况非常普遍。从这个角度来说，古代的洛阳城和罗马非常像，甚至比长安和罗马拥有更多的可比性。洛阳城在这点上应该得到更多的重视。

本次讲座的一个重心是在历史记忆、城市的叠加以及对过去的想象。魏老师最后一个部分没有特别展开说明，但十分有趣。当北魏洛阳城变成以佛教景观作为鲜明表征的那一刻，它和以前汉魏留下来的传统景观、以儒家文化为主体的都市景观，是什么样的相互关系，中间又有什么样的转换？这是留给我们可以进一步思考的议题。

这里我想特别提到的是赵逸指认古迹的例子，北魏利用所谓建构的知识来重新追溯、延续传统，这种案例佛教里也有。《洛阳伽蓝记》中有一个关于佛教记忆的文献，卷二《城东》说：“崇真寺比丘惠凝，死一七日还活。经阎罗王检阅，以错名放免。惠凝具说：‘过去之时，有五比丘同阅。’”惠凝在阎罗王处，碰到了五个这里以前的、不同寺院的僧人。惠凝之后，洛阳城的佛教氛围也有所转换。佛教是用这种叙述方式来追溯以前发生过的事情，与赵逸追溯历史的形式不太一样，这一点值得我们做一些比较。

魏老师讲到了一个很重要的问题，就是汉魏之制和周制在北朝历史中的变迁。都城洛阳的营建既是北魏的努力，也是北魏如何面对两种选择的一个例证。如何去追溯周代的文明、延续汉魏之制，是他们面临的特殊挑战。在这个基础上如何做出选择，本身也是值得深入的问题。

魏　斌：

时间有限，我只能在这里粗略地谈一下。

郑岩老师首先提到了《洛阳伽蓝记》文献性质的特殊性，确实是这样的，在某种程度上这是杨衒之个人的回忆，其中对于赵逸古迹指认的记载，类似于一种回忆中的历史记忆，有点像梦中之梦的感觉，在文献史料的准确性上需要再说明。其次是关于邙山的部分，宿白先生关于洛阳城的经典论文中，洛阳城与邙山陵墓便是一起讨论的，两个部分密不可分，死后空间的营造是如何叠加的，是我进一步需要考虑的问题。再次是关于洛水的问题，实际上《洛阳伽蓝记》也提到了很多，北魏洛阳城里被保存或者说修理得比较好的一些汉晋遗迹，有相当一部分都是实用性的水利设施，这是他们在建造、重新利用城市的时候，必不可少的一些设施。

关于仇鹿鸣老师提出的仿古问题。他们在建造北魏洛阳城的时候，是很认真、严肃地去考证地点，然后力图复建，这与后来清代的学者们在某个地方复建古迹、古物的性质还是不太一样，当然也存在考证错误的情况。

建筑材料的象征性与实用性的问题，很复杂。历来都城的重建，往往会利用以前都城的建筑材料。东魏建设新都邺城时，有相当多的工材就来源于北魏洛阳城。古代都城的建设上，材料的延续性使用是一个非常普遍也很有意思的问题。建筑材料中最重要的是木材，相对于石材，大型木材是比较难获得的，尤其是在中国的华北地区更为缺乏，这可能也是沿用明显的一个原因。而铜铸设施作为可以被移动的构件，刚才商伟老师也提到了这一点，究竟应该在一个什么样的程度上认知它，是无意识的沿用（在无意识中造就历史感），还是有意识的挪用，二者并太不好做区分，有时也可能是两者兼而有之。就现有的材料来看，如郦道元《水经注·浊漳水》记载，石虎迁移洛阳的铜铸设施到邺城，目的是“以华国也”，也就是装饰国都。据《水经注·漯水》记载，北魏时期也迁移过邺城的一些石刻到平城。我想，这种行为，一方面大概是出于装饰性的目的，另一方面是通过对被占领的旧都城物件的挪用，彰显某种政治意义。

还有一点是北魏洛阳通过迁都带来的文化重塑问题，也就是刚才商伟老师提到的，孝文帝在洛阳古迹和空间的重构中，通过对汉晋文化的选择，宣告自己成为华夏世界的新主人的问题。这里讲的是我近期写作系列文章中的一篇，前段时间还完成了一篇论文，讨论的是东晋时代江南士人的故国认知问题。东晋时期，无论是朝廷还是士人，很显然是将“故国”作为一个口号，或者一种政治文化的凝聚力，不断地提起。但刘宋以后这一点慢慢被淡化了。北魏迁都洛阳，是在南朝逐渐放弃故国号召，转向建设以江南为中心的文化体系之后。此时孝文帝通过对洛阳古迹与空间的重构，塑造并宣告自己成为华夏世界的新主人，在某种程度上是南北文化意识变化的一个结果。

正如陆扬老师所说，《洛阳伽蓝记》最重要的是佛教内容。但如果要谈论最早的佛教景观化的都城，实际上应该是建康，它在时间上更早，佛教寺院的集中度也很高。而且，建康是一个时间延续很长的都城，从东晋初期开始，两百七十年间一直是南方政权的都城，包括佛教寺院在内的城市文化景观积累，要比北魏洛阳这样只存在了几十年时间的都城复杂得多。不过，北魏洛阳作为北方政权的都城，与南方政权的都城比起来，也有它的特别之处，像佛教寺院跟王朝权力的紧密结合，要甚于南方。我们都知道，唐代出现过诸州大云寺、龙兴寺、开元寺这样的与政区密切结合在一起、统一寺额的国家寺院体系，这种体系先出现于北朝。因为史料缺失，我们难以确认北魏时期是否已经出现这种寺院体系，但东魏时期已经非常明显了，出现了一个定国寺体系。北朝晚期还出现了在战场上建立的寺院。这些都显示，北朝晚期的寺院已经被作为一种政治纪念物或者政治景观，融入王朝制度体系。在南方，很少有以“国”命名的寺院，也没有形成与国家制度、政区相结合的寺院体系。南朝可以看到皇帝、王公贵族资助建造和供养寺院，但没有达到北朝的这样一个层面。

陆　扬：

魏斌教授的讲座拓宽了我们对北魏洛阳的文化、政治的想象。正如商伟教授所说，这个报告很难具体用某一种历史分类来概括。在我看来，这个讲座体现了中古史研究的特点，在文献材料有限的情况下，利用各种资源进行研究，既有传统的对隐含层次的考证与追溯，同时又采用新的方法去弥补以往研究中所存在的问题。这也使得历史的面向变得鲜活起来。这次讲座就先到这里，谢谢大家。

从白门到紫陌

营造建康

田晓菲

很多地方只有过去，没有历史；只有居民，没有故事。有些地方，则有太多的历史和故事，比如南京。这次讲座，我希望检视一下这个故事是如何开始的。当然要从六朝讲起，因为南京是六朝古都。都城的身份实际上仅仅是故事的一个因素，虽然是一个重要的前提因素，但绝不是全部，不是说一个城市只因做过某王朝和某政权的都城就必然有故事。最后，我将提供一个反面的事例，通过对“紫陌”一词的词语考古，看看一个真实存在的地点是怎么从文化版图上逐渐消失的。归根结底，一个地方的文化历史，不仅不同于它的地理历史，也不同于它的社会历史；对于文化历史来说，文本往往扮演了关键的角色，而有些文本的重要性，超过了另外一些文本的重要性。

一　长安与建康：诗人的幻觉

让我用南朝诗人庾信（513—581）的一首诗开始——被杜甫誉为“老更成”的诗人庾信，有着惊人的笔力。南京从一个仅仅有居民、有过去的城市，到一个有历史、有故事的帝都，整个东晋南朝近三百年的历史，就包含在这首二十个字的绝句里：

> 树似新亭岸，沙如龙尾湾。
> 犹言吟暝浦，应有落帆还。

这首绝句题为《望渭水》。渭水是长安的河流。庾信生长在南方，出仕于萧梁王朝，但是六世纪中叶，江南爆发侯景之乱，梁元帝派庾信出使定都于长安的西魏，被扣留不遣，很快梁朝灭亡，西魏也被北周代替，庾信终其后半生都作为羁旅之臣滞留在长安，再也不曾返回江南。

在这首诗里，诗人眼望渭水，出现幻觉，觉得渭水边上的树好像是新亭旁边的树，渭水边的沙滩好像是龙尾湾的沙滩。新亭和龙尾湾都是南方地名，更确切地说是南朝首都建康的地名，地处长江边上。诗人说，虽然身在长安，但是因为对建康的怀恋，眼中所见都是建康景象。

这里值得注意的是对新亭的指称。庾信同时代的读者，都会知道这个关于新亭的有名的故事，《世说新语·言语》记载的版本是：

> 过江诸人，每至美日，辄相邀新亭，借卉饮宴。周侯中坐而叹曰："风景不殊，正自有山河之异！"皆相视流泪。唯王丞相愀然变色曰："当共勠力王室，克复神州，何至作楚囚相对？"

"过江"的一代人，是西晋首都洛阳陷落后南渡长江、建立东晋的难民加移民。他们在长江边上的新亭观看江山风景，想到洛阳四面青山、中有洛水的景色，痛感此水非彼水、此山非彼山，于是悲哀流泪。两百多年之后，庾信同样也是过江者，但他却是北渡而非南渡，也并没有"归国"之感，反而在长安和渭水之畔，思念建康和长江。庾信在北方的诗，常把南朝故国称之为"楚"。王导曾经责备东晋的北方中原人士作楚囚相对，如今庾信却堪称真正的楚囚。这不能不说是极大的反讽。

龙尾湾是诗中的第二个地名，同样令人瞩目，但是出于不同的原因。位于建康西南的新亭非常著名，它是长江上风景优美的名胜地，也是出入建康的要地，整个南朝时期，它既是公宴与祖饯的所在，也有驻军的堡垒。和新亭不同，龙尾湾是个只有建康本地人可能才会知道的小地方。如果翻检《南史》，我们可以看到“新亭”出现过70多次，龙尾湾却一次也没有出现过。南朝文字唯一提到这一地名且把龙尾湾和新亭联系在一起的，是一首乐府歌曲《白浮鸠》：

石头龙尾湾，新亭送客渚。
酤酒不取钱，郎能饮几许？

《白浮鸠》属于江南流传的地方曲调，宋代郭茂倩引陈代智匠《古今乐录》云：“《白附鸠》，倚歌，亦曰《白浮鸠》，本拂舞曲也。”（《乐府诗集》）拂舞即是出自江南的一种舞蹈。我们不知道庾信是不是知道这支歌，但是我们知道《望渭水》的下半，一定是对前辈诗人何逊（约518年卒）的致敬与回应。何逊有一首诗题为《宿南洲浦》：

幽栖多暇豫，从役知辛苦。
解缆及朝风，落帆依瞑浦。
违乡已信次，江月初三五。
沉沉夜看流，渊渊朝听鼓。
霜洲渡旅雁，朔飙吹宿莽。
夜泪坐淫淫，是夕偏怀土。

庾信的“犹言吟暝浦，应有落帆还”就是何逊“落帆依暝浦”的转写：诗人继续他的幻想，想象在天色渐晚的河流上，落下船帆，回归故乡。如果诗歌典故构成一种歇后语，那么庾信诗隐去的后文，就是何逊诗的最后一句：“是夕偏怀土。”

庾信的诗所反映的，是因感情的纠结而导致感官的迷乱。这样把心理

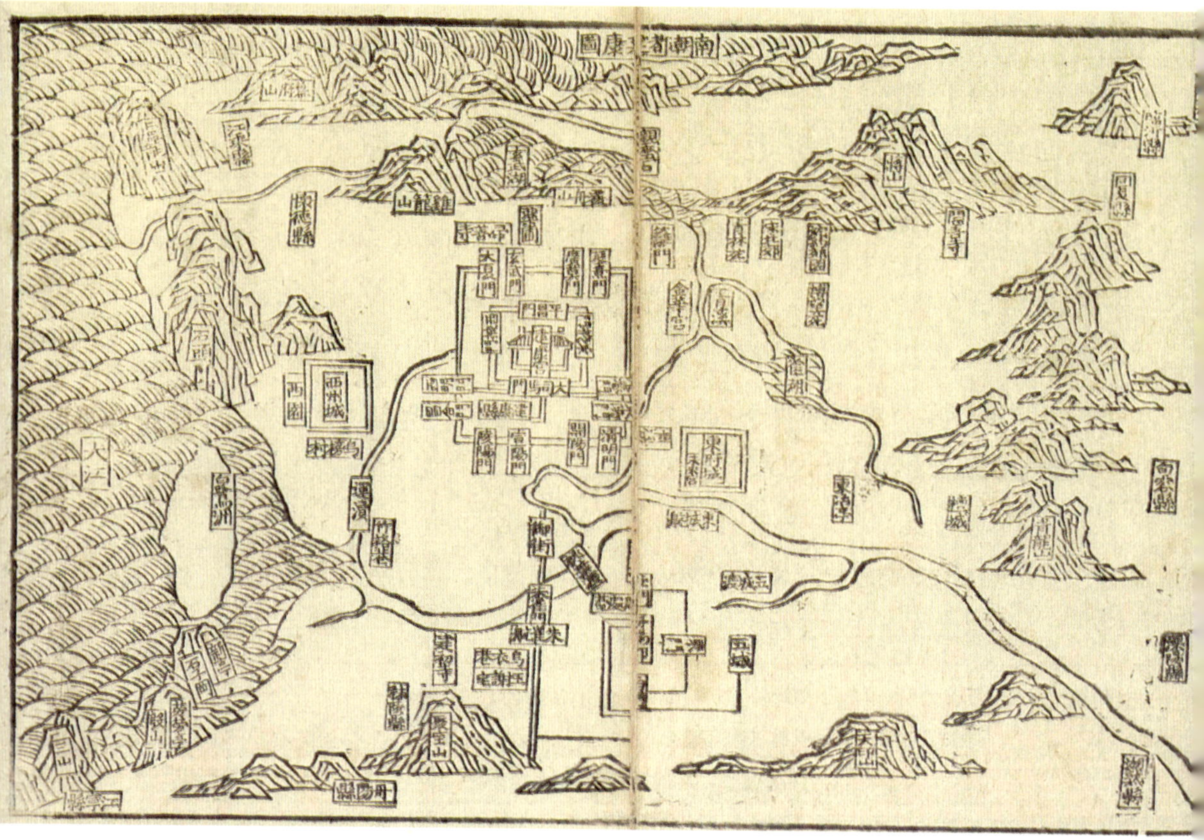

南朝都建康图（陈沂《金陵古今图考》明正德十一年刊本）

变化“翻译”成物理变化的做法并不少见，梁朝诗人王僧孺就有“谁知心眼乱，看朱忽成碧”的诗句。庾信诗的特别之处在于，在南朝的诗歌里，我们时时处处可见诗人用周、汉、西晋一路延续下来的长安和洛阳来代称建康，用长安、洛阳的地名、宫殿名来比附建康地名和宫殿名，但是，庾信的诗，却破天荒第一次用南朝地名来比附北方周汉旧都的长安。换句话说，每次我们说“甲很像乙”，我们都是在把乙作为第一位的、甲是第二位的，乙是甲的参照系，是我们理解世界的基本框架。说长安像建康，根本就是违背了此前的诗歌传统和思考方式的。

但是，作为被扣留在北方的、故国沦陷的南朝人，庾信面对的是一个全新的处境，因此，他必须用一反常态的方式来表达他的这种全新处境给他带来的震惊与创伤。与此同时，庾信的诗还反映出了建康的变化：从东晋南渡初始面对内忧外患的仓皇郁闷，到繁荣、蓬勃、自信的萧梁王朝，建康的地位和身份经历了巨大的转变，这一转变，也是秦汉以来中原政治文化中心视之为蛮荒边地的江南被建造为佳丽地的过程。诗歌这一文学体裁在这一过程中起了重要的作用。

二　名字与身份、砖瓦与文字：从行政总部到帝国之都

南京最早的名字是金陵，得名起始据说是周显王的时候，楚国灭越（前 333），尽得吴故地，因为人说此地有王气，于是埋金（不是金子而是铜铁之类的金属）以镇之，故名曰金陵；到秦始皇的时候又有望气的人说：“五百年后金陵有天子气。”于是秦始皇东游以厌镇之，并把金陵的名字改为秣陵。建安十六年（211），孙权把治所迁移到秣陵，次年改名为建业，显然有建立王业的意思；到了咸宁六年（280）晋武帝平吴，重新改为

秣陵，到太康三年（282），分秣陵北为建邺，但很有意味地把“建业”之“业”字改为“邺”字；建兴元年（313），晋愍帝司马邺登基为帝，为避司马邺的名讳而改为建康。至此我们看到：建康作为一个地方，在文本传统里已经有了六百年的存在历史，而且在孙权称帝后首次成为王朝首都，但是，在文化史上，它却基本是缺席的。吴国灭亡后，虽然有著名作家陆机为它作《辨亡论》，但是对建业的陷落却无人在文字中表示哀悼。吴国的建业，还没有乌衣巷，没有玄武湖，虽然长江中的沙洲一定从来都有很多白鹭盘旋飞舞，但没有人知道白鹭洲，更没有鸡鸣埭，或者临春阁。换句话说，吴国的建业乃是吴国统治江南的行政中心而已，它作为一座城池，却基本上默默无闻。

建武元年（317），晋元帝在建康建立东晋政权。《世说新语·言语》中有一则很出名的故事：有人批评王导“初营建康，无所因承，而制置纡曲”，和桓温营建的姑孰“街衢平直”相比稍逊一筹。王导的孙子王珣为王导辩护说：“此丞相乃所以为巧。江左地促，不如中国；若使阡陌条畅，则一览而尽。故纡余委曲，若不可测。”王珣颇有口辩，他的回答固然巧妙，对我们来说最有意思的一点却是辩词所反映的时人对江南的认识：江南在秦汉以来一直被北方人士视为荒蛮的边缘地带，虽然中土移民到了第二代、第三代时已经对东晋政权回返中原感到顾虑重重，但是他们对江南的印象却还是可以用传统的轻蔑判断来进行概括：“江左地促，不如中国。”

元帝始镇江东，东晋政府作为流亡政府，“公私窘罄”，就连一口猪都被视为“珍膳”（《晋书》）。公元四世纪的大部分时间，东晋王朝都在忙于镇压内部叛乱、击退北方威胁，首都的建设并非首要关怀。尽东晋一朝，唯一的大规模城市建设是由谢安（320—385）在太元三年（378）执行的。谢安与王彪之（305—377），作为著名的王谢家族的翘楚与代表共

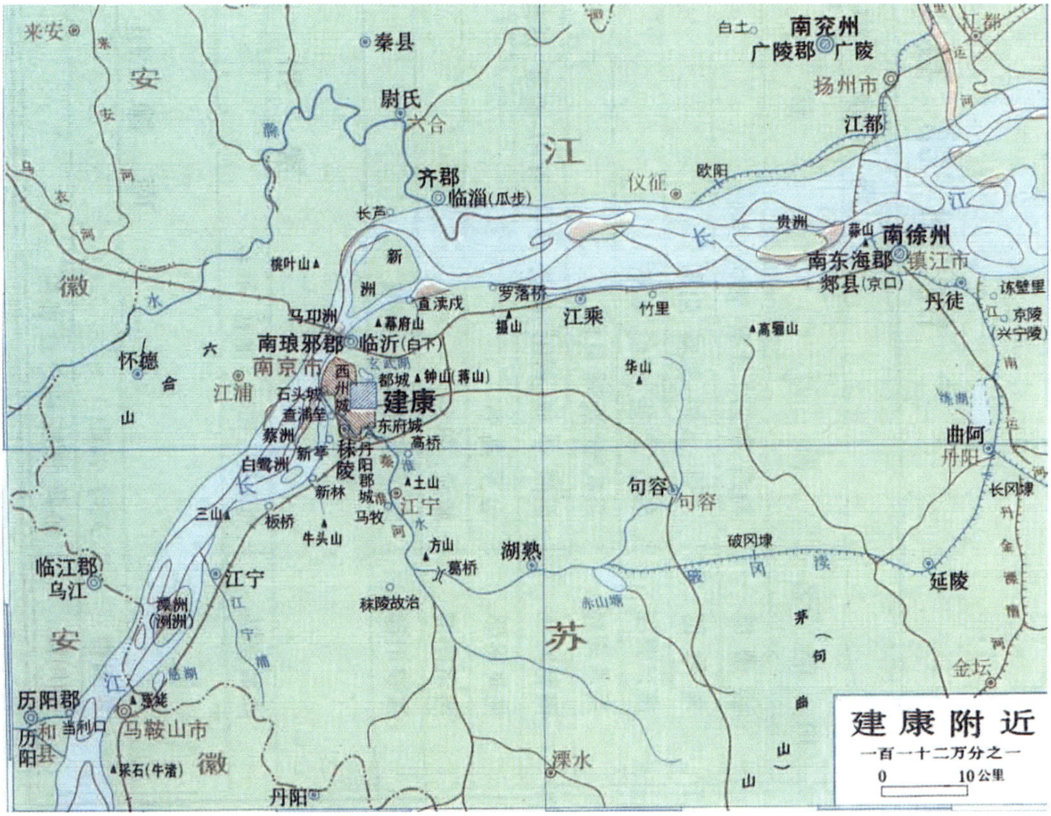

南朝建康及周边地理　（谭其骧主编《中国历史地图集 东晋十六国·南北朝时期》）

同执掌朝政，一切重大决策都必须两人协商一致。在修建宫室的问题上，二人态度迥异。王彪之虽然也承认皇宫“方之汉魏，诚为俭狭”，但认为可以凑合下去，因为“强寇未殄，正是休兵养士之时，何可大兴功力，劳扰百姓邪!”谢安回应说：“宫室不壮，后世谓人无能。”这一回答显得十分微弱无力，只给了王彪之一个说教的机会：“任天下事，当保国宁家，朝政惟允，岂以修屋宇为能邪!”这种冠冕堂皇的大道理，使谢安无言以对，因此大规模营建直到王彪之故世后才得以进行（《晋书》）。王彪之与谢安在这一议题上的意见分歧非常具有象征意义：王彪之代表的是儒家强调节制俭朴、与民休息的熟悉论调，然而谢安展现的却是一种全然不同的政治视野。也就是说，谢安意识到舆服建筑这些眼目可及的物质标志在代表国体和王朝合法性方面的重要，它们是王者与帝国尊严的具体可见的体现。只不过在中国传统话语体系里，勤俭建国、休息百姓的主张可以轻易找到大量理论来支持，“大修宫室”的理念却缺乏话语资源（萧何对汉高祖的回答是少数例外，见下文）。因此，谢安无法引经据典对王彪之的抵制做出有效的反驳。

基于种种现实原因——财力、物力、人力有限，内忧外患频仍，权臣往往有自为之心，以及政治紧迫性的缺乏——在东晋一朝对王朝合法性的建构过程中，都城与宫室的建设并不是朝廷的当务之急。然而，随着时间流逝，这样的形势逐渐开始发生变化，谢安的营造方案或可谓此一转变的早期征兆。

对建康的构筑产生最早和最重要影响的是宋文帝（407—453；在位时间 424—453）。宋文帝的父亲，是取代了东晋的刘宋王朝的创建者宋武帝刘裕（363—422；在位时间 420—422）。从东晋最后两个皇帝开始算起，宋文帝是江南半个世纪以来第一位成年登基并且长期执政、掌握实权的皇帝。这位年轻君王即位后面临两大挑战，一是强大的贵族精英集团，二是北朝劲敌的崛起。北魏太武帝拓拔焘（408—452；在位时间 423—452）于太延五年（439）统一了北土，这是一个重大的事件：它终结了北方逾百年的强权纷争，正式开启了南北朝时期。北方的统一对南朝构成巨大的政治压力：这一方面意味着国家之间必须维持势力的均衡，一方面与皇权正统性密切相关。为了与统治了传统华夏疆域的有力对手抗衡，也为了对抗本土的世家大族精英，宋文帝需要“展演王权”，展示和表演他的王朝统治的正当合法性，激发臣民对他个人至高权威的信心。

必须说明的是：“王权”（kingship）在这里并不意味着帝王的权力，而是意味着君主的身份、地位和尊严。它是一个想象的社会建构。君主在本质上和任何一个普通人并无区别，他凭借他的权威行使权力，而他的权威事实上是由他的臣下也就是一个社会精英阶层赋予他的，他的权力基于他人对其君王身份和地位的认知与认同。权力既然来自他人的主观感受和认知，就必须具有可见度，必须通过展现了社会等级区别的象征性标志显示出来：服饰、车舆、居处，无不起到关键作用。居处包括宫殿，也包括作为帝国心脏的首都。在这方面，宫室尚简朴的传统政治道德话语并不能满足和解释王权建构实际的运作和需要。

公元五世纪三十至四十年代，宋文帝在位期间，建康在南朝的营造出现了第一个高峰。建筑项目包括建造北苑，后来改名乐游苑，于覆舟山一带大起楼台；元嘉十五年（438），建造东宫，使之成为“制度严丽”的居所（《建康实录》）。元嘉二十二年，扩展与翻新华林园，修建玄武湖。此外，还有元嘉二十年皇城的城门建设和元嘉二十五年建康城的城门建设。

除了砖石瓦当的营造之外，文字的经营也至关重要，甚至比物质的建筑更重要。在宋文帝的引领下，这一时期也见证了对建康城首次大规模进行的文本建构。元嘉二十二年，宋文帝修筑了一座人工的景阳山，景阳山顶有一座景阳楼。宋文帝作有《登景阳楼诗》，尚有八联传世，这里引用其中五联：

> 崇堂临万雉，层楼跨九成。
> 瑶轩笼翠幌，组幕翳云屏。
> …… ……
> 极望周天险，留察浃神京。
> …… ……
> 士女眩街里，轩冕曜都城。
> 万轸杨金镳，千舳树兰旌。

诗句首先描述了楼台的高度以及它与壮丽京城的相对关系，次及高楼的深度，表现楼台如何掩藏于重重帷幌屏风之后，幽深难测。上引第三联，强调了君王视野的开阔和包容。最后四句写都城人口稠密，舟车往来不绝。建康作为帝国中心，是水陆交通运输和信息传递的中转枢纽，而君王从高耸的景阳楼上眺望到的风景，从近在眼前的细节局部一直延伸至帝国的四面八方。这里有对江南帝国疆土感到的骄傲，有对建康城作为帝国心脏的赞美，更展示了君王视线普及天下、无所不包的容量。数十年后，南齐（479—502）法制规定“诸王邸不得起楼临瞰宫掖”（《南齐书》），正是因为深深明了楼台在观望和知识中所蕴含的权力运作。

谈到宋文帝对建康城大力进行的文本建设，就不能不提到他最欣赏倚仗的宫廷诗人颜延之（384—456）。颜延之是所谓“元嘉三大家”之一，相比其他二位“大家”谢灵运（385—433）和鲍照（约414—466），颜延之在后代较少为人注意，但是，他在五言诗的发展史中、在当时文化语境中都起到了重要作用，在当时文化语境中，他的重要性在于他想象与建构帝国的能力，也就是钟嵘（518 年卒）在其《诗品》中所指出的“经纶文雅才”。在一篇题为《南朝宫廷诗歌里的王权再现与帝国想象》的长文中（英文论文见 *T'oung Pao*, *Vol. 102, 2016*，中译本刊于《中国文哲研究通讯》2020 年第 30 期第 1 号），我曾详细论述宋文帝对建康的缔造和颜延之在其中所扮演的重要角色，这里仅举一个例子。

元嘉二十六年（449），颜延之陪伴宋文帝前往京口，写下《车驾幸京口侍游蒜山作》。京口位于建康以东、长江南岸，具有重要的军事战略地位。同时，京口也是刘宋皇帝的故乡，宋文帝及其父宋武帝刘裕都是在京口出生的。宋文帝在位期间，曾两次亲临京口，一次是在元嘉四年，另一次则是在元嘉二十六年。第二次巡幸长达三个月之久，此间宋文帝在京口颁布诏令，以“北京” 称呼京口，以为“皇基旧乡，地兼蕃重，宜令殷阜，式崇形望”，迁数千家以充实之（《宋书》）。蒜山是京口一座俯瞰长江的平顶小丘，上面野蒜丛生，因而得名。作为山丘来说，蒜山相当低矮平凡，但是，颜延之对它的文字再现，却把我们带到一个表现王权与帝国的高峰。诗的第一联极有气势：

元天高北列，日观临东溟。

“元天”是一座神话中的山，据《文选》李善注，其山之高，“四见列星”。这里值得注意的是诗人特别强调这座山位于北方。天体的意象在下一句“日观”的名字中继续出现。日观也是泰山峰名，由此可观看日出也可俯瞰东海，从天到海，从仰观到俯视，诗的开头可谓气象万千。

入河起阳峡，践华因削成。

第二联围绕两个北方地景——黄河与华山——展开，其潜在结构是贾谊的《过秦论》这一文本："然后践华为城，因河为池，据亿丈之城、临不测之溪以为固。"按照贾谊的说法，黄河、华山是维护秦朝首都咸阳的天然屏障。如此一来，诗人在开头四句展现出了一幅北方的壮阔风景。然而下面发生了戏剧性的转变：

> 岩险去汉宇，衿卫徙吴京。
> 流池自化造，山关固神营。

"岩险""衿卫"二词都出现于东汉作家张衡的《西京赋》《东京赋》。值得注意的是，以建康为首都的吴国，和大汉帝国原本无法相提并论，但是，借由"吴京"与"汉宇"的对仗，诗人把"吴"和"汉"放在平行对应的位置，"吴"获得了前所未有的崇高地位。而且，当诗人宣称北方陡峭的天险已离开汉土、徙置建康时，他是在一手改天换地，把北境的山川险阻移到了南方。换句话说，这里的"岩险"与"衿卫"，指的是长江与蒜山这些环绕南朝帝都的天然屏障。作者用"造"与"营"来形容造物者对于地势地形的塑造经营，这两个强调人力构筑的动词，正好巧妙地形容诗人自己如何以天神般的巨力移山倒海，将异域地景挪移至南方。这是只有在文字里、只有在善于运用文字的人手里才能表演的魔术。

建康的营造在宋文帝之子宋孝武帝（430—464，在位时间453—464）治下继续进行。相对文帝，宋孝武帝无论在砖石建筑还是文字营造方面都有过之而无不及。他在孝建元年（454）建造正光殿与孔庙；大明三年（459）于玄武湖北岸创建上林苑；大明五年修建礼殿，开立两条驰道；大明六年修筑凌室，新建城门大航门。孝武帝好文章，文集多达三十卷，七世纪初尚有二十五卷传世。刘宋之后的萧齐王朝，其创始人齐高帝萧道成（427—482；在位时间 479—482）在建康的营造过程中扮演了重要的角色。建元二年（480）正旦元会，有人以韵语上言：“白门三重门，竹篱穿不完。”（《南齐书》）“白门”是首都建康城南宣阳门的俗称。当时，建康城没有一座真正的砖砌城墙，围绕城市的是木栅竹篱，这两句韵语是说：白门尽可以重重上锁，但是围绕建康城的竹篱残缺不完，不足以保证城市安全。这两句包含讽刺的韵语非常触动齐高帝，他于是下令修筑城墙。此前，齐高帝曾打算用刘宋某宫殿拆除后的材料建造宣阳门，被大臣用“勤俭节约”的理由阻止，如今他们又对修筑城墙表达反对意见，但这一次高帝没有再屈服，他引用被南齐萧氏皇室视为祖先的汉朝开国大臣萧何的话，说：“吾欲令后世无以加也。”当年萧何因大修未央宫而惹怒汉高祖，针对高祖的批评回答说：“天子以四海为家，非壮丽无以重威，且无令后世有以加也。”（《史记》）萧何是历史上少数为大造宫室进行辩护的人，虽然如此，他的辩护词也还是把不应陷后代子孙于奢侈作为一个具有说服力的论点。

萧齐时代建康城墙的修筑，是建康城市史上重要的新篇章。高帝之继任者齐武帝（440—493；在位时间 482—493）在永明年间也有很多修缮营造，如青溪旧宫、商飙馆、新林苑、兴光楼，其中兴光楼因涂以青漆而被京城百姓称为“青楼”。有感于砖木建筑的无常，武帝在去世前留下的遗嘱中，曾特别针对他在位期间修造的三座宫殿提出：“夫贵有天下，富兼四海，宴处寝息，不容乃陋，谓此（按，指凤华殿、寿昌殿、耀灵殿）为奢俭之中，慎勿坏去。”（《南齐书》）永明年间，北魏孝文帝迁都洛阳，专门于永明九年（491）派将作大匠蒋少游（501 年卒）出使南朝，学习建康皇宫的设计。南北朝之间的较量不仅发生在军事的层次，也发生在话语和象征的层次。当时，齐臣崔元祖上书齐武帝，要求扣留蒋少游，认为“岂可令毡乡之鄙，取象天宫？”但齐武帝否决了这项提议，其后“少游果图画而归”（《南史》）。

文字的营造也在下一代诗人手中继续。齐武帝深知立言之不朽，因此常在朝廷宴饮中命朝臣撰写诗篇。《隋书·经籍志》载有《齐宴会诗》十七卷，以及《青溪诗》三十卷，注云：“齐宴会作。”青溪宫是武帝出生之所，永明二年（484），武帝下诏，表示将克日游幸，同年八月丙午，“幸旧宫小会，设金石乐，在位者赋诗”（《南齐书》）。这些诗想必收入《青溪诗》中。萧齐诸王也常令从臣赋诗，这些应教之作，虽然在创作场合与直接目的方面和颜延之在国家正式场合对王权帝国浓墨重彩的有意缔造不尽相同，但它们在客观上起到的作用，无不是在巩固加强建康作为辉煌帝都的形象。

周、秦、汉和西晋王朝的首都，无不依傍名山。随着建康逐渐成为南方帝国的“图腾式前厅”（“totemic vestibule”——专治罗马帝国史的美国历史学家 Greg Woolf 形容二十世纪的纽约的说法），城北的钟山也逐渐被写入文化版图。这在深受颜延之影响的宫廷诗人沈约（441—513）于五世纪八十年代至九十年代之交写下的《游钟山诗应西阳王教五首》中可见端倪。需要说明的是，李善《文选》注认为这里的西阳王是刘宋的刘子尚（450—465），但我以为应该是指南齐的西阳王萧子明（479—495）。刘子尚在 456 年至 461 年为西阳王，而沈约在 461 年还是身份低微而且模糊的年轻人，正准备以奉朝请起家入仕；其后，沈约很快在蔡兴宗麾下担任记室，直到蔡兴宗去世，蔡兴宗似乎是此一时期唯一赏识沈约才华的高官。五世纪八十年代初期，沈约受到皇太子萧长懋（458—493）的青睐，才开始获得更重要的位置，随后在首都度过很长一段时间，直到 494 年短暂外任。皇太子的弟弟萧子明于永明三年（485）封西阳王，五世纪八十年代后期或九十年代初命沈约撰写组诗是完全可能的。皇太子及其弟竟陵王萧子良（460—494）都是虔诚的佛教徒，由于他们的支持，佛教于永明时代更加昌盛，组诗其四专门称颂钟山的僧人，比起五世纪六十年代，这首诗似乎与永明时期的氛围更相契合。

组诗号称五首，实则是分为五节的有机整体。第一首作为组诗的第一部分，阐明了钟山的象征意义：

灵山纪地德，地险资岳灵。
终南表秦观，少室迩王城。
翠凤翔淮海，衿带绕神垧。
北阜何其峻，林薄杳葱青。

首联以“灵”起以“灵”终，“山”“岳”是同义词；“地德”“地险”中“地”重复两次，造成一种回环往复的回文效果，并以“德”与“险”的对应分别暗示王者的道德资本与军事力量。第二联，上句谈长安以南的终南山，秦始皇曾在此山设立戍楼，而下句的少室山则是嵩山的一部分，邻近东汉、西晋的首都洛阳。终南山就在长安旁边，但是此诗把终南山与秦朝而不是和汉朝联系起来，创造出时间上的变化（自秦至汉）和空间上从西到东的移动感（长安至洛阳）。第三联中，我们再次看到时间与空间的进程：凤凰翱翔南土的意象，是南方帝国建立的象征；而“衿带”一词，让我们想起颜延之诗中的“岩险去汉宇，衿卫徙吴京”。最后，在做出一系列铺垫之后，钟山终于以青翠挺拔之姿出现（对组诗其他几首的详细解读，详见《南朝宫廷诗歌里的王权再现与帝国想象》一文，兹不赘述）。

就在蒋少游学习和图画建康宫殿设计的前一年，沈约的好友谢朓（464—499）撰写了对建康和江南的著名礼赞：

江南佳丽地，金陵帝王州。
逶迤带渌水，迢递起朱楼。
飞甍夹驰道，垂杨荫御沟。
凝笳翼高盖，叠鼓送华辀。
献纳云台表，功名良可收。

这首《入朝曲》是十首《鼓吹曲》的其中一首，为谢朓奉齐随王萧子隆（474—494）之命所作，就像上面沈约的诗一样，也被收入萧统（501—531）主编的影响深远的《文选》。鼓吹曲为仪仗队在马上演奏的军乐，是诸王与建立功勋的贵臣才可以享受到的殊荣。《入朝曲》描述了想象中王子和随员从藩镇入京朝觐的直线性行进，从王子在远处看到首都的建筑开始，沿着两边夹着御沟的笔直的驰道一直前行，直到最后进入皇宫。

就像中国古代的建筑一样，中国古典诗歌也喜欢回收利用诗的"建筑材料"。齐高帝曾想用刘宋故宫的材料重建宣阳门，而谢朓这首诗的第一联源于曹植《赠丁仪王粲》一诗描写长安的诗句："壮哉帝王居，佳丽殊百城。" 这里有一个重要的区别：在曹诗里，壮观和佳丽都是形容长安这一座城池的，但在谢朓诗中，他却先以大远景镜头描绘整个的江南——不再是充满瘴气的蛮荒之地，而是一块乐土；然后，才把镜头对准建康，以"帝王州"的定位来点出建康作为帝国心脏、政治中心的身份。"佳丽地"和"帝王州"相对，一是地理空间，一是政治疆域；一则强调魅力，一则强调威权。值得注意的是诗人用建康最早的名字"金陵"来称呼这座城市，似乎在有意回应数百年前金陵有"王气"的预言。没有其他的诗句能像这两句诗那样明确展现建康城在这个时代的新意义。至此，经过半个多世纪不懈地建设，南朝君臣已经把建康从一个政府的行政总部创造成了一座帝都。

三 “江南佳丽地”：“金陵怀古”的前后

与“金陵帝王州”相互表里的是“江南”的文化建构。在《烽火与流星：萧梁王朝的文学与文化》一书中，我讨论了“‘南’‘北’观念的文化建构”；这里则集中讨论“江南”一词地理意义和文化意义的冲突张力，以及“江南”与建康的营造构成相互依附和相互促进的关系。

江南一词的本义是“长江以南”，因此包含的区域从原则上说涵盖整个中国南部。在秦汉时期，南方虽然归属帝国的行政疆域，但是从文化上说，相对于北方名城大都、长安和洛阳，却属于边缘。在早期中原对于南方的想象中，南方是一块湿热瘴毒、巫风弥漫的蛮荒之土。南方很大一片地区处于古老的、以湖北湖南为中心区域的楚国境内，“江南”也因此常和楚文化联系在一起。公元六、七世纪之交，隋朝统一南北之后，北人孙万寿（约581—601）因微过配戍江南，写下“江南瘴疠地，从来多逐臣”的悲怨之句，这种故意与“江南佳丽地”对立的诗句由来有自，属于屈原、贾谊一路相通的传统。但是，我们看到，江南的这种原始形象被南朝君臣所致力经营的新江南有效地复杂化，被逐渐局限于南方的部分地区也就是古老的楚地。如果说在南朝时期，“江南”一词还可以包括对潇湘地区的想象，那么，到中晚唐时期，对“江南”的联想逐渐地缩小地理范围，变得与三吴地区也即今天的江苏、浙江特别是南京、扬州、苏州、杭州这一系列城市紧密相关。扬州的例子非常能说明江南一词的文化意义对其地理意义的超越和代替，严格地说，扬州地处“江北”，不在“江南”，但是，它却绝对属于“文化江南”的一部分。这个“文化江南”形成的过程，是一个缓慢、复杂和长期的过程，而它最早的开始，事实上与建康作为帝都以及公元五世纪和六世纪前半期“南方帝国”的兴起是紧紧联系在一起的。

提到江南的新形象，我们不能不提到南朝的歌曲：它们有些来自城市娱乐场所，有些则出自宫廷乐师、贵族、王子甚至皇帝之手，作为宫廷音乐的一部分被保存下来（陈朝僧人智匠编撰的《古今乐录》，通过十一世纪郭茂倩的《乐府诗集》得以传世，是这些曲调歌词最重要的来源）。一首系于梁武帝萧衍（464—549，在位时间502—549）名下的《子夜夏歌》，把江南表现为色彩艳丽、充满激情的国土：

江南莲花开，红光覆碧水。
色同心复同，藕异心无异。

在这些艳歌中，一方面作词者采用了江南乐歌常用的双关语表现情爱，另一方面，情爱的语言本身就构成了佛教经典中色/空概念结构的一部分。莲花是色欲之花（莲/怜，藕/偶），也是净土之花，完美地体现了肉身与超越的吊诡结合。此处莲花特地和“江南”联系在一起，它的背景音乐是一首古乐府《江南》：“江南可采莲，莲叶何田田。鱼戏莲叶间……”莲是可食的植物，从种子、根茎，到花与叶，无不可入食或者入药，因此，采莲是中国很多地方都进行的活动，并不限于江南；但是，通过这些文本意象和它们在后代的不断引用，“采莲”在通俗想象中成为“江南”的象征符号。

需要指出的是，在南朝诗歌中，“江南”一词仍然保留着一定的地理伸缩性，还没有像在后代那样专指长江下游的吴地。齐梁时期的贵族诗人柳恽（465—517）写过一首《江南曲》，诗中提到洞庭、潇湘，显然涵括了楚国故地：

汀洲采白蘋，日落江南春。
洞庭有归客，潇湘逢故人。

故人何不返，春华复应晚。
不道新知乐，只言行路远。

这首诗描写一个旅客在归途遇到故人，这位故人在外漫游时结下新欢，宁愿在潇湘一带淹留不返，忽略归客委婉的暗示（“家中有人在等你呢，春华将晚、思妇韶华将逝”）。最后两句，或可视为他对归客的嘱咐：回乡后，切莫说我流连于新知，只说路途遥远耽误了归程。

诗简单而优美，但是，诗人在朴素的语言里，用湘水、洞庭、汀洲、白蘋这些因素含蓄地呼应《楚辞·九歌·湘夫人》里对意中人充满思念渴望的叙事，如此一来，在变心的游子和家中思妇这个普通的故事之下，我们听到了人生脆弱、爱而不得的永恒感喟，无论是单相思的情人还是羁旅之臣，对此都有同样强烈的体会，这大概也是为什么柳恽的诗在后代诗歌里留下了深刻的印记，以至于他自己成为一首诗中的角色：

汀洲白蘋草，柳恽乘马归。
江头楂树香，岸上蝴蝶飞。
酒杯箬叶露，玉轸蜀桐虚。
朱楼通水陌，沙暖一双鱼。

这是李贺（790—816）的《追和柳恽》。这恐怕是诗歌传统里首次把一位已逝的诗人拿来作为诗中人物。在这首诗里，柳恽自己即是洞庭归客。诗人的视线，从第二联室外的春暖花开，转向第三联室内饮酒鼓琴、其乐融融的情境，最后，含蓄而知趣地把摄影镜头从朱楼中的情人转向朱楼外的水陌，画面拉近到被春天阳光晒得暖洋洋的水底细沙上的一双鱼儿。这既是杜甫“沙暖睡鸳鸯”的变形，也隐含了“鱼戏莲叶”之后满足的倦息。

诗并无深意，却是意象和语言精心组织出来的和谐纹理，具备了视、嗅、听、味、触这五种感官的反应。这首诗，把漂泊漫游者带回他的故乡，在空间上把重心从潇湘洞庭的楚地转移到吴地，在时间上令历史人物进入圆满静止的状态。唐代皇室子孙李贺，为史称“早有令名”的贵公子在诗中安排了一个美满的结局。

李贺的诗具有代表性，中晚唐诗人作家，包括李商隐、杜牧、温庭筠，也包括牛僧孺、张读、沈亚之、李玫等，对南朝深感兴趣。在一大批诗歌和传奇作品中，他们把南朝浪漫化、小说化，正像李贺此诗所做的那样。这些塑造了南朝形象的诗文往往围绕着建康 / 金陵或者其他三吴之地展开，也帮助促成了“江南”形象的建造。如果我们追根溯源，那么我们必须回到八世纪也就是盛唐时代“诗歌中的金陵”的生成，回到“第一位真正的金陵诗人”李白（701—762）：对此学者已有专门论述，兹不复赘。这里，我们仅须强调一个明显的事实，那就是在这些金陵怀古诗作中，即使金陵作为一个城市在彼时已经存在，和金陵联系得最紧密的，并不是周、秦、汉、三国、西晋，而是东晋南朝的人物、事件、景观。

杜牧（803—852）有一首著名的《江南春绝句》，诗题回应了柳恽的“日落江南春”：

千里莺啼绿映红，水村山郭酒旗风。
南朝四百八十寺，多少楼台烟雨中？

诗的第一句，令人想到谢朓《入朝曲》开始对广大江南的远景镜头摄影，而色彩明艳、莺歌燕舞的江南也仍然如谢诗中歌颂的“佳丽地”那样。但是，转入第二句，我们不再看到“帝王州”，相反，乡村城郭，处处酒旗招展，寻常百姓在这块土地上过着他们的生活，享受着他们的生活。第三、四句，非常具体的数字（“四百八十”）和不知究竟有多少的楼台，构成了极有兴味的对比。和谢诗中视线的直线进程不同，杜诗中诗人的视域被烟雨遮挡，让读者永远无法知道：最后一句诗到底是一个惊叹句呢——“江南真有好多的楼台啊!”——还是一个真正的问题？如果是一个真正的问题，它又可能有几个答案？也许是“多到数不清”，也许是“一座也没有了”，因为诗人强调那些寺庙是“南朝”的寺庙，而佛寺的存在，正是为了提醒人们“一切皆空”的佛教教义。

春回大地，诗人听到莺啼，看到大自然红绿相间的色彩，感受到吹拂酒旗的春风，然而却无法摆脱历史的幻影：其实，千里江南，无数寺庙，何必非得是“南朝”的寺庙？但是对九世纪的诗人来说，它们必是“南朝”的寺庙，哪怕他无法真正看见它们。从谢朓写下他的名作到杜牧的时代，又是三百年过去了，在经过了南朝、盛唐与中唐很多文本的经营建设之后，当杜牧再次面对这块“佳丽地”，他无法不感受到“南朝”。

就像“金陵”成为“怀古”的对象，“江南”也成为“失落”的象征。即使不和历史记忆与失去的帝国联系在一起，它也仍然和个人的记忆与不可复得的过去联系在一起，白居易（772—846）的三首《忆江南》深入人心，脍炙人口：

江南好，风景旧曾谙。
日出江花红胜火，春来江水绿如蓝。能不忆江南。

江南忆，最忆是杭州：
山寺月中寻桂子，郡亭枕上看潮头。何日更重游。

江南忆，其次忆吴宫：
吴酒一杯春竹叶，吴娃双舞醉芙蓉。早晚复相逢。

第一首就好比小杜的《江南春》那样充满艳丽热情的色彩，但是因为镶嵌在怀旧的框架中而带上一丝惆怅，好似有意用棕褐色调制造出的老照片效果。白居易的词，既抒写了他自己对江南的怀念，也帮助加强了江南作为失落、作为回忆的怅惘意象，更完成了江南的地理疆域逐渐从长江以南的广大地区缩小为吴地甚至苏州、杭州等几座城市的过程。这些词直到今天仍然被收录进小学课本，使多少孩子在没有见到江南之前，就已经懂得回忆江南了。

四 "紫陌"：镜子反面的图像

最后，让我们用一个反例，来作为这次讲座的结束。

在六世纪，萧梁作家继续对王朝形象的营造，但是他们找到了一个新的历史典范。如果说刘宋、萧齐两朝总是以上古三代与秦汉作为主要的参考框架，那么有梁一代则经常以三国时期的曹魏宫廷作为范式（对于这一观点，我在近著《赤壁之戟》中有详细探讨，兹不赘述）。萧梁的宫廷桂冠诗人刘孝绰（481—539）有一首《春日从驾新亭应制》，特别能表现这一点（详见《南朝宫廷诗歌里的王权再现与帝国想象》一文）。但是我关注的焦点，在于这首诗一开始的一个令人困惑的细节：

旭日舆轮动，言追河曲游。
纡余出紫陌，迤逦度青楼。

这几句是说车驾清晨启程，仿效曹丕的“河曲之游”，仪仗队连绵曲折出离紫陌、经过青楼。“青楼”本义是青漆粉刷的豪华楼舍，曹植名作《美女篇》有“青楼临大路”的诗句，前面也提到建康百姓曾将齐武帝的兴光楼称为青楼，因此，刘孝绰的诗既用到三国时期的诗歌典故，也巧妙地指涉了当今景物。但是，如果我们都知道“青楼”的历史来源与当代指称，那么“紫陌”的词源就没有那么清楚了。《汉语大词典》对“紫陌”的解释是“京师郊野的道路”，并引用王粲（177—217）《羽猎赋》作为该词汇最早的出处。王粲的赋描写曹操在邺城近郊的一次狩猎，其中有云：“济漳浦而横阵，倚紫陌而并征。” 翻开很多现代注本，会发现注释者一般都把 “紫陌” 解释为 “京都郊野的道路” 或是 “郊野道路”。但是如果说我们明确知道青楼何以为青，那么紫陌何以会紫，却无人过问，至于“紫陌”何以成为京师郊野道路的代称，就更是不甚了了。尤为奇怪的是，在现存的中古文学作品中，从王粲之后，“紫陌”一词似乎销声匿迹，一直到六世纪上半叶，才再度出现于诗赋作品，而且集中出现在萧梁作家笔下。

从东汉末年到萧梁的三百年里，“紫陌”一词究竟怎么了？如果这仅仅是一个用来代指“郊野道路”的文雅词汇，照理来说应当常常出现于文学书写中才对，但实际结果却恰恰相反。不过，如果我们离开美文书写，把目光转向不同种类的文献 ，就会发现这个词汇不但并未消失，而且使用频繁，根本不是什么郊野道路，而是邺城西北、漳水之东一条河的名字。据东晋陆翙《邺中记》，永和元年（345），后赵统治者石虎在紫陌河上建了一座浮桥，称为紫陌桥，并在近旁修筑了一座紫陌宫。《北齐书》等国史，以及东魏、北齐的出土墓志，都频频提到紫陌。如“神武令封隆之守邺，自出顿紫陌”，“周师至紫陌桥”，“高祖如京师，群官迎于紫陌”。又如《齐故通直散骑常侍赠开府仪同三司太常卿高君（僧护）墓志铭》："窆于邺城西紫陌河之北七里。"《公孙肱墓志》："天统二年二月廿五日葬于邺北紫陌之阳。"《齐故骠骑大将军颍川太守齐昌镇将乞伏君（保达）墓志》："（武平二年二月十八日）窆于邺城西北七里紫陌之阳。"如此等等，不一而足。这些资料显示，直到南北朝后期也就是六世纪末，紫陌桥、紫陌河都一直是当代人频繁使用的地名。"紫陌"的方位，在墓志里显示得尤其清楚，距邺城西北大约七里。

继续追溯下去，我们会发现，"紫陌"所在之处，是著名的西门豹裁治巫婆的地方。郦道元《水经注》卷十称："战国之世，俗巫为河伯取妇，祭于此陌"，后来"淫祀虽断，地留'祭陌'之称焉"。郦道元随即为我们留下一个非常重要的线索："田融以为紫陌也。" 田融是后燕（384—407/409）时人，著有《赵书》十卷，又称《二石记》或《赵石记》，郦道元对田融意见的引用显然来自这部佚失已久的《赵书》。郦道元并未具体说明田融为什么以为"祭陌"就是"紫陌"。我们也许可以推测，祭、紫在中古时代发音相似，虽然一为去声、一为上声，但地名从口头流传进入文字书写时，很容易发生这样的转化。基于我们对手抄本文化以及地名从口头到文字之转化的了解，还可以考虑多种可能性。譬如说：一、地名原作"紫陌"，因河伯取妇故事太有名了，遂认为"祭陌"，并把这一故事附会为地名的来源；二、王粲赋中二句的文本来源是唐代类书《初学记》，不能完全排除王粲原文写作"祭陌"的可能性；但到八世纪初也就是编纂《初学记》的时代，"紫陌"早已得到广泛接受，"祭陌"遂被"改正"为"紫陌"，并置于"武部·猎第十"中"紫陌"条下。一个类似例子是辛德源的诗《白马篇》中有"金羁络赭汗，紫缕应红尘"句，"紫缕应红尘"一作"紫陌映红尘"（逯钦立辑校《先秦汉魏晋南北朝诗》"隋诗"）。在这两句诗里，紫缕和金羁作为马具，构成更精工的对仗，"紫陌"则多半是抄手在看到"红尘"时产生的联想（关于"紫陌红尘"

下面还会讨论）。

至此，“紫陌”虽然不能说完全真相大白，但在我们找到更多资料之前，或可暂时做出这样的结论：“紫陌”很可能原作“祭陌”，紫为祭之误。我们至少可以很有信心地说：紫陌并不“紫”，也和“京师郊野道路”没有任何关系。

不过，“紫陌”虽然并不是一条“紫色的道路”，这个词语之所以得到作家的青睐，和其字面的色彩内涵密切相关。就现存文字材料来看，刘孝绰是继王粲之后第一位将“紫陌”用于美文写作和“青楼”映照的作者，其他萧梁及由梁入陈的作者步其后尘，“紫陌”从此进入文学视野，而且总是利用“紫”的色彩内涵编织文章。除了青／紫对照搭配，也有白／紫、朱／紫、紫／红、紫／黄的组合。如萧纲（503—551）《游光宅寺应令诗》云“紫陌垂青柳，轻槐拂慧风”；《相宫寺碑》云“洛阳白马，帝释天冠；开基紫陌，峻极云端”；萧绎（508—555）《郢州晋安寺碑》云“朱城却棿，紫陌潜通”。徐陵（507—583）《长安寺众食碑》云“铁市铜街，青楼紫陌”；江总（519—594）《长安道》云“轰轰紫陌上，蔼蔼红尘飞”；《陈宣帝哀册文》云“背紫陌而未远，隐黄山而不见”；等等。

需要强调的是，南朝作家不仅摘取“紫”的颜色意涵创造色彩的对照，也利用“陌”字的“道路”含义来构筑巧妙的双关语，但是他们显然深知“紫陌”一词的本义乃是河流、桥梁、宫殿之名。如徐陵《报尹义尚书》：“白沟浼浼，春流已清；紫陌依依，长杨稍合。”白沟是曹操开凿的运河，白沟与紫陌对举，强调了它们作为地名尤其是河流名的共通性质。江总的“背紫陌而未远，隐黄山而不见”，则利用作为宫殿名的紫陌和黄山宫对举，造就了精工的对句。对这些南朝作家来说，紫陌虽然远在北方，却还是一个当代地名。但是，等到了唐朝，刘禹锡（772—842）著名的“紫陌红尘拂面来，无人不道看花回”，则显然是化用了著名诗人江总《长安道》的成句，换句话说，“紫陌”逐渐变成了文本记忆和文学记忆。就连唐代墓志铭中，紫陌的用法也和南北朝墓志铭中的用法呈现出鲜明对比。下面列举的四例中，除了王慈善墓志铭太过支离破碎难以辨识之外，“紫陌”都是装饰性的，没有一例把“紫陌”作为地名引用：

> 行吟紫陌，目送征鸿。（《故张君[奖]墓志铭并序》）
> 紫陌驷奔，□庐燕集。（《故上护军王君[慈善]墓志铭并序》）
> 离方紫陌，近接乌坟。（《故郑州管城县令张君[晔]墓志铭》）
> 扬辉紫陌，飞盖黄图。（《大周故王府君[朋]墓志铭》）

何以如此？究其原因，应是在北周灭北齐之后，北周权臣杨坚也即后来的隋文帝下令焚毁邺城，并将邺城居民南迁到四十五里外的河南安阳，齐都化为废墟，当地地名亦被人淡忘。“紫陌”逐渐成为一个纯文本语汇，失去了它的现实地理意义。对后人来说，它从一弯河流、一座桥梁、一个宫殿，变成了一条语焉不详的“京师郊野的道路”。

有些地景会因为文本而不断得到重建，然而紫陌的故事却让我们看到这种情形的反面：一个真实存在的地方，如果没有文本的营造，特别是某一类体裁的文本和某些文本，则会被逐渐遗忘。在建康的情况里，南朝和唐代，是诗歌这一体裁，因为容易记忆和流传的性质，诗对它的形象塑造产生了最深远的影响。

回顾庾信的绝句，短短二十个字，涵括了建康三百年的历史：从东晋移民刚刚到来时的“江左地促，不如中国”和“制置纡曲”，经过了宋、齐、梁三代的建造特别是文化的和话语的经营，建康从一个王国再到一个流亡政府的行政总部，终于变成了代表帝国门面的名都大邑；有了这种文化身份的转变，建康才有可能被诗人变成用以理解中原名城的坐标。庾信这首绝句反而是充满了历史遗迹的长安和渭水，在诗人眼里，不过是数丛“树”与一片“沙”而已。

建康是一座命运多舛的城市。隋文帝杨坚对毁灭敌国都城不遗余力，开皇九年（589），在征服江南之后，他下令毁灭建康所有宫殿，把城市变成废墟：“诏建康城邑宫室并平荡耕垦，更于石头置蒋州。”（《资治通鉴》）其后有很长一段时间，江南在文化史和政治史上都处于低调状态。但是，南朝诗歌，经由唐代诗人的继承与发展，在文化史上产生了不可磨灭的影响，东晋南朝的故都在中国文化传统中的命运也就完全不同了。

评议与回应

傅　刚（主持人）：

田晓菲教授的研究在国内影响也很大，尤其是在青年学者中，她研究的思路和视角、研究方法和理论，给我们带来了很多的冲击。田晓菲教授的讲座能够引起我们很多想要讨论的话题。她向我们描述了六朝之所以是六朝、建康之所以是建康的原因。建康也好，六朝也好，留给了后人这么多的想象，这么多的憧憬，所以才能引起庾信的怀念吧。但是，一座已经毁灭的城市，通过文本流传了下来，通过作品、通过诗人的描绘，我们可以看出那是一个怎样的时代，是如何营造的，具有怎样的历史和文化意义。

为什么是六朝，为什么是建康，这个话题的讨论非常有意思。当然了，专业的问题需要请专业的学者来点评。这次讲座请到了程章灿教授和陈引驰教授作为本次会议的评议人。程章灿教授原本是北大的学生，因为慕六朝之名跑去了南京，成了南京人，他写了好几本关于南京的书，包括《潮打石城》《山围故国》《旧时燕》等。陈引驰教授也是大家非常熟悉的学者。

程章灿：

这个系列讲座的第一讲我也参加了。第一讲商伟教授所讲的主题与南京有很大的关系，田晓菲教授今天的演讲也是以南京为主题。刚才傅刚教授说到我的经历，我本身不是南京人，但从1983年到南京读研究生开始算起，将近40年，所以，我有时候开玩笑说我作为南京人的年龄有40岁了。

晓菲教授的讲座让我很受启发。在正式讲感想之前，我想先说一点点题外话。晓菲教授出版了四部专著，第一部是《神游：早期中古时代与十九世纪中国的行旅写作》，里面讲到了法显，讲到了谢灵运，谢灵运那一篇的第一句就是“当法显回到建康时，他在建康轰动一时讲经的听众中，有一个年轻的、高傲的贵族青年，就是谢灵运”，我认为《神游》这本书与建康也有很多关系。第二部是《赤壁之戟：建安与三国》，既然说到三国，肯定包括了以建康为政治中心的东吴，这一本也与南京相关。第三部叫《烽火与流星：萧梁王朝的文学与文化》，正是集中写六世纪建康的文学与文化的。第四部《尘几录：陶渊明与手抄本文化研究》，陶渊明是东晋人，我们知道东晋的首都也在建康。一言以蔽之，我认为晓菲教授这四部著作可以合称为“建康四部曲”，或者“建康四书”。

晓菲教授讲的题目叫“从白门到紫陌：营造建康”，有着很强的启发性思路，包括一开始她所列举的庾信的诗。庾信那首《望渭水》，以往研究六朝文学的人，很少给予真正的关注，而晓菲教授将庾信这首诗歌中的“树似新亭岸，沙如龙尾湾”提了出来，指出其中蕴含的重要问题，那就是庾信到了北地之后，他的心里是如何想念江南家园的，他又是如何理解渭水或者理解长安这个客居之地的。很有意思的是，庾信用了南京的地名来描绘当时眼中所见的长安和渭水。这让我联想到南京历史上或者六朝文学历史上，很多人经常用洛阳来比喻南京的言语方式，两者几乎如出一辙。我们都知道那个与“新亭对泣”相关的历史故事，刚才晓菲教授也提到了，东晋初年，初到南京的那些北方人说南京像极了洛阳，“风景不殊，正自有山河之异”，这是意味深长的对比。所以晓菲教授讲座一开头就举出了庾信诗中反用新亭比喻渭水的例子，这是非常妙的一个例证。讲演的最后，晓菲教授提到了另外一个反面的例子，以“紫陌”意象或者词语为例子，结合刘孝绰诗、《北齐书》、地理书、《邺中记》、北朝墓志等文献，来说明紫陌与南京以及邺城的关系，为我们具体解析建康这座城市是怎样被建造出来的脉络。

上次我参加商伟教授的讲座时，商伟教授也给了我很大的启发。我当时引用了商伟教授的说法，“改头换面”，我说南京或者建康历史上也被称为“石头城”，这个石头城不只是用石头来建造的，而更多的是用语言文学筑成的。历史上记述南京的那些文字，尤其是诗赋作品，也包括历史书写等，对我们今天理解建康城，或者说理解历史文化名城的南京，有很大的影响或者帮助。

晓菲教授今天专门谈“营造建康”，“营造”这个词语用得非常好，我们大家都知道中国有一部名著《营造法式》。从晓菲教授的演讲中，我们也许可以拓展开来，好好地思考一下，除了南京以外，中国还有很多历史文化名城，比如长安、洛阳、邺城、北京、苏州等，这些城市实际上都有一个“营造”的过程，也许还有不同的“营造法式”。这个营造不仅有物质上的，还有文字或者精神上的。我们常常喜欢讲一句从西方过来的话，“罗马不是一天建成的”。如果大家到南京，参观六朝博物馆，一进博物馆就可以看到有一个介绍，说公元五世纪前后，建康在世界史上的意义相当于西方的罗马。所以我把这个老说法改一下，我说“建康也不是一天建成的”，也可以说，“建康不是由一个人建成的”。

从这个角度，对于晓菲教授的讲座，我想主要讲两点想法。第一，所谓“建康不是一天建成的”，究竟花了多长时间？我想，除了六朝建康这三百多年，后来还持续了更长的历史时间，甚至可以说，这个建造过程一直持续到今天。第二，在这个过程时间中，参与营造的都是一些什么人？

如果按照历史年代的先后，参与营造建康的，我想第一批应该是孙吴政权的那帮人。这帮人主要是南方人，包括吴郡富春孙氏，江南吴地的四大姓朱、张、顾、陆。三国时期，这些江南贵族以及孙吴政权核心统治者是最早的一批营造建康的人。

接下来，第二批是两晋之交从北方洛阳、山东临沂等地南渡而来的士族。像辅佐东晋政权的琅琊王氏、陈郡谢氏，这些最早从北方来的侨姓士族，对建康城的营造产生了举足轻重的影响。今天南京大学的仙林校区，位于南京城的东郊，靠近六朝名胜栖霞山。今天的栖霞山与南京仙林这一片，在东晋初年集中了大量北方来的流民或者侨民，为了便于管理，政府在这里建立了一个侨郡——“琅琊郡”。北方的“琅琊郡”就这样迁到了南京，郡下面还有侨县“临沂县”，其位置大概即在今南大仙林校区的东边，我日常散步，走着走着就到“临沂县”了。这些北方来的士族，影响了建康城的行政区划、地名、语言以及人口构成等。

东晋以后，从刘宋至齐梁时代，仍然不断地有北方士族迁到南京。我举一个比较有代表性的晚来的北方侨姓士族，就是南京栖霞寺这座六朝寺庙的开创者明僧绍。明僧绍原来是山东人，是山东青州、齐州那边的侨民代表。明僧绍到南京以后，之所以选择定居栖霞山，与栖霞山下的琅琊郡有很大的关系，他是来投奔较早定居于此的北方侨姓移民。他在栖霞山修建了一座精舍，去世之后把精舍捐了出来，就成为后来的栖霞寺。他们可以说是第三批参与营造建康的人群。

第四批人群，我觉得是北来的僧人。五胡十六国以来，北方来了许多僧人。僧人到南京最重要的一件事就是建造寺庙。如果只有明僧绍，而没有北来的僧人，比如说法度这类从山东过来的僧人，那么恐怕南京也不太会有那么浓厚的佛教氛围，甚至栖霞寺也不会那样应运而生了。

第五批人群，就要说到宋、齐、梁、陈的皇室和贵族了。除了晓菲教授提到的宋文帝、宋孝武帝、齐武帝、梁武帝，很多皇帝对于营造建康也同样做出了贡献。

当我们从时间顺序来梳理，可以说从东吴到南朝的五个历史阶段，都有不同身份的人先后参与了建康的营造。大概区分一下这些不同身份的人。首先是皇帝，其次是贵族。宋孝武帝时代，张永是孝武帝委任的建康城总规划师，张家是吴姓朱、张、顾、陆四大家族之一，张永是张氏家族的代表，他主持了当时建康的营造。再次就是僧道。今天，我们对栖霞寺的历史、对明僧绍的情况了解比较多，主要是靠栖霞寺前面那座非常巨大的唐代丰碑《明征君碑》，还有江总的《栖霞寺碑》。但是实际上在明僧绍之前，大概是从东吴时期开始，已经有人将这个地方作为军事据点了，驻扎了军队，后来又有道教人士驻居于此，最终是佛教在栖霞山取得了长久的胜利。

所以，无论是皇帝，还是士族、僧道，都对建康的营造做出了巨大贡献。说起皇帝，我想特别提一下晋元帝。实际上，晋元帝曾经促成了一个“无中生有”的奇迹。他刚刚到建康时，看到这座城市太过残破，完全无法与洛阳相比拟。洛阳有巍峨的阙，相当于天安门前的华表，是政权及其正统的象征。但是南京当时连像样的城门都没有，阙更没有，晋元帝很郁闷。后来，丞相王导便开导他，说南京城南的牛首山有两座山峰，像两只牛角，正如一座天然形成的阙。牛首山也因此得名“天阙山”，这个名字因为晋元帝的郁闷而起，又因为王导的创意而生，建康从此有了这样一座非常具有帝都色彩的山名。晋元帝以后，许多皇帝都曾为南京没有阙而焦虑，宋孝武帝觉得，比起洛阳来说，建康没有阙是一件不太像话的事情，他别出心裁，把安徽省和县长江两岸的两座山“梁山”和“博望山”，称之为“天门山”，意思与“天阙”差不多。你看，当他们自己没有足够的物质力量在南京建造阙时，便用文字来营造。这就是六朝人的发明。与晋元帝、宋孝武帝相比，梁武帝算是比较实在的，他成功地在建康造起了石阙，尽管石阙后来被毁，今天已经不可见，但是文字留下来了，《文选》里收录了一篇《石阙铭》，就是铭记梁武帝所建造的石阙的。

皇帝、士族、僧道，不同的时代，不同的人，他们在营造建康的时候，所使用的文字材料，不仅有诗歌作品，也有史书和其他文献。其中有一个非常重要的文字资料，就是与物质形态密切相关的碑文。像原来立在栖霞山、后来在唐武宗时候被砸掉的江总的《栖霞寺碑》，这些都是营造建康的重要文字材料。他们营造的结果，便是产生了本次系列讲座的核心主题——胜迹。南京之所以有那么多名胜意象或文化遗迹，像莫愁湖、鸡鸣寺、栖霞寺，都是这些文人、贵族、僧道留下的奇迹。确实，物质建筑是可以被毁灭的，而文字所营造的成果，更容易流传千载，从六朝人手中，经由唐朝人中转，一直传到我们这里。今天对于建康城的理解，对于六朝文学的理解，都离不开六朝人的营造。

晓菲教授在讲座里，用到了好几个意象，除了开头的“新亭”、结尾的“紫陌”以外，六朝文学还有很多这类的意象。这也启发我们，可以从六朝文学来进一步思考营造的方式、材料、结果等问题，帮助我们对建康有更多更深刻的理解。

傅　刚：

程章灿教授借着田晓菲教授“营造”的话题，说明了南朝建康营造的形成规模与五批不同时代、身份群体的关系。如他所说，中国帝王之城非常多，洛阳、长安、邺城以及当代的北京，都留下了很多文人的诗文。实际上，沿着田晓菲教授的研究话题可以开展更多的思考。对于帝都的营建，开国皇帝总是讲究节俭，即便不节俭也要装作节俭，比如田晓菲教授引用了王彪之认为不适合营造的提议。汉初刘邦建国时，萧何提议营造未央宫，比谢安更会说话，说“天子以四海为家，非壮丽无以重威，且无令后世有以加也”，刘邦接受了这个理由。说起来，营造是大家都非常愿意做的事，无论古代还是今天都是如此。

陈引驰：

我在外滞留已经六十余天了，设备、资料书都不在手边，原来没有预料到，请多见谅。田晓菲教授的讲座包含了非常多的内容，比如文本的解读，不同文本之间的相互关联，用时髦的话来讲，可以说是“互文”或者“对话”；同时她做了很多的阐释，比如政治实践与文学文饰，诗人参与建康的营造过程中所呈现出来所谓的“帝国的想象”“政治权威的建立”等等。不同的层面在讲座中都交互呈现出来。刚才，南京研究专家程章灿教授把相关的历史背景做了清晰的梳理，也给了我很多联想。

我之前没有做过相关的研究，只是在指导学生博士学位论文时，有过一些考虑。那么，我接下来谈一谈自己粗浅的两个想法。

第一，我觉得像建康这类地方的表达或表现，有非常多的层面。首先可能要考虑“文学的表现”，从文学书写的立场上关照诗赋或其他文体的表现，这是我们直接面对的重要材料。其次是“历史的记述”，晓菲教授的报告、程章灿教授的评议都提到了，历史的记述非常重要，就像讲座引用了庾信《望渭水》之后，把建康营造的历史过程中重要的关节点梳理出来，作为讨论的对照。再次是“文化的记忆”，这也非常重要，我们常常认为记忆问题似乎是主观的，但是实际上也是客观的，对于一个地方，时间越往后推，记忆的力量可能越大。具体到晓菲教授今天的论题中，建康的城市记忆是非常重要的，在文学中，它越来越成为一种文化记忆的产物，所呈现的面貌甚至会决定后代文学文本中的形象。晓菲教授将“紫陌”和“白门”作为对照，非常有意思。文本中常常有这样的情况，包括存在或不存在、延续或消失，都是非常有意思的辩证法。文化的记忆越到后来越重要，唐时，六朝很多记忆都开始凸显出来。

所以，我觉得文学的表现、历史的记述和文化的记忆，都可能影响一个地方的表现。这些或许都是我们需要考虑的角度。

从文本的角度来说，还有一点也是需要考虑的。中古早期，比如六朝的文类可能没有唐宋那么充分。地方的表现会由文体特征或者文类特征来决定，比如用诗、小说或者传奇来写长安，不同文类、不同叙事，所产生的影响可能是有差别的，即便写的是同一个地点、同一个时段。所以我认为，文体、文类的差异，可能也是我们需要考虑的。具体到一个地方、一个城市的表达，文学书写往往与多种因素交织在一起。比如庾信的《望渭水》，面对北方的场景，他进行书写时，会交织着历史的记述和文化的记忆，就像晓菲教授讲到他用南方建康的意象那样。任何一位作家在写作的时候，肯定要依凭既有的知识和情感。庾信为什么会提到“新亭”和“龙尾湾”两个地点，这些地点可能是真实存在的，来自个人的经验，也有可能是从其他诗人作品中获得的知识和情感。这里面，最为复杂的就是书写可能源自个人性，也有可能源自集体性，即大家共同认同的。诗人当然是有可能直接书写所见所闻，直接表现对象，但是这不完全是六朝或者说中古前期的贵族社会文学所具有的基本姿态。因为这个时代，文人有很强的共同知识和情感的背景，很大程度是有知识导向的。

这是我的第一个想法。文学的表现、历史的记述、文化的记忆，几个层面交织在一起，构成了我们对一个地方、对一个城市的呈现。中古前期或六朝的诗人也好、文士也好，他们常常借助个人的或集体的知识和情感。晓菲教授今天的报告也呈现得非常清楚。

第二，关于晓菲教授所说的“帝国的想象”，这是讲座中很重要的部分。文学书写在中古的贵族社会中，当然具有政治功能，但是，很大程度上也可以说是文化的功能。比如，宋文帝在对建康的营造中，自己写诗，颜延之也有相关的诗来配合他，可以说是一种政治功能，也同时是文化的功能，这是此时期文学非常重要的特质，但是这之间应该还是有所差异的，有不同的层面、不同的类型需要我们进一步思考。比如说，那些模式化的操作或者仪式相关的文本，从先秦到汉魏六朝，甚至到唐宋，都有与仪式相关的现象，文学文本与仪式常常有紧密关系，或者在某种程度上可以说，文本是仪式的一部分，所以它是政治文化实践的一个内部构件。我们理解这些文本的时候，除了了解书写的背景，还要了解它在仪式中的意义，巫鸿讲过“仪式中的美术”，我们也要理解“仪式中的文本”或者“仪式中的文学”。讲座还让我想到另外一个层面，那就是关于文字的建构。今天所涉及的文本，与建康的营造，是“相遇而行”的，它们的确有相关性，甚至有比较紧密的联系，但是未必是相依性的，它在政治文化的实践中，更像是一种配合。文学文本和政治文化之间似乎还是有所不同的。晓菲教授的讲座让我想到了仪式和文本之间的理解方式，是否可以作为一个方向或者思考的层面来进一步研究。

在此基础上，如果我们再往前推一点，这也是我个人想请教晓菲教授的一个地方，那就是讲座中列举的与建康营造相关的文本，确实都呈现了相似的情形，但是它们之间是不是还是有区别的，或者在某种意义上应该还要做一定的区别。比如颜延之的那首诗，确实是直接参与了刘宋初年营造建康的活动，但是也许并非那么有个人意识，就文本结构而言，和文帝的文本有所类似，因此，他在书写文本的时候，是否有如此清晰明确的意识——他在做一个帝国的建构。再比如说，谢朓的《入朝曲》，它的写作背景是处于诗人要离开建康的时候，“帝王州”的意识可能和颜延之不同，随着建康的营造进程，此时建康已经逐渐建立起了政治的权威，具有了政治文化的帝国中心的意味，谢朓是在这样的氛围、熏染和认同中进行了创作。当然，这也可能是我过度的追求，我想，诗人进行创作的时候，他的意识、他的行动，都涉及不同的文化认同或者文化想象的问题。

傅　刚：

陈引驰教授从文学的表现、历史的记述、文化的记忆以及文本本身的产生、营造来展开，包括颜延之诗歌是如何产生的，具有什么意义。他的点评与讲座非常紧密，带来了很多启发。田晓菲教授研究的视角、方法、语言，与国内的研究有所区别，这恰恰是值得我们互相学习、互相参考的地方。

古代文学研究到底要如何开展，大约在二十世纪九十年代前后，古代文学研究还处于传统研究的方式，以纯文学研究为主，包括文学的内容、题材、艺术特色等。后来开始与其他相关领域结合，比如历史、哲学，取得了非常好的成绩。像田晓菲教授这批学者，包括商伟教授、程章灿教授、陈引驰教授，带来了非常新的面貌。田晓菲教授的讲座，也是一种文史互证的方式，但是与传统的文史互证又不同，她融入了很多新的理念，不仅关注历史的事件本身、文与史的关系，还牵涉包括陈引驰教授刚才强调的文化记忆、文本本身的流传、解读、继承等方面，这是以前的研究可能不太关注的地方。今天我们有很多青年学者开始从这方面研究了，这是非常好的现象，每一代学者有每一代的风范，新的研究方式开辟了新的局面，这是我第一个感受。

第二个感受，那就是我觉得田晓菲教授的研究还是非常纯正的，她的方法很严谨、很规范。她处于今天海外汉学的中心，但是没有像很多学者那样玩弄概念、玩弄术语，而是认真地研读诗文、梳理材料。实际上，海外学者他们的理论是建立在材料梳理的基础上，但是最近有些国内学者搞错了，将注意力放在了概念和术语的搬弄上。所以，田晓菲教授给我们树立了一个学习的典范，关于如何使用新术语、新方法、新观念来研究中国古代文学。可以说，研究的基础，是吃透文本，是对文献的重视。两位专家的点评也是站在这个基础上来进行的。

这个话题发散面很广，牵涉很多问题。比如一开始提到的庾信，我在小书《魏晋南北朝诗歌史论》里，提到过庾信由南入北后的变化。他对南北文化差异的感受是非常明显的，他对北方的文化和景物具有很强的排斥感。所以，在他的作品里，回忆南朝时都是最美的，事物、语词都非常精美。同时，庾信的作品，又带着陈引驰教授说的“文化的记忆”，这里面有他个人的人生体验，他的怀念，他对自己身世的悲愤感。他写北朝事物时，一般都是小村、水碓、山田、瓜枣、梨栗等，这种描写不可能在南朝文学里出现，就连田园诗人陶渊明都没这么写过。这种悲愤感，可以说是文化记忆所起的作用。

南朝文化所具有的想象性，留存给后人的怀念感，的确值得我们深入研究。所以晓菲教授的研究，帮助我们思考中国古代文学研究未来的发展方向，如何开拓专题，如何进一步深入，如何更好地结合新的方法、新的观念、新的理论展开。

田晓菲：

疫情对大家的生活和工作都造成了影响，几位教授能够拨出时间来主持和评议非常不容易，还提出了很多有意思的想法，非常感谢。

我先从程章灿教授的评议说起，确实，建康不是一天也不是一个人建成的，说得非常好。程章灿教授非常清晰地梳理了整个背景，确实如他所述，碑文、铭文以及其他文体形式都非常重要。无论是孙吴政权、过江诸人、东晋南朝的贵族和僧侣，都非常重要，他们在江山风景中留下了各种各样的遗迹。如果在程章灿教授的评议基础上再进一步发挥的话，回到我最初的题目“从‘江左地促’到‘金陵帝王州’：南朝宫廷诗歌中的帝国想象”，虽然构建的过程不是一天、一个人完成的，是经由很多代人、很多文本的积累，才慢慢有了六朝建康的模样，但是，如果我们要特别锁定到“帝国的想象”的话，我仍然觉得公元五世纪的这一代人，尤其是宋文帝所做的砖石和文字的营造，是很重要的节点，他们将建康作为一个帝都进行呈现。营造心目中的江南，确实经过了几代人，起初流亡的政府、临时的政府的感受一直都在，到梁武帝时，他们从来都没有放弃过北伐、放弃过收复中原的决心，差不多到陈朝才基本放弃。但是，经过了东晋百年之后，南朝宋时，面对特殊的政治形式，面对北魏在北方的统一，面对长安、洛阳这类传统王权都市象征被北方政权占有，江南要如何去对抗，是必须给出新定位的。所以我觉得，在六朝建康的营造史上，这个时刻非常特别，面临新的政治挑战、新的政治形势，需要一些比较特殊的修辞或策略。这是我为什么将此作为讨论重心的原因，特殊的历史时期和历史条件，无论是物质还是文字，应该有一个特别的回应。

陈引驰教授的评议总结了好几个应该重视的层面，而且每一个层面还有丰富的小点。第一点，他谈到了文学的表现、历史的记述、文化的记忆，谈到了不同文类的表现会受到不同文体特征的制约。确实如此，比如东晋刘宋时期的志怪小说，记述就很不一样。我之所以重视诗赋，主要是因为我觉得在当时诗赋还是重要的文体，从《文选》对文类的排序就能看出来，铭文、碑文、书信很重要，但是诗赋相对来说是最重要的。另外，陈教授说的“文化的记忆”很有趣，从他的评议中生发出来，庾信的《望渭水》是如何面对长安的呢？陈教授提到文化的记忆是不断积累、积淀的，虽然没有明说，但是我觉得这里面似乎有一种“不可承受之重”的感觉，当文化的记忆积淀越来越多，后代的呈现就会出现一些不同的面貌，长安从汉帝国到庾信的时代，已经有了很多的历史、很多的记忆了，但是庾信在面对长安时，因为受到了创伤，在他眼睛里，长安城和渭水变成了没有文化、没有历史的地方，只有树，只有沙。好像只有在这种时刻，才能够抹杀长安的历史记忆和文化记忆一样。绝句虽然是很短小的文学形式，会制约内容的表现，但是绝句还是能够引经据典的，能够提到文化地标的。可是，庾信一个典故都没有用，这时候的他面对长安，仿佛没有了相关的历史文化记忆了。这一点很有趣，是不是只有在重大人生事件发生的时候，才可能造成这样的两极分化，一种是引经据典，就像他的《哀江南赋》一样，华丽的、堆砌的、沉重的，用历史典故应付现实；另外一种情况，像《望渭水》一样，抹杀了长安的历史和文化记忆，在他心里，一座名城只剩下了树和沙，而且它们仅仅是因为像建康的新亭和龙尾湾，才被注意到。

第二点，关于六朝诗文与政治的关系，尤其是关于文本就是仪式的一部分，这一点非常重要。如果我们不从现代学科的角度，而是回到“文”的语境，那么仪式就是“文”，诗赋、碑文、铭文都是“文”的一部分，是相通的。我们用现代人的词语来说，文学的文本是仪式，实际上对于六朝时期的人来说，这些都是“文”的一部分。所以，文本就是仪式的一部分，是仪式中的文本。陈教授所说的“相遇而行”很有趣，还想再多请教您一些，关于文本与政治文化的相遇而行，之后我们还可以继续探讨。

第三点也是最后一点，陈教授对于直接参与或认同的分类非常细腻。我想，颜延之一定是非常有意识地在参与帝国想象。颜延之是很特别的人，他非常擅于构造宏大的帝国的想象和帝国的意识，所以钟嵘《诗品》说他“经纶文雅才”，这个评语是很精准的。文学是“文”的一部分，我们现代人的分法中，文学是文学，政治是政治，可是对于六朝人而言，“文”是最重要的，包括皇帝本人也是“文”直接的传承者、保护者和守卫者，皇帝的职责不只是个行政总裁，在当时，如果不能保护、传扬“文”的话，实际上他作为政治首脑是失败的。颜延之很有书写宏大的帝国意识的才能，他在京口，在皇帝的故乡，在刘宋的发源之地，皇帝要他写一首诗，一定是会想象如何构建出帝国模样的建康的。但是，谢朓和沈约的两首诗稍微不同，他们主要是为了诸侯王所写，一首是为随王，另外一首是为西阳王，尽管与颜延之的应制诗不同，但是他们脑中仍然是有对于建康的身份、地位的基本意识，只是没有颜延之那么直接。这个与他们各自文本创作的情境、对象和目的有关系。细腻地区分文化认同和直接参与，确实是必要的。

傅刚教授点出了很重要的内容，我想反馈两点。第一，傅教授提到萧何的部分，特别提到了“天子以四海为家，非壮丽无以重威，且无令后世有以加也”这句话，我觉得非常好。像王彪之提出反对大建宫室，无论是为百姓着想，还是勤俭节约，他都有很多的话语资源可以引经据典。相反，萧何属于少数的人，面对刘邦的大怒，他必须有所回应，他说这样可以避免后代子孙再去大造宫室。齐高帝自称是萧何的后人，最后引用了萧何的话，在历史典故中，要找到这样的话语来支撑大建宫室的观点，其实是很难的。

第二，让我特别有感触的是细读文本的问题。无论我们在海外还是国内，最重要的就是吃透文本和梳理材料，这是我的一个信条。这其实也是当年我在北京大学学习时老师教我们细读文本的方法，我一直受用无穷。不管有什么样的新语言或者新概念，细读文本一定是我们学术的基础。

傅　刚：

田晓菲教授对自己的学术观点进行了深化和阐发，让我们对她的研究思路、研究背景有了更多的了解，有助于我们深入思考这些问题。在疫情期间能够线上相遇，大家很辛苦，听众怀着巨大的热情来支持我们、来聆听讲座，非常感谢。希望疫情很快能够过去，无论是线上的几位老师，还是听众朋友们，大家请多多保重。

洞仙与诗神

中国古典文学中的天台山

陆扬

这个系列讲座希望能够通过中国古代的书写、历史记忆来探究传统对于人文景观的一种认知。前四讲大家的重心主要在古代都城的建构、历史记忆的形成，以及通过某种媒介来塑造景观方面。当然了，在中国古典传统里，人文景观也离不开山川自然的风貌，尤其是对于名山的认知，因此我选择了这个主题。选择“中国古典文学中的天台山”同样来自个人的原因，近两年，在偶然的情况下，我对天台山的历史脉络——它作为一座名山、作为一个宗教的重要地点的形成——产生了非常浓厚的兴趣。讲座内容是我的日常研究工作的一个“副产品”，借此机会把我的一些心得分享给大家。

一　引子

天台山，从今天旅游的角度来说是比较有名的，但也算不上是特别有名，如果多年前有人来问我，我的印象或许仅止于天台山是佛教天台宗的发源地，隋代高僧智𫖮（538—597）在那里创立国清寺，此外便很难说出天台山本身具有什么特点。近年来，我越发感觉到，天台山是中国古代人文景观的塑造中极为重要的个案，很少有其他地方拥有这么丰富的文学内涵。

讲座想要解决三个问题。第一，为何天台山会成为古典人文地理上的一个重要的符号？第二，山水书写是中国古典文学中重要的、有代表性的一种书写方式，如何以天台山为例来理解中国古典文化中的山水书写？第三，宗教与文学在天台山如何融合？我们讲到天台山的时候，时常听到“一座天台山，半部《全唐诗》”的说法。从数量来说，有关天台山的诗歌在唐代是非常丰富的。同时，今天有“唐诗之路”的概念，指浙东地区有一条很多唐代的文人都游历过的路线。这不仅仅是一个文学现象，中国古代文学有着丰富的内容，其中很重要的一个内容就是宗教的情感与信仰。宗教与文学是没有办法切割开来的，一旦切割了，就会失去它丰富的内涵，理解也会变得非常肤浅。因此，我特别想探讨宗教与文学在天台山是如何融合的。

围绕着天台山的多重意义及其文学书写，我将从以下五个层次进行说明。第一是“‘地方’的形成：人文地理学意义上的天台山”。天台山作为一个地方，古代人对它有一个非常特定的认识，是别的地方没有办法取代的，它的自然风貌以及人文宗教的内涵有一个形成过程。

第二是“先道而后佛：层累而成的天台圣山史”。我特别强调的是，天台山绝对不只是某一个宗教的场域，它之所以特别重要，是因为在宗教的多元性、丰富性上非常突出。在中国古代，名山很多都与宗教有关，但是很少有名山能够像天台山这样，从道教、佛教的层面，全面地去体现一个地方的信仰。

第三是讨论中国山水书写的大致脉络，即“从玄言文学到模山范水：中国山水书写的兴起”。这本身是一个极大的题目，这里我想讨论的是中古时代中国山水书写是如何兴起的。之所以放在这里来进行讨论，是因为天台山的文化、内涵的确立，与文学书写紧密关联。这是一个特别典型的例子。

第四，讨论唐诗之路是如何与天台山结合起来的，即“浙东的唐宋诗之路和文人共同体”。

第五，我想稍微谈一下当时的诗僧群体，即“另类的传统：天台山的诗僧”。

二　“地方”的形成：人文地理学意义上的天台山

明代万历年间，著名的晚明僧人幽溪传灯（1554—1628）编撰了一部方志《天台山方外志》。幽溪传灯是复兴天台宗的关键人物，作为晚明佛教界重要的人物，他的身边聚集了一批士大夫来支持佛教事业。当时，一位士大夫王孙熙正在担任天台的县令，为这部方志作序：

> 夫中国名山有七，而五岳为尊。天台山，其南岳之佐理乎！昔大禹治水，会天下诸侯于越，乃封其山为南镇。当是时，置瓯闽为蛮夷之地，舟车阻绝，疑天台者大禹未之至，至则不封于越而封天台矣。余昔读孙兴公赋，彷彿名山倒影于重溟之上，旁薄于霄汉之间，足与五岳七山埒；后得剖符兹邑，即津津色喜与名山有缘，得为地道主哉。

王孙熙对天台山有极高的评价，他说，中国的名山以五岳为中心（东岳泰山、西岳华山、南岳衡山、北岳恒山和中岳嵩山），天台山虽然不在五岳之列，但是它的地位可以与五岳相提并论。这是极高的一个评价。王孙熙就此推测，说大禹或许都没有到过这个地方。他当年读东晋著名文学家孙绰（314—371）《游天台山赋》时，曾想象天台山的景观。从晚明的这段描述来看，人们关于天台山的认知已经有非常长的历史了。换言之，从唐代以来，这样的概念就已经牢牢确立了，王孙熙不过是重复了这样的概念而已。除了他之外，历史上其他人也在不断地重复这个概念。

天台山足以与五岳相提并论，这种形象与地位是怎么获取的？

国清寺是天台山具有代表性的景观。寺院位于山脚下，其实并没有进入天台山最核心的地方。南宋陈耆卿《嘉定赤城志》中有关于天台山名缘由的记录：

国清寺隋塔，台州天台县

天台山在县北三里（自神迹石起）。按陶弘景《真诰》：高一万八千丈，周回八百里，山有八重，四面如一。《十道志》谓之顶对三辰。或曰当牛女之分，上应台宿，故曰天台。一曰大小台，以石桥大小得名。亦号桐柏楼山。《登真隐诀》云：大小台处五县中央（五县谓余姚、句章、临海、天台、剡县）。顾野王《舆地志》云：天台山一名桐柏，众岳之最秀者也。徐灵府《记》云：天台山与桐柏接而少异。《神邕山图》又采浮图氏说，以为阎浮震旦国极东处。或又号灵越。孙绰赋所谓"托灵越以正基"是也。按诸书名称不同，惟天台乃其正号。余亦各有据，独上应台宿之语，虽本道书，渺不可考。

他说，天台山的名称早在很久以前已经出现了，天台高一万八千丈，周回八百里，因为对应着天上的星宿"台宿"，所以被称为天台山，又称为大小台。这是它的名字的来源。天台山是浙东中部山脉的总称，内部还有很多具体的山名。

天台山在浙东处于一个什么样的地理位置呢？观看唐代的疆域图，可以看到剡溪。从东晋一直到明代，剡溪成为文人日常生活游历的一个非常重要的通道。天台山仿佛是从剡溪流出来的一般，呈现西南—东北走向。同样呈此走向的、与天台山平行的还有会稽山、四明山，南边还有括苍山。会稽山、四明山、天台山、括苍山，围绕着剡溪，形成了"爪"字形。两晋尤其是东晋以后，大量文人来到这里，这里成为中国山水描述的重点区域。

天台山虽然并不遥远，但却很难进入。《艺文类聚》卷七山部"天台山"条：

《异苑》曰：会稽天台山，虽非遐远，自非忘生忘形，不能跻也。

进入天台山，需要非常大的勇气。今天我们前往天台山游览可以开车，顺着很好的山道一直到山顶，一路上可以发现这里原是一个森林密布的山脉，传统的登山是相当困难的。这也给我们今天去了解古代的天台山提供了条件，它的自然景观还保存了很多世纪以前的风貌，甚至我们可以做一个人类学意义上的调查，尽管过去人文宗教的场馆早已经消失不见了，现在新建的意义也不一样了，但是自然风貌保存下来了，自然风貌与人文记载相结合，是了解天台山的好途径。这样的风貌，导致历史上很长一段时间，人们反复提到进山困难的情况。

也就是说，在某一个历史时刻，天台山进入人们的视野，这样的时刻究竟是怎么来的呢？

名山现象是一个特定时空下的产物。某一个时段，中国突然出现了很多名山。一种因素是地理观念的拓展，随着人口的迁移，人们进入原来很难进入的山林区域，客观社会变迁造成了人与山的接触，但是这个接触并不等于名山的概念就会自然而然地出现。另外一个重要的因素则是心理的变化，山脉作为令人向往的区域，人们对它产生想象，视其为想要探索的神秘之处，其实有着一个非常重要的心理转折点。这个转折是不容小觑的，体现丰富的文化和宗教信仰。著名的人文地理学家段义孚在《浪漫地理学：追寻崇高景观》（*Romantic Geography: In Search of the Sublime Landscape*）里提到，在西方，很长时间内人类对于山脉是十分恐惧的，认为山脉是丑恶的，想要远离它。与中国相比，西方没有名山的概念，也没有觉得山中是可以成仙成道的地方。西方对于山脉的好感，在景观里赋予山脉崇高的神性，一直到十七、十八世纪以后才出现。所以这里有一个心理上的转折。

从恐惧到赋予山脉神性，认为山是可游可居的心理转折，在中国很早就有了。观念的变化背后有某种意念在起作用。这种意念首先与道教的信仰有关，比如大家熟悉的《抱朴子》，撰写此书的葛洪（约 281—341）不仅是一位道教人物，也是重要的文化、政治人物。他在《抱朴子内篇·金丹》里说道士要进山采药，必须要入名山，“名山”的词汇出现了：

> 古之道士，合作神药，必入名山，不止凡山之中，正为此也。又按仙经，可以精思合作仙药者，有华山、泰山、霍山、恒山、嵩山、少室山、长山、太白山、终南山、女几山、地肺山、王屋山、抱犊山、安丘山、潜山、青城山、娥眉山、绥山、云台山、罗浮山、阳驾山、黄金山、鳖祖山、大小天台山、四望山、盖竹山、括苍山，此皆是正神在其山中，其中或有地仙之人。上皆生芝草，可以避大兵大难，不但于中以合药也。若有道者登之，则此山神必助之为福，药必成。若不得登此诸山者，海中大岛屿〔亦可合药〕。若会稽之东翁洲、亶洲、纻屿及徐州之莘莒洲、泰光洲、郁洲，皆其次也。今中国名山不可得至，江东名山之可得住者，有霍山，在晋安；长山、太白，在东阳；四望山、大小天台山、盖竹山、括苍山，并在会稽。

除了五岳以外，葛洪提到了大小天台山。他说这些山中生长芝草，可以避开大兵大难，因此不是任何山都可以进的。有的山中甚至有鬼魅，需要佩戴符箓以保平安。在这样的背景下，大小天台山是可以进入的。魏斌教授《“山中”的六朝史》对此有详细的分析：“分析这个名单可知，首先是五岳，其次按照地域分列诸名山，太行山脉及其周边、关中、巴蜀、会稽、岭南地区均有分布。葛洪接下来指出，这些山岳，‘皆是正神在其山中，其中或有地仙之人。上皆生芝草，可以避大兵大难，不但于中以合药也。若有道者登之，则此山神必助之为福，药必成’。但在葛洪心目中，‘上国名山’亦即中原地区的名山，修道环境明显要优于南方名山。如他回答‘江南山谷之间，多诸毒恶’问题时说：‘中州高原，土气清和，上国名山，了无此辈。今吴楚之野，暑湿郁蒸，虽衡霍正岳，犹多毒蠚也。’只是永嘉之乱后‘中国名山不可得至’，修道者只能选择会稽名山和岛屿。由于‘中国名山不可得至’，江南名山获得了发展的契机。”葛洪的目的性很强，进山采药求道成仙。出于实用性目的，他对山脉有所选择。

天台山进入人们的视野，正是出现于葛洪所在的东晋时期。随着晋室东迁，北方侨民涌入南方，世家大族的迁入、地域的拓展使东晋的文化经济区域逐渐向浙东延伸，从会稽转为永嘉。这里成为士族心灵文化的新空间，例如谢灵运（385—433）特别欣赏的永嘉地区。在这个过程中，天台山作为一个突出的自然景观，进入他们的视野。幽溪传灯《天台山方外志》卷一《山名考》提到了这样的线索：

> 此山称名，始于何人？上古荒藐，无以稽焉。仅可考者，始于刘阮名传，后因孙公赋显，海内方知有天台山也。正以兹山，顶对三辰，当牛女分野，而上应三台，故以名焉。

他提到了天台山最初的形成，与东汉剡溪的刘晨、阮肇的传说，以及东晋文人孙绰的赋有关。

此外，我们也常常提到东晋著名画家顾恺之（约 345—409），他有一部著作《启蒙记》，记载了一些离奇的事情。其中有一段就是关于天台山的“天台石桥”，那是早期对天台山认知中一个非常重要的符号。石桥是进入某个场域的通道，他说：

> 天台石桥：天台山去天不远，路经楢溪，溪水清泠。前有石桥。路径不盈尺，长数十丈。下临绝涧。唯忘其身，然后能济。济者梯岩壁，援萝葛之茎，度得平路。见天台山，蔚然绮秀。列双岭于青霄。上有琼

> 楼、玉阙、天堂、碧林、醴泉，仙物毕具也。晋隐士白道猷得过之，获醴泉、紫芝、灵药。

这段文字是早期有关天台山的记录，关键的信息是石桥。今天我们已经说不清这座石桥在哪里了，但在文字中，石桥既是一个隐喻，也是实际的描述。石桥成为天台山最重要的物质标识，也是通往仙界的必经之路。

天台山最有名的故事是我们熟知的“刘阮名传”，也就是东汉剡溪的刘晨、阮肇的传说，南朝宋刘义庆《幽明录·刘晨阮肇》记载：

> 汉明帝永平五年，剡县刘晨、阮肇共入天台山取谷皮，迷不得返，经十余日，粮食乏尽，饥馁殆死。遥望山上有一桃树，大有子实，而绝岩邃涧，了无登路。攀葛乃得至，啖数枚而饥止体充。复下山，持杯取水，欲盥漱，见芜菁叶从山腹流出，甚鲜新，复一杯流出，有胡麻糁，相谓曰：“此必去人径不远。”度山出一大溪，溪边有二女子，姿质妙绝，见二女人持杯出，便笑曰：“刘、阮二郎，捉向所失流杯来。”晨、肇既不识之，二女便呼其姓，如似有旧，相见忻喜。问：“来何晚耶？”因要还家。家筒瓦屋，南壁及东壁下各有一大床，皆施绛罗，帐角悬铃，上金银交错。床头各十侍婢，便敕云：“刘、阮二郎，经涉山阻，向虽得琼实，犹尚虚弊，可速作食。”有胡麻饭、山羊脯，甚美。食毕行酒，有群女来，各持三五桃子，笑而言：“贺汝婿来。”酒酣作乐，刘、阮忻怖交并。至暮，令各就一帐宿，女往就之，言声清婉，令人忘忧。至十日后，欲求还去，女云：“君已来是，宿福所牵，何复欲还耶？”遂留半年。气候草木是春时，百鸟鸣呼，更怀土，求归甚苦。女曰：“当如何？”遂呼前来女子有三四十人，集会奏乐，共送刘、阮，指示还路。既出，亲旧零落，邑屋全异，无复相识。问得七世孙，传闻上世入山，迷不得归。

刘晨、阮肇原是两位采药的农人，进入天台山后迷了路，山中美妙的女子招待了他们，并劝他们一同留下。可惜他们离开了，回去以后发现人间一切都改变了。另外还有一则故事，在文献书写上比刘义庆（403—444）《幽明录》更早一些，那就是题晋陶潜撰的《搜神后记·剡县赤城》：

> 会稽剡县民袁柏、根硕二人，猎经深山，重岭甚多。见一群山羊六七头，逐之。经一石桥，甚狭而峻。羊去，根等亦随，渡向绝崖。崖正赤，壁立，名曰赤城。上有水流下，广狭如匹布，剡人谓之瀑布。羊径有山穴如门，豁然而过。既入，内甚平敞，草木皆香。有一小屋，二女子住其中，年皆十五六，容色甚美，着青衣。一名莹珠，一名□□。见二人至，忻然云："早望汝来。"遂为室家。忽二女出行，云："复有得婿者，往庆之。"曳履于绝岩上行，琅琅然。二人思归，潜去。归路，二女追还，已知。乃谓曰："自可去。"乃以一腕囊与根等，语曰："慎勿开也。"于是乃归。后出行，家人开视其囊，囊如莲花，一重去，复一重，至五，尽；中有小青鸟，飞去。根还，知此，怅然而已。后根于田中耕，家依常饷之，见在田中不动；就视，但有壳如蝉蜕也。

这是两位名叫袁柏、根硕的猎人遇仙的故事。他们在山里碰到一群羊，跟着羊群沿着崖壁进入一个叫"赤城"的地方。赤城山平地突起，海拔不高，属于丹霞地貌，整个山都是红色的。我们可以想象东晋士人沿着剡溪一路下来，把生活的地域拓展到这里时，平地拔起的红色山体让时人感到震撼。我有一次坐车经过赤城山时，看到了山顶那座萧梁时期的塔，它与平地之间的落差是极大的，很难说当年的人站在这里是没有任何想象的。所以赤城山成为了天台山的前哨，因为它位于南边，又被称为天台山的南大门，从国清寺远远地遥望赤城山，像一只坐落在南方的雀。我们时常说，地理观念非常重要，理解古代文人的想象是需要亲身体验的，很多人对天台山的文学有兴趣，如果不是实地去观看的话，是欠缺感悟的。

《幽明录》刘晨、阮肇的故事成为洞仙想象书写的范本，相反，《搜神后记》中袁、根故事则少有人提及。虽然“刘晨阮肇”和“剡县赤城”两则故事情节的结构基本一致，且都带有两晋洞天故事的明显印记，但是仍可看出这两者在叙述上的微妙变化。《搜神后记》的故事显得更贴近当时人对天台山印象的实况，一个重要的细节是该故事明确将进入天台的路径定位于天台南大门的赤城山，强调其“崖正赤，壁立”，而且是沿着羊径进入。这则故事是对天台仙境的想象，也是对东晋沿剡溪的拓展，由赤城山进入天台的实况的反映。《搜神后记》重在描写“剡县赤城”，对女子生活场景的描绘很简洁，而《幽明录》的故事则提供更多欢宴场景的细节，以大量篇幅去阐述两位仙女生活环境的细节。我个人认为《幽明录》可能经过了文人的改造，或许受到孙绰《游天台山赋》的影响，像“而绝岩邃涧，了无登路。攀葛乃得至”数语，与孙绰 “邈彼绝域，幽邃窈窕”“践莓苔之滑石，搏壁立之翠屏。揽樛木之长萝，援葛藟之飞茎”很相似。所以刘晨、阮肇的故事更吸引文人。

刘晨、阮肇的故事被大量写成诗歌。唐代诗人曹唐长期客居天台山，是当时“游仙诗”体裁最重要的作家，现存他用七律写的“大游仙诗”十七首，其中有五首与刘阮故事相关，如：

殷勤相送出天台，仙境那能却再来。
云液既归须强饮，玉书无事莫频开。
花当洞口应长在，水到人间定不回。
惆怅溪头从此别，碧山明月照苍苔。

（《仙子送刘阮出洞》）

赤城山，台州天台县

再到天台访玉真，青苔白石已成尘。
笙歌寂寞闲深洞，云鹤萧条绝旧邻。
草树总非前度色，烟霞不似往年春。
桃花流水依然在，不见当时劝酒人。

（《刘阮再到天台不复见诸仙子》）

诗的重心在遇见女仙的故事上。对于诗人来说，刘晨和阮肇选择离开仙境，是愚蠢的决定。

元代赵苍云绘制了《刘晨阮肇入天台山图》，采用了白描手法表现刘晨、阮肇入天台山遇仙的故事。这幅画虽然是元代人绘制，但也是通过女仙暗示两性关系。唐代流传的刘晨阮肇遇仙的故事，与当时人对于道姑的想象是分不开的。

画卷大致分为十个部分：

（1）入山采药。“刘晨、阮肇，剡县人也，家世业儒，尤留意于医，尝飘然有霞表之气味。汉明帝永安十五年，二人携锄筥，往天台山采药焉。”

（2）山里迷路。“入山既深，寻药方盈筥，少憩将返，迷失来路，且粮糗俱尽，二人相顾，方狼狈失措。偶举目见山头有桃木樛然，桃实累然。二人往山上取桃食之，人各食二枚，如觉少健然。”

（3）路遇溪水。“食桃尤在手，下山求归。路转崎岖，益难辨识。行次不觉至山麓，见涧中水流潺然，清冷可可。二人以手挹水饮之，且各澡其手面。偶见蔓菁从山腹出，次又有一杯流出，中有胡麻饭屑。二人相顾曰：‘去人家不远矣。’峦气滃郁，山色螺耸，望中恍然，如接异境。”

（4）进入小径。“因负药筥，以锄挺探水，水才四尺许，二人褰裳渡之。行及一里余，得小径，又度一山，又见一溪焉。”

（5）遇见女仙。“山麓处大溪。隔溪见二女颜色绝妙，世所未有，便

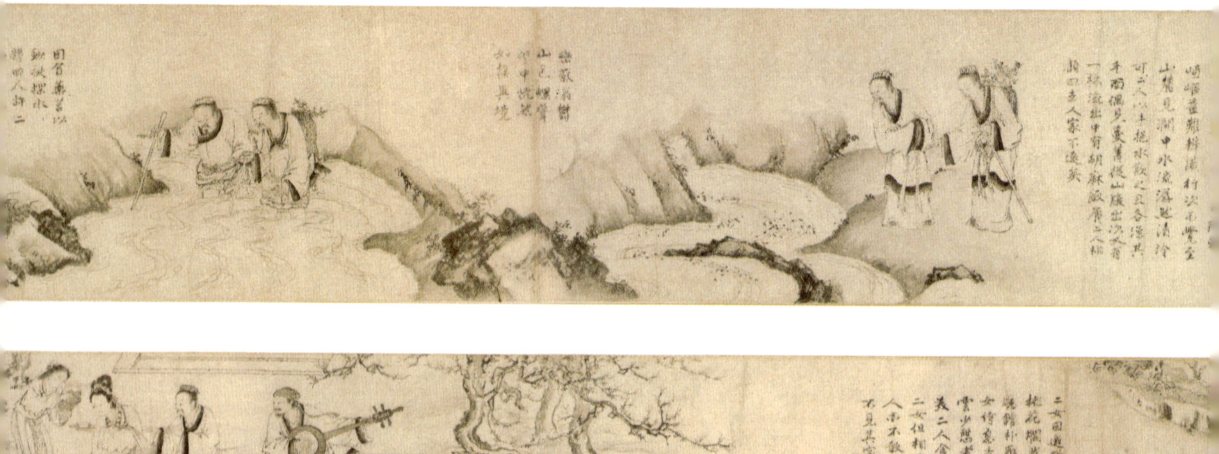

元　赵苍云　《刘晨阮肇入天台山图》　大都会艺术博物馆藏

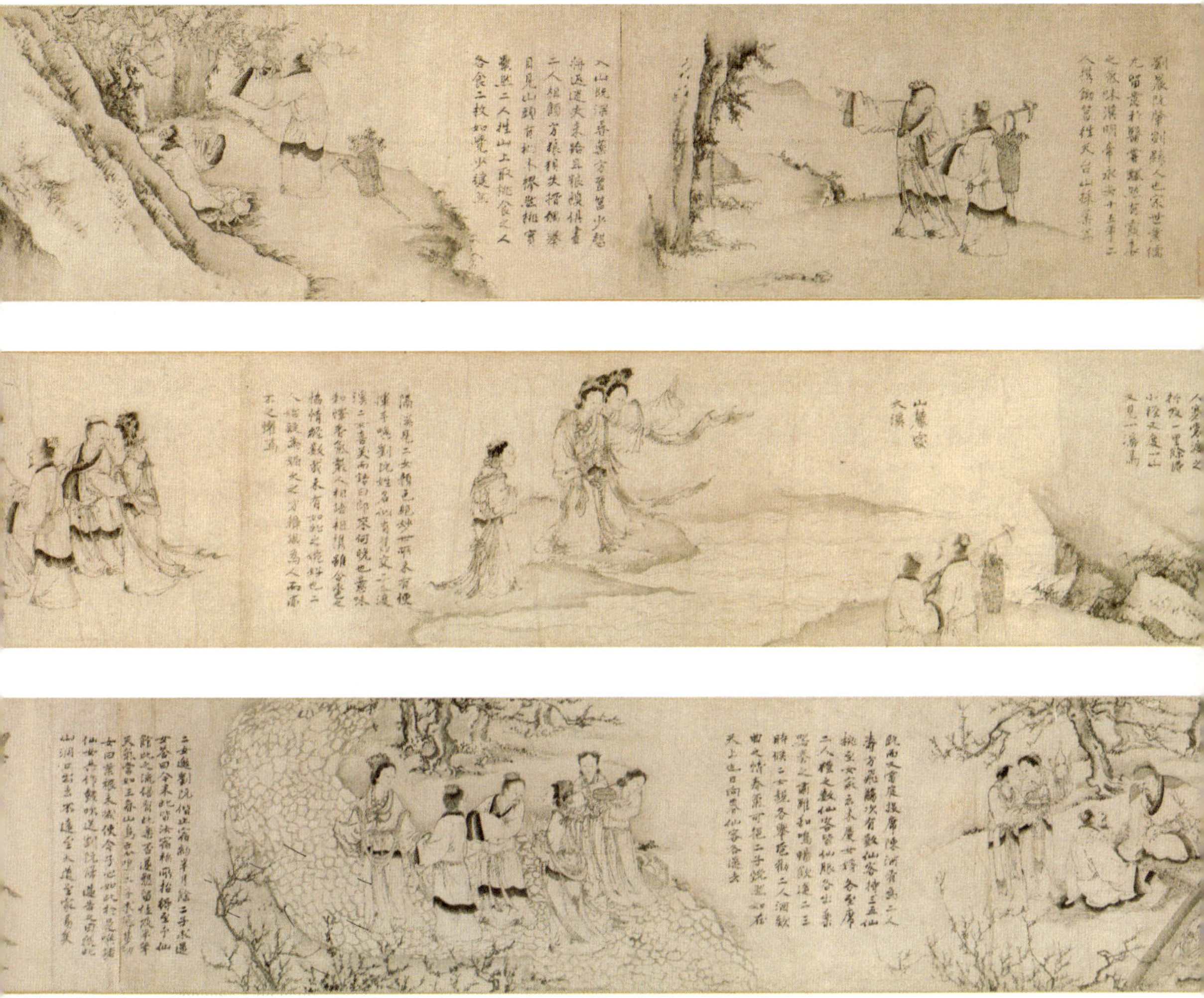

挥手唤刘、阮姓名，似有旧交。二人渡溪，二女喜笑而语，曰：‘郎来何晚也！’意味和怿，香气袭人，相语相携，虽合卺之协情，经数载未有如此之婉好也。二人始疑为媚，久之方辨识为人，而亦不之惧焉。”

（6）做客。“二女因邀归家，所过山径崎岖，满山桃花烂然。行及三里余，到其所居。厅馆朴厂，服饰非如人间所有。左右女侍息青衣，皆端正庄靓，烂然如云。少憩，煮胡麻饭、山羊脯，食之甘美。二人食方毕，不觉饥，欲讯家世，二女但相与谈笑乱之，略不之告，二人亦不敢固问，知其为异人。久之，亦不见其家有男子也。”

（7）歌舞宴乐。“既而又当庭设席，陈酒肴为二人寿。方飞觞次，有数仙客持三五仙桃至女家，云来庆女婿，各至席。二人礼之，数仙客皆仙服，各出乐器奏之，肃雍和鸣。畅饮逾二三时候，二女亲各举卮劝二人酒。款曲之情，春气可挹，二子恍然如在天上也。日向暮，仙客各还去。”

（8）请求还家。“二女邀刘、阮偕止宿，约半月余，二子求还。女答曰：‘今来此，皆汝宿福所招得。至予仙馆，比之流俗，有此乐否？’遂恳留住及半年。天气常如三春，山鸟哀鸣，二子求归甚切。女曰：‘业根未灭，使令子心如此。’于是唤诸仙女，共作鼓吹送刘、阮归，遂告之曰：‘从此山洞口出去不远，至大道至家易矣。’”

（9）返回家乡。“二子出洞口，行至大道，回首惟桃花灿烂，山色堆青而已。甫至家乡，并无相识，乡里怪异，乃闻得七代子孙，传上祖入山不出，不知今何在。”

（10）复入天台。“二子在乡既无亲属，栖泊无所，却同入天台山，寻当年所往。山路已迷，而不知所在。后至晋武帝太康八年，二子复入天台，不知其所之也。”

三　先道而后佛：层累而成的天台圣山史

第二个与天台山非常密切的观念就是洞天。实际上，名山出现的一个重要的助推力就是洞天观念。两晋之际，中国南北方相继出现了道教所谓的洞天福地。洞天福地是一种特殊的空间，它虽然在人间，却形成了一个非常独特的、有宗教意涵的、超越性的地点（space）。

洞天不是南方专有的。北方也有，比如说王屋山的王屋洞天是道教十大洞天之首。但是，更多的洞天却是在南方，赤城山也有，即“赤城洞天”。傅飞岚（Franciscus Verellen）教授曾在《超越的内在性：道教仪式与宇宙论中的洞天》一文（英文论文见 *Cahiers d'Extrême-Asie* 1995 年第 8 期，中译本刊于《法国汉学》第 2 辑）中提出：“‘洞’有洞穴、激流之义，也有‘洞穿’之义（兼指物理与智能上的洞穿），常与近音字‘通’通用，具有贯穿、通达之义。故洞作为度化之所、神启之所，而与诸神域相连。在道教的用法中，洞也作为真经秘籍的藏列处，其用意正如我们所见，与洞作为神启之所的意思贴近。最后，从道教宇宙生成论的意义上讲，洞具有虚无、混沌、无形之义。以‘地穴’（crypt）这个字来翻译‘洞’，可以彰显其隐秘的本质及其与埋葬、复活的原始联系。不过，洞一般特指《游张公洞之图》中所详细描绘的怪石嶙峋的钟乳石洞，而‘洞天’则指被道教认为是天或天堂的洞，并由神仙所居。正如苏远鸣（Michel Soymié）在有关罗浮山的文章中所说，洞天乃山之精，倘若攀登山顶是一种宗教的行为——要求洁净及神秘知识的宗教旅行，那么步入洞天则表示旅程终于抵达‘启悟’（initiation）的阶段。”人们通过“洞”的穿越，从人间进入更神圣的领域，概念背后有着非常丰富的内涵。洞天是一个仪式性的过程。就像通过一座桥后到达彼岸一样，成为了宗教性的过渡。

魏斌教授《“山中”的六朝史》中有一章是关于天台山的。我觉得其中重要的部分是纠正前人的认知偏差，那就是跟天台山有关的洞天其实是两个，一个是赤城洞天，另外一个是金庭洞天。他指出金庭洞天是早期天台山道教信仰的主要空间，赤城洞天在中古早期却只具有地标作用而缺乏具体的信仰内容，到了隋唐间才被构建为天台最为重要的道教福地。

作为早期天台山道教的核心标志，金庭洞天位于天台中的桐柏山，与王子乔信仰直接有关。《列仙传》说“周灵王太子晋也，好吹笙，作凤凰鸣”，王子乔出生在洛阳附近，升仙之后被封为“右弼真君”，掌管着天台山的领地。三国时葛玄（164—244）也进入了天台山，《天台山方外志》卷九“吴葛仙公”条云：

> 光和二年正月朔，感太上老君敕真人徐来勤等同降于天台，授《灵宝经》三十六部及上清斋法二等并三箓七品斋法。……又得分形万化之术、灵感应变之法。道成，乃于天台山立坛授道微《五岳真形图》。

南齐时的太平观、陈时的徐则山馆和唐代的桐柏宫均在桐柏山。南朝梁陶弘景（456—536）《真诰·稽神枢》中也有关于桐柏山的描述：

> 桐柏山高万八千丈，其山八重，周回八百余里，四面视之如一，在会稽东海际，一头亚在海中。金庭有不死之乡，在桐柏之中，方圆四十里，上有黄云覆之。树则苏玡琳碧，泉则石髓金精，其山尽五色金也。

在今天看来，桐柏山实际上是天台山的一个部分。在古代，这两个名词常常是混用的，描述都非常类似。《真诰》所提及的内容，也是围绕着王子乔的信仰展开的，《运象篇》云：

（兴宁三年，岁在乙丑）六月二十六日夕，众真来，疏如左……又有一人，年甚少，整顿非常，建芙蓉冠，着朱衣，以白珠缀衣缝，带剑，都未曾见。此人来多论金庭山中事，与众真共言。又有不可得解者，揖敬紫微、紫清、南真三女真，余人共言平耳。云是桐柏山真人王子乔也，都不与某语。

《真诰》中，王子乔被描述为一个翩翩少年。这位穿着整齐、众真环绕的少年，在天台山的宫观里掌管着自己的场域。

王子乔信仰是天台山作为名山信仰重要的基调。南朝后期，王子乔信仰具体落实在我们今天所讲的桐柏山上。天台山的风景非常秀丽，尤其以桐柏山最为突出。唐代中期著名的道士司马承祯（？—735）来到天台山隐居时，就在金庭宫。司马承祯《上清侍帝晨桐柏真人真图赞并序》（第九图）云：

第九，天台山一名桐柏栖山。山有洞府，号曰金庭宫。精晖伏晨，光照洞域。琼台玉室，莹朗轩庭。泉则石髓金精，树则苏牙琳碧。信谓养真之福境，成神之灵墟也。王君处焉，以理幽显，侍弼帝晨。有时朝奉，领司诸岳。群神于兹受事矣。

图画桐柏山，作金庭洞宫。王君坐在宫中，众仙侍卫。并五岳君各领佐命等百神来拜谒。

赞曰：

山有玉洞，宫曰金庭。九天通象，三晨伏精。侍帝斯任，弼王所贞。领司五岳，统御百灵。

之后，唐睿宗（662—716，在位时间684—690、710—712）将桐柏山中最好的一块地方赐予了司马承祯，建立了一个宫观，也就是后来著名的桐柏宫。

比较可惜的是，如今的桐柏宫已经不是当年的风貌了。实际上，到了明代，桐柏宫就已经完全败落了。1958年，古代桐柏宫的所在地被建成了一个水库，也就是今天所见的模样。当年的桐柏宫是什么模样呢？《重订天台山方外志要》记载：

山有九峰，环绕于高处，开洋迥殊下界。九峰者，玉女、玉泉、华

金庭洞宫　《上清侍帝晨桐柏真人真图赞》第九图（《道藏》）

琳、香琳、瑞云、卧龙六峰皆观侧近卫，而玉霄、紫霄、翠微三峰稍远。女梭溪横襟观前，下为三井瀑布。剑、印二山，正守水口，后枕圆阜，如新月然，信称仙境。

桐柏宫位于山谷中间，十分平旷，四周被高峰环绕。山中平旷之处适合农作，古代不像今天，没有快递和物流，山里建立道观需要考虑生存问题，要能养活自己，需要找寻适合耕地的地方。桐柏宫附近、山峰旁边有整个天台山最大的瀑布，大约上百米，后来也反复被人们提到。近期政府在复原天台山传统文化工程中，引流了水库的水，重新在附近修建了瀑布。对照古图，感觉是相似的。

明代王思任到天台山游历时，写下了游桐柏宫、观瀑布的游记，收录在《重订天台山方外志要》中：

十里许，至福圣庄，观瀑布，夏雪春雷，江悬海挂。当年瀑布寺中，竹窗松槛，不知何人年年卧看。溅珠亭仅有遗础，然飞沫时时穿葛可人。予初在桐柏宫，见平畴衍野，一豁苦碍之目，似入潼关，骤得百二山河者。及回首，瀑落九天，仰观所下岭，云封树灭，而后知桐柏地在天上也。予目不过两寸，恶能穷宇宙之变哉？相与唱凯还国清，疑眩茫然者两日。

他最先看到的是瀑布，之后又见到了桐柏宫。宫殿所在地是平旷的原野，给人一种进入潼关也就是关中平原的感觉。站在桐柏宫回首遥望瀑布，只觉得非凡间景色，渺小的自己难以想象宇宙的变化。直到他回到了国清寺，仍然觉得天旋地转，花费了整整两天才缓过神来。从文字中，就能感受到桐柏宫和瀑布带给当时人的视觉冲击。

可以看到，道教很早就在利用洞天的观念，在天台山建立自己的基地。实际上南朝后期，这里已经有几个场馆变成了重要的道教地点。南朝建立的太平观和徐则山馆就在桐柏山。唐代除了司马承祯，还有徐灵府、叶藏质，以及宋代张伯端、白玉蟾等重要的道教代表人物在这里。

中国名山的形成往往有几个层次，早期它围绕着某一种信仰展开，之后再进入其他的信仰活动，都要与原初的信仰发生某种关系——占领、征服、或是包容。

除了道教以外，佛教对于天台山的开发在历史上也非常重要。佛教实践者最迟在东晋前期就进入了天台，他们进入天台山有几个不同的阶段。第一阶段是东晋时期佛教僧侣的进入，以禅居为特色，这一特色成为天台佛教的某种底色，在此后的岁月中以不同形式呈现出来。第二阶段也就是智者大师进入天台建立天台宗教派的时期，由此天台佛教成为中古寺院教义的典型。第三个阶段则是两宋时期，这时天台佛教逐渐由天台宗的垄断变为禅宗的天下。第四个阶段则是明代后期到清代，天台宗在天台山的复兴。

第一个阶段非常重要，此时的僧人像道士一样从外部进入。汤用彤先生在《汉魏两晋南北朝佛教史》中描述："僧人超出尘外，类喜结庐深山。故名山记略，恒于佛史有关。慧远之《庐山记略》、支遁之《天台山铭序》，均为有名。"魏斌教授在《"山中"的六朝史》中提到僧人往往先到石城山，然后进入天台，"佛教进入天台山是在东晋时期。永嘉之乱后，剡县、始宁一带成为过江高僧的重要修行之地。其中一些僧人沿剡溪而上进入天台"。

僧人进入天台山之前，也会在北边的石城山和南边的赤城山停留。一则著名的故事是关于帛僧光和竺昙猷的。南朝梁慧皎《高僧传·习禅》云：

帛僧光，或云昙光，未详何许人。少习禅业。晋永和初，游于江东，投剡之石城山。山民咸云此中旧有猛兽之灾，及山神纵暴，人踪久绝。光了无惧色，雇人开剪，负杖而前。行入数里，忽大风雨，群虎号鸣。光于山南见一石室，仍止其中，安禅合掌，以为栖神之处。

竺昙猷，或云法猷，燉煌人。少苦行，习禅定。后游江左，止剡之石城山，乞食坐禅。尝行到一行蛊家乞食。猷咒愿竟，忽有蜈蚣从食中跳出。猷快食无他。后移始丰赤城山石室坐禅。

帛僧光和竺昙猷都是苦行的僧人，将禅定作为他们佛教实践的重心。当他们来到天台山后，选择在一个山洞坐禅。

早期的僧人进入天台山，普遍都重视习禅。这种特点显然与道教的洞天观念有联系，他们很可能受了道教的影响，选择了这片地方。僧人对地点的选择，对后来人们形成的天台山佛教传统认知有非常重要的影响。在我看来，这甚至构成了天台山佛教传统的一种基因，尽管这种基因在后来被改变了，但是它像是一个潜流，不断地涌出来，左右未来的发展。我为什么这么说，等会揭晓这个谜底。

《高僧传》里有一篇关于竺昙猷的传记，特别讲到他访问赤城山，然后禅定：

赤城山山有孤岩独立，秀出干云。猷抟石作梯，升岩宴坐，接竹传水，以供常用。禅学造者十有余人。王羲之闻而故往，仰峰高挹，致敬而反。赤城岩与天台瀑布、灵溪四明并相连属。而天台悬崖峻峙，峰岭切天。古老相传云：上有佳精舍，得道者居之。虽有石桥跨涧，而横石断人，且莓苔青滑，自终古以来，无得至者。猷行至桥所，闻空中声曰："知君诚笃，今未得度。却后十年，自当来也。"猷心怅然，夕留中

> 宿，闻行道唱萨之声。旦复欲前，见一人须眉皓白，问猷所之。猷具答意。公曰："君生死身，何可得去？吾是山神，故相告耳。"猷乃退还。道经一石室，过中憩息。俄而云雾晦合，室中尽鸣。猷神色无扰。明旦见人着单衣帻来，曰："此乃仆之所居，昨行不在家中，遂致搔动，大深愧怍。"猷曰："若是君室，请以相还。"神曰："仆家室已移，请留令住。"猷停少时。猷每恨不得度石桥。后洁斋累日，复欲更往。见横石洞开，度桥少许，睹精舍神僧，果如前所说。因共烧香中食。食毕，神僧谓猷曰："却后十年，自当来此，今未得住。"于是而返。顾看横石，还合如初。

有意思的是后面竺昙猷和土地神的对话。当竺昙猷进入一个石桥后，听到空中传来了人说话的声音，说知道他很虔诚，但是现在还没有办法渡过石桥，建议他十年后再过来。实际上，这个声音是来自当地的土地神 。

佛教作为外来宗教，在早期的叙事中，不断地与地方神发生关联，不断地让这些地方神归到佛教里，这就是前面所说的"征服"或者"占领"。当佛教进入某个已经为其他信仰所占据的场域时，需要经过奋斗，它要说明自己是能够取而代之的。所以这样的一种叙事就掺杂在了传记里。此外，这里还有一个重要的信息是"石桥"，传记提到了石桥与竺昙猷早期佛教禅定行为的关系，这个故事到后来某个时刻，在特殊的条件下会发酵，形成新的传说，如后来的五百罗汉故事。

第二个重要的阶段就是智𫖮与天台山。智𫖮在这里开创了天台宗，使之成为东亚历史上最重要的佛教场域之一。智𫖮在整个中古时期地位是极高的，唐代有大量赞颂他的传记、文词。例如颜真卿（709—784）《天台智者大师画赞》：

天台大师俗姓陈，其名智𫖮华容人。
隋炀皇帝崇明因，号为智者诚敬申。
师初孕育灵异频，彩烟浮空光照邻。
尧眉舜目熙若春，禅慧悲智严其身。
长沙佛前发弘誓，定光菩萨示冥契。
恍如登山临海际，上指伽蓝毕身世。
东谒大苏求真谛，智同灵鹫听法偈。
得宿命通弁无碍，旋陀罗尼华三昧。
居常西面化在东，八载瓦官阐玄风。
敷演智度发禅蒙，梁陈旧德皆仰崇。
遂入天台华顶中，因见定光符昔梦。
降魔制敌为法雄，胡僧开道精感通。
又有圣贤垂秘旨，时平国清即名寺。
赎得鱼梁五百里，其中放生讲流水。
后主三礼洞庭里，请为菩萨戒弟子。
炀皇世镇临江涘，金城说会求制止。
香火事讫乃西旋，渚宫听众逾五千。
建立精舍名玉泉，横亘万里皆禀缘。
炀皇启请回法船，非禅不智求弘宣。
遂著净名精义传，因令徐柳参其玄。
帝既西趍移象魏，师因东还遂初志。
半山忽与沙门颠，俄倾逡巡偡韬秘。
止观大师名法源，亲事左溪弘度门。
二威灌顶诵师言，同禀思文龙树尊。
荆溪妙乐间生孙，广述祖教补乾坤。

写照随形殊好存，源公瞻礼必益敦。
俾余赞述斯讨论，庶几亿载垂后昆。

通过颜真卿的描述可以感受到这种氛围，颜真卿几乎把智𫖮比作释迦牟尼，也有人将他称为“东土释迦”。也就是说，智𫖮在中国佛教界的地位，相当于释迦牟尼在整个佛教界里的地位。中古时期，没有第二个僧人享有这样的评价。

南朝陈太建七年（575），智𫖮离开陈朝首都建康，初到天台时年三十八岁，此时他已经享有很高的地位了。灌顶（561—632）《智者大师别传》云：

即陈太建七年秋九月初入天台。历游山水，吊道林之栱木，庆昙光之石龛，访高察之山路，漱僧顺之云潭。数度石梁，屡降南门，荏苒淹流，未议卜居。

对于前往天台的原因，灌顶追述说智𫖮要选择一个合适的地方进行修禅：

“……昔南岳轮下，及始济江东，法镜屡明，心弦数应。初瓦官四十人共坐，二十人得法。次年百余人共坐，二十人得法。次年二百人共坐，减十人得法。其后徒众转多，得法转少。妨我自行化道，可知群贤各随所安，吾欲从吾志。蒋山过近，非避喧之处。闻《天台地记》称有仙宫，白道猷所见者，信矣。《山赋》用比蓬莱，孙兴公之言得矣。若息缘兹岭，啄峰饮涧，展平生之愿也。”陈宣帝有敕留连，徐仆射济涕请住。匪从物议，直指东川。

建康过于喧嚣，附近蒋山的环境不适合修禅，当智𫖮听说天台有仙宫且孙绰将此地比作蓬莱时，认定这里是特别适合禅定的地方。太建十年（578），他在天台选择佛陇建立修禅寺，开始宣教修习。《续高僧传·习禅篇》云：

> 𫖮乃卜居胜地，是光（定光和尚）所住之北。佛垄山南，螺溪之源处。既闲敞，易得寻真，地平泉清，徘徊止宿。

关于这条记载，魏斌认为，智𫖮进入天台山后，有长达六年的逗留，主要原因是为了选择合适的地点建立道场，最后他选择了较易农作的佛陇。我非常赞同他这个观点，佛陇是一片很平旷的土地，适合农耕，有了这块地，他们可以不依赖外面运输进来的粮食。我甚至愿意再进一步思考，或许当时最好的地点已经被道观占领了，给他在天台山驻锡修行的选址增加了难度，才耗时多年。

智𫖮在这个时候去到天台山，除了宣传教义以外，还要选择一个能够彰显禅定、禅观重要性的场所。他要建立宗教的权威性，就必须选择一个能符合理念的场馆。从他后来的行动来看，他并非真的要在那里修禅，智𫖮安排好佛陇道场之后就离开了，回到了金陵，回到了他原来所摒弃的地方，又在金陵待了十余年，传教布道。隋开皇十五年（595），智𫖮重返天台山，驻锡修禅寺。当时的晋王杨广（即后来的隋炀帝，569—618，在位时间 604—618）时常和智𫖮探讨佛法，两人来往书信多有保存。智𫖮授杨广菩萨戒，并为其作《维摩文疏》。开皇十八年（598），杨广遵智𫖮遗嘱建立天台寺，取名“国清”。智𫖮很有目的地选择了天台山，他不是单纯地为了禅定，而是为建立宗派打下基础。

天台山先“道”而后“佛”，是多元化的宗教场域，最终层累地构成

“圣山史”。接下来，我们正式进入文学的讨论。

四 从玄言文学到模山范水：中国山水书写的兴起

东晋南朝以来，随着洞天观念的兴起，人们将天台山选择为宗教的场域，其宗教形象已经慢慢形成。在形成过程中，人们对天台山的认知不是简单地对自然景观的欣赏与游览，而是受制于一套完整的观念逻辑。

这里首先提出一个理论性的解说。我认为，中国古代对名山的认知中包含了三个不同层次的境界。这个境界可以把它说成是一种空间，彼此是有重叠的。第一是物质之境（physical space），像赤城山、瀑布、琼台、石梁、华顶；第二是意念之境（mental space），像金庭洞天、石桥、金地岭、寒岩、幽溪；第三是文化之境（cultural space），像佛陇、桐柏宫、国清寺、高明寺。我在这里使用这个概念，受到了法国哲学家亨利·列斐伏尔（Henri Lefebvre）在《空间的生产》中阐述“意念空间”的影响，但我对这一概念的具体界定和列斐伏尔有较大的区别，使用的语境是不相同的。

“物质之境”很好理解。那么，“意念之境”究竟指的什么？我个人的定义是，指由一种特殊的思维逻辑和认知逻辑构建起来的一种境界。这一境界虽然只能通过想象而存在，但却被采用相关思维逻辑的人认为是真实存在并能感受到的。换句话说，“意念之境”通常代表了某种理想化的境界，比如通过某种宗教想象而获得的景象。这一境界有其内在的一致性（coherence）以及部分与整体之间的相关性。文学语言是呈现这种空间最重要的手段。

“文化之境”指文化产品和传统叠加而成的空间，人们对该空间的认知和这些文化产品难以分割，因为这些产品或传统赋予其特殊的意涵。比如到苏州寒山寺游历，就自然会想到张继的《枫桥夜泊》，在赤壁就会联想起苏轼的赋，到天台山，就会想到孙绰的《游天台山赋》。另一种情况是和古代的事件或人物发生关联，比如在杭州白堤就会联想起白居易。

我举一个特殊的例子来说明。大家都熟悉李白的《望庐山瀑布》：

> 日照香炉生紫烟，遥看瀑布挂前川。
>
> 飞流直下三千尺，疑是银河落九天。

李白的诗句简单易懂，稍微有点文化，就能理解它的美。李白对自然景观的描述，几乎不需要做任何解释，就能感受到比喻的生动、想象的巧妙。但是你如果看到远在李白之前，东晋慧远写的《庐山记》，就会明白李白思路的来源：

> 东南有香炉山，孤峰独秀起，游气笼其上，则氤氲若香烟。白云映其外，则炳然与众峰殊别。将雨，则其下水气涌出如马车盖，此龙井之所吐。其左则翠林，青雀白猿之所憩，玄鸟之所蛰。西有石门，其前似双阙，壁立千余仞，而瀑布流焉。

慧远说到香炉山，说游气就像香烟一样缭绕在山间，之后又提到了瀑布。李白写诗的时候，看到庐山的自然景观，也许想到了慧远《庐山记》的描述。所以在众多自然景观中，李白突出地强调了香炉山“生紫烟”与瀑布“落九天”。这里有很强的互文性。柯慕白（Paul W. Kroll）教授在《盛唐文学中的词典化山水与文本化名山》（英文论文刊于 *T'oung Pao*, Vol. 84, 1998）一文中，认为李白对庐山香炉峰的形容并非纯粹写实，而是把山峰转化成了一座博山炉，紫烟缭绕的是一个非人间的仙境，背后是词典化

（lexical）与文本化（textual）的道教圣山。我们知道，紫烟和银河都是有特殊含义的，香烟是与上清天界直接连接的一种媒介，银河在古代也不是简单的天文学概念，而是有宗教意涵的。他在想象仙山的过程中，呼应了慧远的文字。可以说，李白的《望庐山瀑布》是一首同时体现了“意念之境”和“文化之境”的诗作。

接下来，我们在这样的理论下讨论天台山书写模式的确立。这与中国早期山水书写模式的确立有极大的关系。其中关键点是孙绰的《游天台山赋》，这篇文学作品可以说是前无古人、后无来者，在中国文学史乃至世界文学史上，奠定了一个非常独特的山川书写的模式。

中国山水的书写，尤其是诗歌书写过程有几个特点。第一，东晋以来的士族精英对自然中蕴含的本体性的关怀和由此而起的情性抒发，他们观看山水时，体会到了哲理性，由此发出性情的感叹。第二，在感受自然的过程中，重视带有特殊时间性的个人经验，突出过程中的个人凝视（gaze），这种对景观的凝视，在后来的山水书写中越来越明显。第三，是对山水的具象性美感的敏感，比如天台山葱郁陡峻的山体、赤城山丹霞地貌形成的赭红色山崖、石梁瀑布的视觉冲击力，给六朝文人和佛道实践者提供了巨大的想象空间。

王羲之（303—361）《兰亭诗》是早期具有代表性的诗歌：

三春启群品，寄畅在所因。
仰望碧天际，俯磐绿水滨。
寥朗无厓观，寓目理自陈。
大矣造化功，万殊莫不均。
群籁虽参差，适我无非新。

这首诗将寓目的“碧天”“绿水”等天地万事和这些景观背后的理联系在一起，强调“参差”之外的“均”，也就是魏晋玄学强调的变化背后的绝对性，正是这种绝对的变化吸引着作者。诗歌同样强调了作者的视觉（“仰望”和“俯磐”），显示出个人经验，只是对景观的描述还处于比较笼统的感觉中，景物引发的感受开始出现，基调仍然是哲理性的。所以他说“万殊莫不均”，虽然看到的现象都是不一样的，但是背后的道理却是一样，都是造化之功。

王羲之在山水中看到了哲理。此时他这样的人还是少数，很多人强调的是景观的细节。比如谢万《兰亭诗》：

肆眺崇阿，寓目高林。
青萝翳岫，修竹冠岑。
谷流清响，条鼓鸣音。
玄崿吐润，霏雾成阴。

又或者孙绰的《兰亭诗》：

流风拂枉渚，停云荫九皋。
莺语吟修竹，游鳞戏澜涛。
携笔落云藻，微言剖纤毫。
时珍岂不甘，忘味在闻韶。

我们再来看谢灵运的《登永嘉绿嶂山》，他写山水时，会告诉人们自己是从哪里出发的，经过了什么地方，看到了什么景观：

裹粮杖轻策，怀迟上幽室。
行源径转远，距陆情未毕。
澹潋结寒姿，团栾润霜质。
涧委水屡迷，林迥岩逾密。
眷西谓初月，顾东疑落日。
践夕奄昏曙，蔽翳皆周悉。
蛊上贵不事，履二美贞吉。
幽人常坦步，高尚邈难匹。
颐阿竟何端，寂寂寄抱一。
恬如既已交，缮性自此出。

从“澹潋结寒姿”到“蔽翳皆周悉”是个人的视觉体验的描述，他说早晨的竹林有霜冻的感觉，越往水流深处看就越看不清，远方的树林密集得像岩石一般。可以说是非常细腻、个人化的观察，而非简单的、抽象的描述。整首诗的前十二句呈现一个随着时间移动而行动的过程，并对这一过程产生的视觉效应进行了精确描述。

早期的玄言诗转向后来的山水描写，令中古山水诗有很多特点。首先，这些诗歌是对能体现一个特殊地方的景观而非对自然抽象的抒情，诗和地点之间的联系日益密切。其次，用诗的语言来描摹面对自然的日常经验，具有记录个人日常生活的日志作用。再次，山水诗标题的具体化是以上这些倾向的一个标志。

因此，对于孙绰的《游天台山赋》，必须把它放在天台山形成过程中、放在南北朝到清代的整体的文学书写中去理解。此处我特别强调一直到清代，尤其是阮元这类著名文人，这样一篇文学作品对他们的心灵是造成了很大震撼的，每个人都会说读了《游天台山赋》后向往天台山。很少有文学作品能够比得上这篇，它界定了一个地方整体的身份。

与其他赋相比，《游天台山赋》的规模不算很大。但是，它每一个段落都非常关键。这篇赋首先说天台山是涉海的：

> 天台山者，盖山岳之神秀者也。涉海则有方丈、蓬莱，登陆则有四明、天台。皆玄圣之所游化，灵仙之所窟宅。夫其峻极之状，嘉祥之美，穷山海之环富，尽人神之壮丽矣。所以不列于五岳，阙载于常典者，岂不以所立冥奥，其路幽迥。或倒景于重冥，或匿峰于千岭。始经魑魅之涂，卒践无人之境。举世罕能登陟，王者莫由禋祀。故事绝于常篇，名标于奇纪。
>
> 然图像之兴，岂虚也哉！非夫遗世玩道，绝粒茹芝者，乌能轻举而宅之？非夫远寄冥搜，笃信通神者，何肯遥想而存之？余所以驰神运思，昼咏宵兴，俯仰之间，若已再升者也。方解缨络，永托兹岭。不任吟想之至，聊奋藻以散怀。

他说涉海的有仙山方丈、蓬莱，登陆则有四明、天台。天台风景秀丽，不亚于五岳。由于路途遥远，所以不见于官方祭祀山岳的相关记载中。孙绰用词是很巧妙的，他说“冥奥”“幽迥”，强调深邃之感，却让人感觉不到恐怖，词汇的选择已经展现了理想化的境界。孙绰说，天台山让人难以进入，但里面的确是一个仙境。抵达这个“无人之境”，要么是通过修道，要么是存思，通过神通的想象去遥想。孙绰实际上并没有真正进入天台山的核心区域，他虽然在天台山的周边，但是《游天台山赋》却是想象的产物，是通过他认知中的一种信仰理念构建起来的。所以刚刚来此地做官的他，想象自己已经升仙，进入了天台山的领域，并将寄托放在了这里。

> 太虚辽廓而无阂，运自然之妙有，融而为川渎，结而为山阜。嗟台岳之所奇挺，实神明之所扶持。荫牛宿以曜峰，托灵越以正基。结根弥于华岱，直指高于九疑。应配天于唐典，齐峻极于周诗。邈彼绝域，幽邃窈窕。近智以守见而不之，之者以路绝而莫晓。哂夏虫之疑冰，整轻翮而思矫。理无隐而不彰，启二奇以示兆。
>
> 赤城霞起而建标，瀑布飞流以界道。睹灵验而遂徂，忽乎吾之将行。仍羽人于丹丘，寻不死之福庭。苟台岭之可攀，亦何羡于层城？释域中之常恋，畅超然之高情。被毛褐之森森，振金策之铃铃。披荒榛之蒙茏，陟峭崿之峥嵘。济楢溪而直进，落五界而迅征。跨穹隆之悬磴，临万丈之绝冥。践莓苔之滑石，搏壁立之翠屏。揽樛木之长萝，援葛藟之飞茎。虽一冒于垂堂，乃永存乎长生。必契诚于幽昧，履重崄而逾平。

接下来，孙绰描述天台山在整个宇宙中间的地位。他认为天台山应该在唐典、周诗中占有一席之地。一般的人看不到赋文的价值，是因为他们认知范围的狭隘，只把眼光局限在人间。之后他描述了天台山的风景，两个标志性的景观是红色的赤城山和巨大的瀑布。

> 既克济于九折，路威夷而修通。恣心目之寥朗，任缓步之从容。藉萋萋之纤草，荫落落之长松。觌翔鸾之裔裔，听鸣凤之嗈嗈。过灵溪而一濯，疏烦想于心胸。荡遗尘于旋流，发五盖之游蒙。追羲农之绝轨，蹑二老之玄踪。陟降信宿，迄于仙都。双阙云竦以夹路，琼台中天而悬居。朱阙玲珑于林间，玉堂阴映于高隅。彤云斐亹以翼棂，皦日炯晃于绮疏。八桂森挺以凌霜，五芝含秀而晨敷。惠风伫芳于阳林，醴泉涌溜于阴渠。建木灭景于千寻，琪树璀璨而垂珠。王乔控鹤以冲天，应真飞

锡以蹑虚。骋神变之挥霍，忽出有而入无。

进入了天台山的孙绰，最后抵达了仙都，说“双阙云竦以夹路，琼台中天而悬居”，双阙、琼台是天台山著名景观。他提到了王子乔控鹤、应真（罗汉）执锡杖而行于虚空中的游仙故事。道教、佛教最著名的两个事例都在这里列举出来。在写文的时候，孙绰每一步都是精心构思的。

> 于是游览既周，体静心闲。害马既去，世事都捐。投刃皆虚，目牛无全。凝思幽岩，朗咏长川。尔乃羲和亭午，游气高褰，法鼓琅以振响，众香馥以扬烟。肆觐天宗，爰集通仙。挹以玄玉之膏，漱以华池之泉；散以象外之说，畅以无生之篇。悟遣有之不尽，觉涉无之有间；泯色空以合迹，忽即有而得玄；释二名之同出，消一无于三幡。恣语乐以终日，等寂默于不言。浑万象以冥观，兀同体于自然。

孙绰最后回到了哲理上。他说自己游完之后，所有顾虑都抛去了，认识到了有无的真理。在山水中，他通过冥思苦想，看到了万象，想象出宇宙万象的奇观来，然后感受到了自然。

可以说，孙绰的《游天台山赋》的“游”不是现代意义上的“游览”，而是“神游”，也就是通过冥想而感受到天台山景观之美，即赋中所言的“驰神运思，昼咏宵兴，俯仰之间，若已再升者也”。这种美并非纯粹的自然美，而是经由道、佛、玄学的超验观而体悟到的神圣空间之美。

孙绰揭示的天台山恰是一个“意念之境”（mental space），也就是经过特殊思维逻辑而呈现出来的境界。赋开始部分强调天台超越了一般认知范围的“绝域”特点，接下来则带领读者进入这一玄妙世界。尽管孙绰用看似精确的语汇来描摹山水花草的种种特征，实际每种元素都经过了刻意

南宋　周季常、林庭珪
《天台五百罗汉·石桥应真》
佛利尔美术馆藏

选择，标准是能和当时认知中的仙境相合，从“悬磴”“绝冥”“朱阙”“玉堂”到“惠风”“醴泉”“建木”和“琪树”，他笔下组合起来的是一理想型“景观”，注入了鲜明的宗教内涵，从“仍羽人于丹丘，寻不死之福庭”到“王乔控鹤以冲天，应真飞锡以蹑虚”。“游”的终极意义在于“悟遣有之不尽，觉涉无之有间”“浑万象以冥观，兀同体于自然”。孙绰的天才之处在于他将这一认知过程描绘成一种犹如入山采药的自然过程，提供给读者的不是静态的观察，而是通过行动中的观察去体悟。他将道佛境界与山水景观巧妙地结合，既规范了后人对天台山景观的表述方式，又提供了巨大的想象空间让后人不断加以填补。

在时间上，《游天台山赋》比其他关于天台山的文学都要早。关于孙绰《游天台山赋》的写作时间，我与南朝文学专家林晓光教授特意讨论过，他的意见是孙绰《游天台山赋》的写作时间只能在永和九年（353）到十一年（355）之间，最有可能是永和十年（354），就是孙绰担任永嘉太守的时候。因为永和九年兰亭集会的时候孙绰在场，不但作了诗，还写了《兰亭后序》。桑世昌《兰亭考》记孙绰官职为左司马，应该就是王羲之的右军左司马（虽然《晋书》本传载其为长史，但二者职分相近，或有小范围的调动）。而永和十二年桓温北伐，建议移都洛阳时，孙绰已经入朝，上疏劝谏。《晋书》本传载此期间孙绰“转永嘉太守，迁散骑常侍，领著作郎”。永嘉太守为治民官，任期不会太短，起码应有两三年的考核期。所以孙绰在永和九年会后，当年或次年转任永嘉太守，永和十一年或十二年迁散骑常侍入朝，应是比较合理的判断。历来讨论《游天台山赋》时，很少有人提到写作时间。但写作年代的考订非常重要，能帮助我们关联其他的相关写作。永和十年，当时孙绰四十岁，王羲之五十一岁，而顾恺之才九岁。孙绰 371 年去世时顾恺之二十六岁，谢灵运尚未出生。在这个背景下，我们将作品放在一起比对，会发现顾恺之的那段文字，完全受到了孙绰的影响，像琼楼、玉阁、天堂、碧林、醴泉的顺序都是一样的。《游天台山赋》对后来的文学作品影响是极为深刻的。在此意义上，这是一篇世界文学史上的空前之作。

五 浙东的唐宋诗之路和文人共同体

唐宋以后，天台山成为文人必访的地方，一直延续到清代。据统计，《全唐诗》中的诗人，先后有400多位踏上过“浙东唐诗之路”，沿途留下1500多首诗，其中讴歌天台的近300人，留下1100多首诗歌。我不知道这个数据有多精确，但是大体规模确是如此。浙东唐诗之路，今日为人所乐道，其实不应该将诗作的范围局限于唐代，至少要包括宋代文人留下的相关诗作，更确切地说，是浙东唐宋诗之路。唐宋之际的浙东在文化和宗教生活上有很强的传承延续性，自然风貌也相似，南宋以后才有了比较大的变化，明代变得面目全非，因此唐宋应该看作一个单元。

从诗文内容来看，当时文人对以往的历史记录和书写有很深的了解。文人的作品，表面上记录了他们在游历浙东时的日常感受和事后回味，对景观的吟咏实际上是他们互相之间在文学上的认可，记载享有共同经历的道俗界亲友寄寓的愿望和期盼。这些诗作往往是和特定的景观联系在一起的，明代的文人编辑了多部关于天台山的诗集，在进行分类时，他们捕捉到了一个现象：唐宋诗人们的诗歌描述，主要围绕着一个特定的点，比如石桥、华顶、玉霄、寒岩，或者寺观如桐柏、佛陇、国清、万年等，每一类呈现的都是特殊的景观，有特别的比喻。

诗人们对彼此作品的了解，使作品之间形成很强的互文性，共同构成了有关天台山的历史记忆。所以这里有一个“文人共同体”，或者用更时髦的概念来说，叫作“文人共和国”，他们互相之间不一定见过面，但是一旦读到对方的作品，就知道对方写了什么。

比如李白的《送王屋山人魏万还王屋》，讲到了魏道士到南方游历的故事：

遥闻会稽美，且度耶溪水。
万壑与千岩，峥嵘镜湖里。
秀色不可名，清辉满江城。
人游月边去，舟在空中行。
此中久延伫，入剡寻王许。
笑读曹娥碑，沉吟黄绢语。
天台连四明，日入向国清。
五峰转月色，百里行松声。
灵溪咨沿越，华顶殊超忽。
石梁横青天，侧足履半月。
忽然思永嘉，不惮海路赊。
挂席历海峤，回瞻赤城霞。
赤城渐微没，孤屿前峣兀。

李白诗中天台山的著名景点一目了然，“五峰转月色，百里行松声”指的是国清寺的重要景观，这种景观反复出现在后来的诗歌中，如晚唐诗人皮日休《寄题天台国清寺》：

十里松门国清路，饭猿台上菩提树。
怪来烟雨落晴天，元是海风吹瀑布。

清 钱杜 《梦游天台图》 克利夫兰艺术博物馆藏

或者宋代诗人夏竦《国清寺》：

穿松渡双涧，宫殿五峰围。
小院分寒水，高楼半落晖。
叶从金地下，云向玉京飞。
欲问西来意，谁传智者衣。

在想象与景观之间，天台石桥与五百罗汉应真传说的形成，可以提供一个侧面的说明。东晋应真降临石梁的传说是佛教僧徒进入天台山的重要标志，作为自然景观的石梁奇观与这一传说难以分割，在天台，石梁和金地岭一样，成为佛教的神圣空间。晚唐以来，禅宗大兴，其影响开始渗入作为天台宗核心的天台山，五百应真故事的发酵应该和这一变化有关。五代出现了石梁五百应真故事，北宋建中靖国元年（1101）赐额方广寺可以算是官方正式认可这一传说的重要时间。从此，原本作为与道教洞天相抗衡的石梁，也隐然变成了能与佛陇、国清等天台宗佛教相抗衡的禅宗势力的标志。南宋开始，五百罗汉的传说与天台山就分不开了。除了五百罗汉的故事，天台石梁成为富有象征意味的佛教景观，被挪用到中国园林景观中。此外，日本园林受此影响，形成叫作“玉涧流”的石梁景观，著名的例子如京都大德寺兴临院方丈庭园中的石梁。

京都大德寺兴临院内“玉涧流”石梁景观

六 另类的传统：天台山的诗僧

最后，我们讲一下天台山的诗僧。今天与天台山关联最密切的传说并不是智𫖮与天台宗的故事，而是寒山、拾得和丰干的故事，三人共同构成所谓的“天台三隐”，且都与国清寺有关。唐代后期他们的诗作开始流传，在今天成为天台山的一个很重要的文化标志。

清代以后，讲到国清寺，就会提到这三人。齐召南《天台山方外志要》卷三收录了《高宗纯皇帝御制国清寺碑文》，云：

> 天台国清寺，五峰耸峙，双涧萦流，七塔拱其前，石梁环于后。盖天台极山海之瑰奇，而兹寺复揽天台之全胜，诚高明之净域，爽垲之琳宫也。以故古栖真习静者，多借为福田胜地焉。载考始基，肇自隋代。志载僧智𫖮修禅于此，梦定光佛告曰“寺若成，国即清”。遂以国清名寺。厥后寒山、拾得、丰干三尊宿皆尝驻锡于此。

诗文和绘画中，寒山、拾得以扫地僧的形象出现。那些关于丰干带他们进入国清寺，二人在厨房做事的故事，如南宋林希逸《四睡戏题》：

> 多少醒人作寐语，异形同趣谁知汝？
> 四头十足相枕眠，寒山拾得丰干虎。

丰干与老虎的故事，在宋代变成了禅宗重要的话题，频繁出现在话语录中。南宋《如净和尚语录》卷下《四睡图》：

> 拾得寒山，老虎丰干。

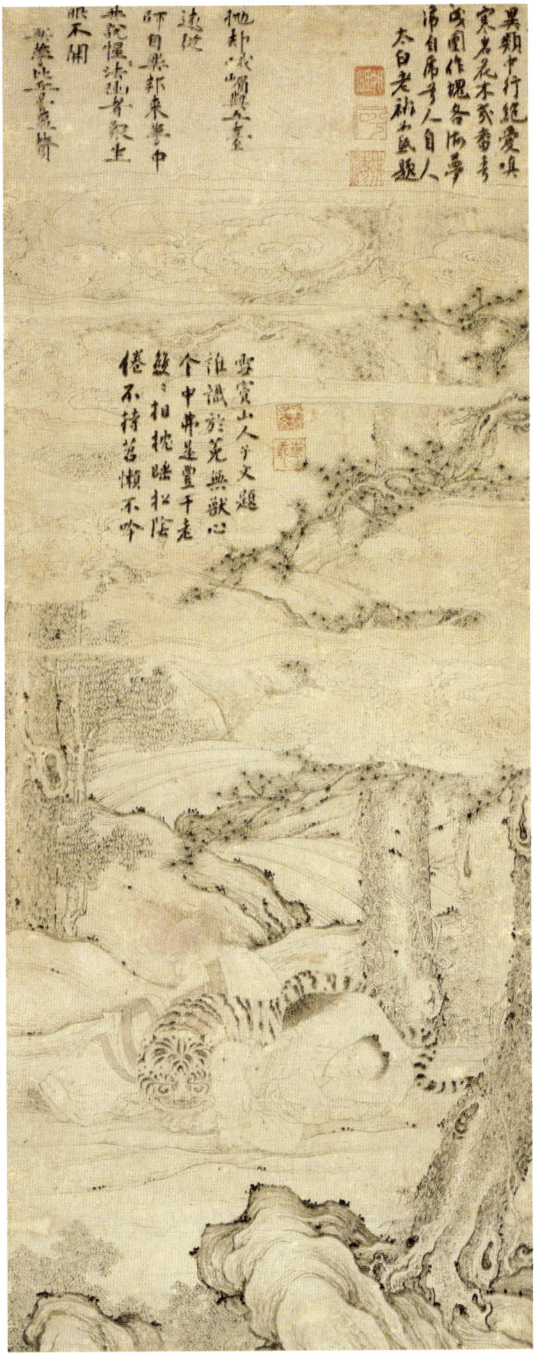

元 佚名 《四睡图》
东京国立博物馆藏

睡到驴年，也太无端。
咦！蓦地起来开活眼，
许多妖怪自相瞒。

三人在历史上或许都实有其人，但现有文献比如伪托闾丘胤所作的《寒山子诗集序》，则多半出于杜撰。《太平广记》卷五十五“寒山子”条引《仙传拾遗》：

寒山子者，不知其名氏，大历中隐居天台翠屏山。其山深邃，当暑有雪，亦名寒岩，因自号寒山子。好为诗，每得一篇一句，辄题于树间石上，有好事者随而录之，凡三百余首。多述山林幽隐之兴，或讥讽时态，能警励流俗。桐柏征君徐灵府序而集之，分为三卷，行于人间。

他们究竟在国清寺是什么身份的僧人，我们不得而知。甚至寒山的诗作究竟是否都出自他的手，也没有办法断定。我们清楚的是，唐代后期尤其到了宋代，寒山的诗作变得极其有影响力，成为重要的禅宗绘画、语录议题，并流传至日本。

三人中寒山最为重要，他留下的诗歌产生的影响是天台三隐故事的基础。其生活的年代应在唐代中期，是一位有相当文学造诣并受禅宗思想影响的僧人。

寒山的诗作有两个特点。第一，部分诗作与天台的自然景观相关，延续着天台山文学描写的传统。比如说他写国清寺的七律诗，描绘了天台山的景色，读起来像是一个文人的书写：

余家本住在天台，云路烟深绝客来。

南宋　梁楷　《寒山拾得图》
日本 MOA 美术馆藏

> 千仞岩峦深可遁，万重溪涧石楼台。
> 桦巾木屐沿流步，布裘藜杖绕山回。
> 自觉浮生幻化事，逍遥快乐实善哉。

另外一部分的诗作带有禅宗叙述方式，融合佛教义理、体悟于日常生活经验中。比如：

> 城中娥眉女，珠佩何珊珊。
> 鹦鹉花前弄，琵琶月下弹。
> 长歌三日响，短舞万人看。
> 未必长如此，芙蓉不耐寒。

诗歌用接近口语化的语言来传递佛教思想及一些仙道思想，口语化风格和中唐后禅宗文学的特点相吻合。

寒山的生平故事，最有可能是僧界内外的仰慕者依据流传的诗作编造而成。但这种编造背后体现出中唐以后禅宗佛教思想与实践的影响，意图塑造出“疯僧”形象以表达禅宗的顿悟理念，有强烈的教外别传的意味。

寒山的形象与传说为何出现在国清寺呢？我想这与天台山的整体建构有关。天台山具有修仙禅定的基因，像次旋律一般，在历史上不断往复。当智𫖮在天台山建立了他的道场以后，这里俨然成为了东亚建制型佛教的重镇，强调知识、教育，但是这并不是天台山的本色。因此，修仙禅定的基因会不断地涌现出力量，与之挑战。寒山、拾得与五百罗汉的故事一样，不断地被放大、建构，与具权威性的天台宗进行潜流式的对抗。

七 余论

中国中古以来出现的名山，能否拥有持久的影响力，取决于诸多因素，其中一个重要的因素是需要构建一个意念之境，此境赋予了名山想象的内容和特定的身份，并使之成为一个宗教和文化意义上的“地方（place）”。富有原创性的文学书写是此种境界得以生成的一大要素。以天台山为例，孙绰的《登天台山赋》扮演的正是此种角色。

天台山的重要特点在于其宗教文化的多元和兼容性，这一点虽非天台所独有（南岳衡山也有相似的情形），但中古时代的名山里极少有像天台山这么突出并得到如此普遍的认可，道教徒和佛教徒都彼此认同对方的存在。当然多元和兼容，并不等于其权威没有来自内部或外部的种种挑战。寒山、拾得和五百应真传说的流行，可以视为针对高度建制化的天台宗宗教权威的某种挑战和补充。

有关天台山的文学书写，构成了很多唐宋文人的共同经验，在这种意义上，与其说是这些文人的诗文塑造了天台山，不如说是天台山这个“地方”强化了他们之间的相互认同。同时必须指出的是，与天台山相关的文学实践具有鲜明的宗教内涵，这也是中国古典文学传统中的名山的一个普遍特点。忽视了这一点，对“浙东唐诗之路”等现象的理解会是不完整和不确切的。

评议与回应

朱玉麒：

从 2022 年 4 月份以来，我们的讲座周游列国，我的同事陆扬教授有个网名叫作“云中上师”，这次讲座也确实是呼应他的网名，是在云中漫步，将他对山的敬仰放到天台山这样一个场景当中。陆扬教授给我们讲述了天台山的三种境界，对于我们认识天台山的文化高度非常有启发。

我们还邀请了魏斌教授和陈尚君教授两位专家来评议。魏教授的《“山中”的六朝史》对六朝山水文学做了非常精细的调查，这本书出版时可以说是“洛阳纸贵”，陆扬教授在讲座中也频繁引用到了这本书。我刚刚得知，陈尚君教授新编的《唐五代诗全编》篇幅 1,800 万字，最近正处于校定的阶段，这是一个非常好的信息。三年以来，武汉、上海、北京都遭受到了疫情的困扰，来自三地的三位教授在云中相见，或许是告诉我们，除了疫情困扰之外，我们还有诗和远方。

魏　斌：

这场讲座，对我来说是一次非常有意思的体验，有些像是陆扬老师所说的“三度空间”的交错感。大概八年前，我有一段时间爬梳过天台山的早期史料。陆老师的讲座，让我有三个层面的感受，第一个层面是天台山自身的文化脉络所展现出来的美感；第二个层面是陆老师在分析过程中为我们展现出来的学术美感；第三个层面是勾起了我对于自己以往研究天台山历史的回忆。这是一个非常美好的上午，我感觉自己正是处在这“三度空间”的交错之中。几年前陆老师对我说过，他在关注天台山，当时我还以为他可能是对唐代天台山的佛教文化有兴趣，直到这次讲座，才知道他的关注面向如此丰富。陆老师的讲座大致是从两个层面展开的：第一个是圣山文化形成的过程，也就是天台山如何成为一个重要的文化地点；第二个是天台山在中国山水文学发展脉络中的意义。从这两个层面的讨论来看，陆老师选择天台山作为个案，是非常有眼光的。

中国的名山虽然很多，但是像天台山这种同时兼具了各类文化要素而且都非常突出的，却并不多。相对于我们所熟知的五岳来说，天台山算是名山中的后起之秀，直到东晋时期才进入人们的视野之中。当时南方兴起了不少与神仙修道有关的名山，茅山和天台桐柏山是最有代表性的两处，所谓“越桐柏之金庭，吴句曲之金陵，养真之福境，成神之灵墟也”。茅山在建康附近，邻近过江侨民主要的集中地晋陵、京口，天台山则位于南渡士人向浙东开拓的会稽地区。江南名山的兴起，与永嘉之乱以后的南渡移民相关，这一点从名山的兴起可以很明显地看到。当然了，并不是所有的名山都能够在开始进入人们视野的时候，就有了像孙绰《游天台山赋》这样的名作，确立了一个经典的、可以供大家阅读、传承和想象的文本，在这方面，天台山可以说是非常幸运的。

陆老师非常敏锐地抓住了这一点。他所关注的，并不仅仅是《游天台山赋》对于天台山本身的意义，还有这篇赋文在整个中国山水书写中的意义。正如他所说，后来有关天台山的文本，都是沿着《游天台山赋》的路径展开的。正是由于后来的文本与《游天台山赋》的关系，导致了天台山在整个中国山水或者是山水精神世界里有重要的位置。由于时间紧张，陆老师没有完全展示，但是我们已经可以看到，从南朝开始，各种各样有关天台山的图像和文学，都可以看作《游天台山赋》开始的一个文化衍生品。就像陆老师所说，后来的很多游记，更像是考察记或者是田野民族志，文人在阅读中产生了一种感受，然后在踏访中进行再一次的书写。这是一种很有意思的文化再生产。

讲座中，陆老师也有很多非常敏锐的细节考证和阐释，比如说通过年龄的对比，确定了顾恺之《启蒙记》的书写与《游天台山赋》的关系，还有从《搜神后记》到《幽明录》两个文本之间的变迁来看《游天台山赋》的影响，都是陆老师在细节上非常重要的发现。

陆老师使用“三度空间”的概念，将天台山区分为“物质之境”“意念之境”和“文化之境”，也是非常有启发的。这个概念可以帮助我们理解天台山从自然山体到文化地点，围绕该地点的文化生产以及相关文化生产对地点的文化反馈和再次塑造的过程，清晰地展示了未来学术研究的可能性。另外我想再强调一下，天台山是一个具有多重性质的地点，从一个自然性的山体，逐渐演变为非常多元的文化空间。正因为如此，我们看到陆老师今天的讲座很大的一部分精力是在详细清理天台山的圣山化过程。正如他所说，如果不清理出圣山化的过程，后面所有的文学描述，都很难落实到具体的语境之中。这种讨论路径，对于我们从空间语境重新理解山水文学的生成，具有很强的方法论意义。

陆老师的讲座是一本书的规模，这次讲的应该只是整体中的一小部分，给我们提供了一个目前为止还非常缺乏的典范性的研究，即如何选择一个具有意义的山水空间，深入从信仰到文学的各种脉络之中，观察文化和文本之间互动生产过程的意义。在讲座中，我们能强烈地感受到文本和阅读在中国文化中的意义。作为一个文化地点，除了物质性的风景以外，也不可小觑经典性文本的塑造作用，因为并不是每一个人都能够亲自到那个地点去。

如果说有一点建议的话，那就是“三度空间”概念与天台山具体景观及意象的对应关系，也许还可以斟酌。在研究中，如何将现代化概念与古代的语境更好地契合，包括陆老师后面使用的“凝视”概念，可能需要考虑。

朱玉麒：

魏老师对陆扬老师有一个期待，期待他能写一本书，不是天台山的六朝史，而是天台山的1500年史。

陈尚君：

大家对天台山都比较熟悉，我去过两次，看过相关典籍，即便这样，今天还是有很多的收获。陆老师详细地探讨了天台山地理地貌的影像、它的文化层累的发展过程，以及天台山在经典化或者神圣化的过程中出现的众多往事以及文学作品。

陆老师引了曹唐写天台山的作品，他有一首《仙子洞中有怀刘阮》，其中两句很有意思：

洞里有天春寂寂，人间无路月茫茫。

唐人讥笑这两句诗是“鬼诗”。实际上正是强调了仙山不可捉摸的感觉。我引用这两句，想讨论的是古代人究竟是如何看待名山的。

孟浩然《晚泊浔阳望庐山》形容：“挂席几千里，名山都未逢。”他曾游览了很多名山，直到看到了庐山，感慨这才是名山应该有的模样。实际上孟浩然最先知道的是慧远，因为对慧远的景仰，才有对庐山的向往。这首诗对于了解唐人的名山认知，或者是名山文化意义的表达，是非常重要的。慧远以后庐山变得更加崇高，在于慧远是佛教中国化过程中的重要人物。庐山作为名山文化符号，与慧远的开山、莲社的兴起、李白的推崇紧密相关。例如陆老师也提到李白《望庐山瀑布》受到了慧远的影响。如果将李白的这首诗与徐凝的《庐山瀑布》相比较，还会体现一个有趣的侧面。徐凝是这样描述的：

虚空落泉千仞直，雷奔入江不暂息。
今古长如白练飞，一条界破青山色。

如果我们走到庐山，看到了香炉峰，看到了瀑布，我们的印象会是徐凝所描述的感觉，而不是李白的，因为徐凝是写实的，而李白是玄想的。后来苏轼却评价徐凝这首诗是“恶诗”，而李白“日照香炉生紫烟”“疑是银河落九天”这样的玄想反而家喻户晓，可以说在中国的名山想象中，写实没有胜算。当然了，庐山的名山化，还与后来宋代的白鹿洞书院难分关系，白鹿洞书院促使庐山从道家仙科转型为儒家书院。到了近代，庐山近代别墅群与众多史事更是增加了文化因素。

天台山作为名山的文化符号，与海上仙山的意象、天台宗的崛起等因素紧密联系。早期海上仙山的联想非常重要，刚刚陆老师讲到了，东晋士人南渡与刘晨、阮肇在天台山遇仙的故事是基础。进到天台山中，可以看到佛道论争，也可以看到三教合一的景象，禅宗代表的寒山诗对天台山十分重要，却是由桐柏宫的道士徐灵府收集整理的，而寒山诗里也不仅有佛教，还包含了道教的内容。

“唐诗之路”的概念由新昌县学者兼社会活动家竺岳兵先生于 1991 年首先提出的，他成立了一个唐诗之路旅行社，主要涉及浙西一带形成的唐诗。最近几年，浙江的文化建设很重视这个提法。与现在做“唐诗之路”的学者稍有不同，我认为有唐诗的地方都可以有“唐诗之路”，唐人走过的地方留下的诗就是“唐诗之路”。至于浙江的“唐诗之路”，有一首诗特别重要，那就是宋之问的《灵隐寺》，宋之问贬为越州长史，离京赴越，这首《灵隐寺》是他途中经过杭州、游灵隐寺时所作，最后两句是点睛之笔，“待入天台路，看余度石桥”，宋之问没有去过天台山，但通过天台山展现了唐代诗人到浙江后的旅行方向。

关于唐人南赴天台之路，一条路是经运河到杭州，经山阴道南行，经越州的金庭观，入剡溪，到天台。唐代金庭观的位置在王羲之墓地附近，而不是天台山，《会稽掇英总集》录入了与金庭观相关的内容。另一条路则由杭州沿富春江南行到桐庐，经过建德、淳安到衢州、婺州乃至温州，宁波的开发是十分晚的，开元二十六年（738）建立明州后，四明山才进入人们的视野。

需要注意的是，海上之路是进出天台山重要的途径。去年复旦大学中文系曾请台湾淡江大学吕正惠老师来做讲座，他讲述了孟浩然在浙江的行踪。孟浩然在浙江时，由建德江南下，在永嘉附近停驻多日，后从温州坐船到天台。其诗文《寄天台道士》中“海上求仙客，三山望几时”，体现的是他由海上赴天台的路径。他的《舟中晓望》也是从海上看天台山的：

问我今何去，天台访石桥。
坐看霞色晓，疑是赤城标。

在李白的诗中，也可以看到他的海路经历：

挂席历海峤，回瞻赤城霞。

这句诗与海上经历有关。前些天，我参加西北大学的博士学位论文答辩，论文是关于唐代的滨海文化与文学。当时我提出了一个疑问，滨海地区最重要的是港口，但是唐诗中很少见。而在东海到黄海之间的唐代海运，却可以看到一些零星的记载。这也是我想对陆老师讲的天台山文化做的补充。

此外，我们引用诗文时有一些需要注意的地方。比如孟浩然《访寒山隐寺过霞山湖上》应该是一首伪诗，孟浩然本人的诗集里是没有的。《全唐诗》收录了 17 首曹唐的大游仙诗，多数是 5 首一组，由于传世文本的遗失，只有天台的这一组是完整的，随着韩国古籍的发现，现在知道的有 30 首左右了。像唐玄宗李隆基的《王屋山送道士司马承祯还天台》，题目肯定是有误的，金石学编录这首诗的石刻是在王屋山，但是诗不是在王屋山写的，司马承祯的出发地也不是王屋山。

最后，我想特别补充说明的是，经海上之路，天台山亦成为中日文化交流史的重要内容。天台宗在唐代后期之衰落和在日本之兴起，是特别值得注意的文化现象。其中有两次日僧入唐，一次是贞元二十年（804），最澄率弟子义真等入唐至天台山求学，而后创立了日本天台宗；第二次是圆珍的入唐，圆珍也是日本天台宗重要的祖师，大中七年（853）入华，第三年圆珍到达天台山国清寺，随清观和尚学习天台教义。清观在圆珍回日本以后，给圆珍写了一首诗，有句云：

睿山新月冷，台峤古风清。

这两句诗表述的是天台山文化。清观意识到了天台宗的衰落，所以说“古风清”。日僧最澄、圆珍先后赴天台山，为创立日本天台宗奠定基础，亦见证了中晚唐时天台宗的式微。天台山在中国文化史上非常重要。天台宗的出现，特别是国清寺、智颉在中国学术史上的贡献，是天台山文化的重要方面。智颉的成就与后来即位的隋炀帝的支持密不可分，隋炀帝的信佛对天台山文化有非常巨大的贡献。在智颉、灌顶、湛然、玄朗活动的这段时间，天台宗还很兴盛，到最澄、圆珍入唐求法的时候，天台宗走向了衰微。五代宋初时，国清寺已经找不到天台祖师的著作了，后来从韩国重新引进了先师的著作。所以，近代以来天台宗的式微以及日本天台宗文化的弘扬，是天台山文化的重要方面。

朱玉麒：

陈老师是我们中国唐代文学学会的老会长了，多年来一直坚持在做

《全唐诗》和《全唐文》的补编工作，而且最近浙东的“唐诗之路”的开发，陈老师也积极参与其中，因此他对于唐代的诗文，包括天台山一带的文献都非常熟悉。刚才陈老师提到的关于天台宗的意义，从海上之路走到天台山的路径，非常有启发性。

陆　扬：

我的讲座里反复引用魏斌老师的研究，他的研究非常重要。他聚焦的是东晋南朝时期的天台山，帮助了我更精确地理解天台山成为佛教与道教道场的背景。尤其是当我跟他阅读同样材料时，更能体会这点。魏老师提到了我用“三度空间”概念的问题，我的确时常会采用一些概念，目的是做更清晰的说明，也尽可能避免套用概念。有时候用概念不免会有偏差，但是概念的运用能帮助我们去理解一些难以用描述性语言说清楚的现象。如同魏老师所说，当概念在落实到具体的叙述分析时，还需要细化。

陈老师的评论与我讲的内容关系非常密切。这也是为什么我特别希望陈老师和魏老师能够担任讲座评议人的原因，我希望从他们两位那里学习到更多。陈老师对唐代文献的掌握在当今是无出其右的，这个掌握不仅仅是文献上的，还包括对内容的了解，都有着非常惊人的学术体量。陈老师刚才讲的几点都很重要，尤其是从海上去天台山这条路，虽然我注意到了海路，但是诗歌的描述中，天台山常常与蓬莱这类海上仙山结合，所以误解它是一种比喻或者形容，没有想到它还有实际的意义。路径不同，所以孟浩然、李白描述的景观与今天有所不同，这一点非常重要。

确实很多天台山的诗，是经过明代人的编辑工作，如陈老师所述，很多唐诗其实是明代人的伪作，或者是唐代作品被套用了后起的名字。引用的时候确实需要更加注意。另外我想补充一点，天台山诗文的总结工作其实从宋代就已经开始了。有了长时间相关集子的编撰，才会有《徐霞客游记》这样的文献。徐霞客能有这么详细的天台山日记，与明代重新组织了前代的文学记录有关。一方面，前代的东西被总结、归纳与收集，另一方面，内涵也慢慢发生变化。明代虽然人文宗教景观还在，但是越来越像我们今天游历自然景观的意义。因此《徐霞客游记》的内涵远远不如前代，更多的是景物细节的描述。

关于天台宗和日本僧人，我正在准备相关的内容，想借此讨论唐宋之际天台宗的形成、宗教建构的变化。此前从这方面去讨论天台宗的研究很多，我的讨论是通过一个关键人物行满来进行的，行满是湛然的弟子，创立日本天台宗的高僧最澄曾跟着行满学习，因此行满是什么样的人，他与国清寺的关系都是非常重要的问题。我希望以后在这方面有所贡献。

朱玉麒：

我也有一点小的感想：认识天台山是有难度的。很小的时候，我们就知道天台山，记得中学课本选入了李白的《梦游天姥吟留别》，里面有一句："天台四万八千丈，对此欲倒东南倾。"听了陆老师的讲座，让我体会到李白所述的天台山"四万八千丈"并非"无稽之谈"，其所指不是自然高度，而是一种文化高度，陆老师提出的"三度空间"理论便对理解这种文化高度乃至中国文化中的"江山"具有重要意义。

这是"江山胜迹"系列的最后一讲了，感谢这几讲的主持者和评议者。"江山胜迹"讲座的名称，让我想起孟浩然的诗句"江山留胜迹，我辈复登临"，而按照王羲之的说法，人生是"后之视今，亦犹今之视昔"。

虽然讲座并不是为了指导我们去旅游，但是被疫情困扰之后，我相信大家可以从中得到启发，让我们迈开脚步走向真正的名山，去留下我们自己各自的胜迹。

作者信息一览表

（按姓氏音序排列）

白谦慎	浙江大学艺术与考古学院
陈尚君	复旦大学中国语言文学系
陈引驰	复旦大学中国语言文学系
程章灿	南京大学文学院
杜晓勤	北京大学中国语言文学系
傅　刚	北京大学中国语言文学系
韩　笑	北京大学人文社会科学研究院
刘　宁	中国社会科学院文学研究所
陆　扬	北京大学历史学系
仇鹿鸣	复旦大学历史学系
商　伟	哥伦比亚大学东亚语言与文化系
田晓菲	哈佛大学东亚语言与文明系
魏　斌	武汉大学历史学院
薛龙春	浙江大学艺术与考古学院
尹吉男	中央美术学院人文学院
郑　岩	北京大学艺术学院
朱玉麒	北京大学历史学系

后 记

书编完了，有必要交代一下这本书的缘起。

2021 年，我向在哥伦比亚大学东亚语言与文化系任教的商伟老师写信，邀请他在北大人文社会科学研究院（文研院）的平台上做一次线上讲座。当时的考虑是，全球的疫情让正常的学术交往陷入停滞，国际学术交流尤为困难，我们应该设法做点什么。这一提议得到商老师的热烈回应，围绕讲座的主题、形式，我们开始了频繁地通信。商老师的名作《题写名胜》虽然已由三联出版，但他仍在对诗人与造物之关系进行思考，同时也在撰写新的文章，对书中的未尽之意加以延伸。由此出发，我们渐渐地将主题框定在考察中国的书写传统如何与山川、楼台、城池、寺观等景观紧密结合，从而建构了人文化的风景。由于书写涵盖了史传、诗歌、书法、碑刻等多重面相，我由此想到，借助文研院组织学术活动的经验，这个讨论何不发展为系列讲座呢？

对于文研院来说，这样的经验并不陌生。在此前的几年里，文研院发起和组织过多个系列讲座，我全程都是参与者。如 2018 年秋季推出的“跨学科视野下的制度研究”系列讲座，将制度的构造、演进放置在不同学科范式理解历史中国与现实中国的核心。2019 年开始的“文明之间”系列讲座，用持续三年、近三十场讲座，聚焦全球各文明之间的互构与交融。策划这一类讲座，首要是立意和旨趣，其次是令人信服的讲者，这和编一本主题类的辑刊，先定主题，再确定作者，有异曲同工之处。我们试图找出人文社会学科目光交汇的若干关键概念，无论是“文明”还是“山水”，要求来自不同学科背景的主讲人结合自己的研究回应这一主题；同时也要突出多学科的视角，体现人文学术的丰厚底蕴。以人文风景建构为例，这里面交织着诗学与地理的重奏、文本与图像的交相发明、田野考察和考古发掘与文献之间的互证。在理想的状态下，系列讲座应该像串起来的一串珍珠，每一场各有各的视角，而集合起来，则让人如行山阴道中，应接不暇，思之余味无穷。

非常幸运的是，在和商老师沟通上述想法时，他对此给予充分的理解和鼓励。在邮件里，他不仅贡献自己的题目，也从议题和人选的角度考虑，使之逐渐丰满：“或许可以从题写与胜迹为切入口，来谈人文风景、意义空间和历史记忆的建构与传承问题，同时回顾相关的古典诗论，探讨以‘迹’和文为中心来发展相应的阐述理论与研究方法的可能性。我可以讲第一讲，其他几位评议人或者更准确地说是主讲人，各自围绕相关主题做一次讲座。例如，题写与碑刻、拓印有关，可以找两位书法史家来讲，一方面深化题写与胜迹的主题，另一方面带入一个不同但又相关的研究领域。此外，现在还有不少学者热衷于实地考察，并且从这个角度展开对诗文和绘画的研究，与此相关，文学地理学也相应出现了，但亟须从理论和方法上加以总结和反省，不能仅仅停留在描述的层次上。当然，这样做可能筹备起来会需要一些时间。”寥寥数语，已经对话题的延展方向，做出了规划。在另一封邮件里，商老师谈道：“我这几天会集中时间考虑一下我的讲座，围绕名胜与书写的关系来谈，所谓胜迹实际上合二而一，弥合了主体与对象的分野。我先把讲稿理出一个提纲来，另外可能还需要用一些图像。……其他几次讲座，看是不是请龙春兄讲一次摩崖石刻或其他的胜迹，重点放在碑刻与拓印这两个方面，尤其是可以谈一下名胜是如何被刻写出来的，自然与人工怎样配合，共同将名胜创造出来。也可以看一下，有谁能谈一次佛教或道教如何将一处风景转化为它们的圣地，如五台山等等。与这一系列的主题一致的，就是人们如何通过书写（包括刻写石碑等等）、图象，以及相关的叙述，为一处地点赋予意义（包括宗教的意义），从而转化为风景胜地。”时隔数年，我在这里不厌其烦地引述邮件里的讨论，也是想呈现某种行走之“迹”，还原这个系列讲座，也是这本书，如何从无到有的过程。接下来是主讲人：循着我们商量的议题方向，如同为模糊的人影画了一个像，我们根据画像，去寻找合适的人选。这个过程极为有趣。按照上面的构思，我们首先确定了浙江大学薛龙春教授；我从文研院的角度，又推荐了武汉大学魏斌教授。薛、魏两位都曾在文研院担任驻访学人，前者揭示出清代的碑学转向推动一批士大夫走向田野山间访碑，后者的《“山中”的六朝史》则将宗教和地理的视角引入传统史料解读，重新激活了中古史。商老师虽然和魏斌教授未曾谋面，但欣然邀请魏老师加盟。

上述议题的推敲、人选的锁定，都是在2021年年底到春节这段短暂的时间里落实的。当时正月还没过完，接连收到薛龙春、魏斌两位老师来信，各自回应商伟老师抛出的题目：薛老师会讨论嵌入自然山水中的文字——摩崖题刻。魏老师则报告他新鲜出炉的思考：“寒假期间正在写的内容，是关于北魏洛阳被重建为都城之后，其中叠压和保存的汉晋都城遗迹（宅舍、寺塔、礼制建筑），如何为当时人所认识的问题。也就是一座在废墟上重建的城市，如何通过留存的遗迹，与‘过去’联系。”而北大历史学系的陆扬老师，提到自己正在计划撰写一本专书，讨论中古到明代天台山作为宗教和文学的神圣空间的形成。把商伟老师预想中的五台山替换成天台山，这简直像是比照着“画像”，自投罗网来的，岂能放过！最后，通过商伟老师的介绍，哈佛大学的田晓菲老师也加入进来，分享她从诗文角度对金陵意象演变的研究。

待到春季学期开学后，系列讲座的规划已基本成形，正式定名为“江山胜迹：人文风景的建构与传承”，本书出版时，沿用作为书名。2022 年 4 月 11 日，系列讲座的预告正式在文研院的微信公众号上推出；4 月 16 日，商伟老师做了该系列的第一讲，随后近两个月中，几位主讲人相继登场。受限于当时的特殊环境，线下讲座的举办颇为不便，我们索性都兼采线上直播的方式，这也反过来解放了主讲人和评议人，无须远程奔波。靠着主讲人的影响力和话题的吸引力，我们有幸邀请到尹吉男、白谦慎、陈尚君、程章灿等一众海内外文史研究的名家隔空回应，每一讲都有众多师生线上聆听、互动。在那个难以忘怀的春天里，也算得上一桩盛事。

由于系列讲座的成功举办，我们满怀信心地推动成果的转化和传播。2023 年，文研院与《北京大学学报》合作的“文研讲坛”专题，以“江山胜迹”为题推出四篇论文，均在该系列演讲的基础上改写而来。而讲座的出版事宜，当讲座还未完结时，即由北京大学出版社提出。需说明的是，目前读者手中看到的这个版本远不止是现场实录，其中的正文部分，较现场版本增加了许多内容，有的经过主讲人大幅扩写或改写；讲座后的回应、讨论，则让我们重回现场，体会思想交锋的过程。我要在此感谢各位主讲和评议老师拨冗审订文章，特别是商伟老师自始至终的严谨和耐心。在过去几年里，从空间角度进入人文学术各个领域的讨论，已成潮流。我在文研院的工作中，曾经组织过论坛，邀请学者介绍西湖环湖诸山摩崖石刻与景观生成之关系；也办过纪录片《投龙》的放映会，借由考古发掘和实地考察，钩沉中国人的一条源远流长的信仰脉络。创作者以影像为媒介，不仅带领观众抵达云雾缭绕的洞天福地，也捕捉到现代人文学者学术工作的灵光，如何在诗文、绘画之外，成为登临“胜迹”的另一种方式……以上种种，大概也可视作“江山胜迹”之后，这一话题的延续。

“却顾所来径，苍苍横翠微。”这本小书从主题的设置、主讲的人选到传播的方式，都打上了鲜明的文研院烙印。得益于文研院邓小南老师、渠敬东老师的支持，系列讲座从最初的筹划，到向出版物的转化，方得以实现。《北京大学学报》编辑管琴、北京大学出版社编辑徐迈为论文的发表和书籍出版提供了大力支持。文研院博士后汪珂欣，承担了由现场录音到文字稿转化的整理工作，提供了流畅的文字稿，为审订工作打下基础。同事陈天传、王瑞全力协助讲座的各项服务，在此一并致谢。

韩 笑

2025 年 6 月 9 日